Die Regierung des Himmels
Globalgeschichte des Luftkriegs

Thomas Hippler

Die Regierung des Himmels
Globalgeschichte des Luftkriegs

Aus dem Französischen
von Daniel Fastner

Matthes & Seitz Berlin

Für Étienne Balibar

Inhalt

Prolog

Tripolis, den 1. November 1911. »Ich habe mich zu dem Versuch entschlossen, heute vom Flugzeug aus Bomben abzuwerfen. Noch nie hat jemand so etwas probiert, und falls es mir gelingt, werde ich mich glücklich schätzen, der Erste zu sein«, schreibt Leutnant Giulio Gavotti in einem Brief an seinen Vater. Seinen Pilotenschein erhält der aus Genua stammende Ingenieur just in dem Moment, als die italienische Regierung beschließt, sich an die Eroberung eines Kolonialreichs in Libyen zu machen. Alles, was er vorzuweisen hat, ist ein unerlaubter Flug über den Vatikan, der ihm ein paar Tage Arrest einbrachte, und ein zweiter Platz bei einem Wettflug zwischen Bologna und Venedig. Doch Ende September 1911 verschärft sich die Situation in Libyen zusehends: Nachdem die Hohe Pforte der Preisgabe von Tripolis eine Absage erteilt hat, erklärt Italien dem Osmanischen Reich den Krieg. Kaum eine Woche später fällt die Stadt in italienische Hände. Als Mitglied einer kleinen »Fliegerflottille« wird Gavotti wenige Tage vor seinem 29. Geburtstag auf den afrikanischen Kontinent entsandt.

Im Morgengrauen des 1. November startet er sein Fluggerät in Richtung Mittelmeer. Einen Einsatzbefehl hat er nicht, dafür aber eine Idee. Er beschreibt eine lange Kurve über dem Meer, bevor er Kurs auf Ain Zara nimmt, eine kleine Oase etwa 15 Kilometer südöstlich von Tripolis, wo er bei einem vorangegangenen Aufklärungsflug einen Trupp arabischer Kämpfer ausgemacht hatte.

Mit der einen Hand nehme ich das Steuer, mit der anderen löse ich den Riemen, mit dem der Deckel der Kiste befestigt ist. Ich ziehe eine Bombe heraus und lege sie auf meine Knie. Ich nehme das Steuer in die andere Hand und greife mit der freien Hand einen Zünder aus der kleinen Kiste. Ich halte ihn mit meinem Mund. Ich verschließe die Kiste wieder, stecke den Zünder in die Bombe und blicke nach unten. Ich bin bereit. Ich bin etwa einen Kilometer vor der Oase.

Überrumpelt von der italienischen Angriffslust, gerät die osmanische Armee weit ins Hintertreffen, sodass der osmanische Befehlshaber der Region Tripolis Fethi Bey schließlich zum Rückzug bläst. Die einheimischen Einheiten ruft er dazu auf, den Kampf mit einer Guerillataktik fortzuführen. Die Aufgabe Gavottis in Libyen bestand eigentlich darin, strategische Aufklärungsmissionen zu fliegen und den Führungsstab über Manöver der feindlichen Armee auf dem Laufenden zu halten. Doch die Guerillakämpfer rücken anders vor als eine reguläre Armee: Sie konzentrieren nicht in gleicher Weise ihre Kräfte und bewegen sich inmitten der Zivilbevölkerung wie »ein Fisch im Wasser«. Unter solchen Bedingungen verliert die strategische Aufklärung ihren Nutzen. Die italienischen Flieger müssen ein neues Vorgehen entwickeln. Daher auch Gavottis Initiative. Sie sollte noch eine lange Nachgeschichte haben.

Tripolis, 1. November 2011. Am Vortag haben die NATO-Flugzeuge das Bombardement eingestellt. Die am 19. März begonnenen Luftschläge in Libyen enden am 31. Oktober, genau ein Jahrhundert abzüglich eines Tages nach dem allerersten Bombenabwurf von einem Flugzeug. Sonderbarer historisch-geografischer Zufall: Die Bomben der NATO-

Flugzeuge fallen auf denselben Boden, den Gavotti einhundert Jahre zuvor bombardiert hat. Die Geschichte wiederholt sich und scheint uns einzuladen, ein Jahrhundert der Luftschläge neu zu überdenken. Die Geschichtsschreibung über den Luftkrieg, die sich ganz auf die Frage nach der Legitimität und Nützlichkeit der strategischen Bombardements im Zweiten Weltkrieg konzentriert hat, tut sich schwer damit, der kolonialen Vorgeschichte irgendeine Bedeutung zuzuschreiben, die über die einer »Generalprobe« vor dem »echten Krieg« zwischen den Großmächten hinausginge.[1] Nun ist die Geschichte des Luftkriegs aber voll von solchen geografischen »Zufällen«: Unter den Regionen, die diesen Bombardements in der Zwischenkriegszeit besonders ausgesetzt waren, befinden sich insbesondere der Irak, Syrien und die sogenannte Nordwestgrenze Indiens: Afghanistan und Pakistan.

Was geschah also am 1. November 1911?

> Ich sehe zwei Feldlager neben einem weißen Gebäude, in dem ersten ungefähr einhundert Menschen, im anderen fünfzig. Kurz bevor ich sie erreiche, nehme ich die Bombe mit der rechten Hand; mit den Zähnen ziehe ich den Sicherheitsstift heraus und lasse die Bombe vom Flugzeug hinabfallen. Für einige Sekunden kann ich ihr mit dem Blick folgen, bevor sie verschwindet. Kurz danach sehe ich eine dunkle Wolke aus dem kleineren Lager aufsteigen. Ich habe auf das große gezielt, aber ich hatte Glück. Es war ein Volltreffer.

Als Gavotti den Zünder so mit seinen Zähnen aktiviert, experimentiert er nicht nur mit einer neuen Einsatzmethode für Bomben. Er revolutioniert den Krieg. Erst heute beginnen wir die ganze Tragweite jener Umwälzung zu erfassen, die dort in Libyens Lüften ihren Ausgang nahm. Ursprünglich zu einer

Aufklärungsmission gestartet, gelingt Gavotti auf diese Weise ein Schlag gegen ein Heerlager. Dieser erste Bombenabwurf der Geschichte ähnelt in gewissen Hinsichten dem Beschuss durch Artillerie, allerdings mit einem Unterschied: Die versammelten Kräfte, die Gavotti ins Visier nimmt, sind gar nicht offiziell an den Kämpfen beteiligt. Außerdem bietet Aïn Zara nicht nur potenziellen Aufständischen eine Anlaufstelle: Die Oase bildet auch ein soziales und ökonomisches System. Das Neue zeigt sich hier schon in ganzem Umfang: Mit seinem Bombenabwurf auf Aïn Zara führt Giulio Gavotti nicht nur einen Schlag gegen sein Angriffsziel aus, vielmehr konstituiert er im eigentlichen Sinn eine ganz neue Art von Angriffsziel. Ein hybrides Ziel, in dem sich zivile und militärische Elemente und unter letzteren wiederum reguläre und irreguläre Elemente vermischen. Gavotti hat dadurch eine neue Art und Weise in die Welt gebracht, wie Krieg gedacht und geführt werden kann: und zwar die hybriden und ›asymmetrischen‹ Kriege, die uns bis heute heimsuchen.

Das strategische Denken hat besonders das auf spektakulärste Weise Neue an diesem Ereignis hervorgehoben: Mit dem Flugzeug wird es möglich, nicht mehr nur bewaffneten Einheiten, sondern einem ganzen sozioökonomischen System einen Schlag zu versetzen. Daher überrascht es nicht, dass die Luftwaffe als Lösung für den Stellungskrieg von 1914–1918 in Anschlag gebracht wurde. Die unerhörte Entwicklung der Feuerkraft zu Beginn des Jahrhunderts schien jede Offensive endgültig undenkbar gemacht zu haben. In Anbetracht der Unmöglichkeit, die Front zu durchbrechen, eröffnet die Luftwaffe einen Weg, sie zu umgehen und statt der aktiven Streitkräfte gleich die Quellen ihrer Macht anzugreifen: die industrielle Produktion, die Transportmittel, den politischen und moralischen Zusammenhalt des Volkes. Angesichts des taktischen Stillstandes an der Front bietet die Fliegerflotte eine

Möglichkeit, diese einfach zu umgehen und somit wieder in die strategische Offensive zu kommen.

Das Luftbombardement wird dadurch zu einem wesentlichen Element des »totalen Kriegs«, der in der ersten Hälfte des 20. Jahrhunderts in Europa tobt. Von Guernica über Coventry, Rotterdam und Brest bis Dresden ist die europäische Erinnerung an den Zweiten Weltkrieg durch die Erfahrung bombardierter Städte geprägt. In Bezug auf die Verwüstungen dieses Kriegs, die noch fest im »kommunikativen Gedächtnis«[2] Europas verankert sind, hat die Geschichtsschreibung zuletzt wichtige Arbeit geleistet, insbesondere was die strategischen Bombenangriffe auf Deutschland und Japan betrifft. Dieses Kapitel der Geschichte des Luftkriegs war lange Zeit vernachlässigt worden, da es die Historiker mit einem ethischen Dilemma zu konfrontieren schien: Ist es erlaubt, die bewussten Angriffe auf deutsche Zivilisten im Zweiten Weltkrieg in den Mittelpunkt der Analyse zu stellen? Die Geschichte des Luftkriegs fand sich in einer normativen Sackgasse gefangen.

Um wieder herauszugelangen, muss man an das Postulat Bourdieus erinnern, demzufolge in den Sozialwissenschaften die entscheidende theoretische Operation in der Zuschneidung des Objekts[3] besteht. Das bedeutet, dass durch die normative Frage eine theoretische Entscheidung mit eingeschmuggelt wird, die alles andere als harmlos ist: nämlich die Entscheidung, das strategische Bombardement ausschließlich im Kontext des Zweiten Weltkriegs in Europa zu betrachten. Denn mit den Luftschlägen fing es gar nicht in Europa an, sondern in der libyschen Wüste, dann ging es in den Nahen Osten, nach Wasiristan, Afrika, auf die Philippinen und nach Nicaragua. Bevor die Bombenangriffe das Zentrum erreichten, wurden sie in der Peripherie des Weltsystems erprobt und perfektioniert; bevor die europäischen Städte in Schutt und

Asche gelegt wurden, hatte man die Matrix des totalen Kriegs bereits in den Kolonien entwickelt.

Obwohl die systematische Zerstörung der sozioökonomischen Ressourcen erst im Verlauf der Zwanzigerjahre in die Militärdoktrin aufgenommen wird, ist sie im Angriff auf Aïn Zara virtuell bereits enthalten. Der Luftkrieg untermauert also Hannah Arendts These, dass der Kolonialismus das Modell für die Totalitarismen liefert, und insbesondere für die Totalisierung des Kriegs. Anders gesagt gehören die Luftschläge nicht allein zur Kriegserinnerung der europäischen Völker, sondern bilden auch ein wesentliches Kapitel dessen, was heute »Globalgeschichte« genannt wird. Dieser Ansatz ist aus einer nur der Erscheinung nach einfachen Idee geboren, nämlich dass die Welt eine ist und dass alles, was auf der einen Hälfte des Globus geschieht, unweigerlich auch Auswirkungen auf das »Weltsystem« im Ganzen haben wird. Eine »globale« Perspektive einnehmen heißt auch, die Werturteile, die jeder theoretischen Analyse[4] zugrunde liegen, in einem anderen Kontext zu betrachten.

Die Bombardements aus der Luft begannen also bei Weitem nicht erst im Zweiten Weltkrieg, vielmehr gehörten sie zum Rüstzeug, das alle Großmächte gegen die von ihnen Kolonisierten einsetzten. Nach dem Ersten Weltkrieg wurde daher die britische Luftwaffe als Alternative zu den Strafexpeditionen in den Kolonien in Stellung gebracht. Die Royal Air Force versprach zu geringeren Kosten denselben Nutzen wie die Landstreitkräfte: Niederschlagung der antikolonialen Aufstände, die das Empire erschüttern. Damit ist das Konzept des *police bombing* geboren. Indem die Luftschläge zur Wiederherstellung der Ordnung eingesetzt werden, sind sie keine Kriegshandlung mehr, sondern eine »polizeiliche« Praxis, sogar eine der »imperialen Polizei«: Sie kommen nicht innerhalb der Grenzen eines Staats, sondern auf globaler Ebene zum Einsatz: um damit die Welt zu regieren. Die damit durchgesetzte Ordnung ist nicht die einer spezifischen politischen Hoheitsgewalt, sondern die eines gesamten Weltsystems. Dieses Buch möchte der Genese dieses globalen Regimes von Beginn des 20. Jahrhunderts an bis heute nachgehen, indem es sich als Leitfaden an dessen bevorzugtes Instrument hält: Luftbombardements in »polizeilicher« Absicht.

Das *Police bombing* kommt zum ersten Mal im Irak zum Einsatz. In einer Anfangsphase entscheidet man sich für die Menschenjagd als Mittel der Wahl: Die antikolonialen Kämpfer werden vom Flugzeug aus unter Maschinengewehrfeuer genommen. Doch da es den Aufständischen immer wieder gelingt, sich zu verstecken, lassen die Flieger ihre Frustration am Vieh aus. Eine brillante Idee: Statt den Rebellen nachzujagen, ist es sowohl einfacher als auch wesentlich effizienter, ihnen ihre Überlebensressourcen zu entziehen; wenn es schon nicht gelingt, sie zu töten, wird man sie auf andere Weise sterben lassen: durch Hunger, Durst oder Krankheiten. Diese strategischen Überlegungen unterscheiden sich also gar nicht von denen in Europa, wo man dem Feind lieber die Grundlagen seiner Macht nimmt, anstatt ihn direkt anzugreifen. In beiden Fällen ist der Ansatz ein indirekter. Nachdem im Ersten Weltkrieg die Seeblockade eine wichtige Rolle beim Zusammenbruch der Mittelmächte gespielt hat, entwickelt die Royal Air Force ein analoges Konzept für den Luftraum, die »Luftblockade«. Die Operationen beginnen mit schweren Bombardements, die einige Tage dauern. Danach verringern sich die Angriffe, reichen aber weiterhin aus, um die aufständischen Klane von ihren Dörfern, Feldern, Weiden und Wasserstellen fernzuhalten. Das Ziel der Bombenangriffe besteht darin, das soziale und ökonomische Leben der rebellierenden Bevölkerung zu zerschlagen, um das

Milieu »auszutrocknen«, in dem die Aufständischen ihren Kampf führen.

Die Geschichte des Kriegs im 20. Jahrhundert ist durch eine radikale Veränderung der Beziehung zwischen den Widersachern gekennzeichnet. Das *Police bombing* liefert dafür den deutlichsten Hinweis. In der klassischen Kriegsauffassung bezwecken die militärischen Handlungen die Eroberung des Territoriums – und enden damit auch. Der Sieger besetzt das Territorium des Besiegten, eignet es sich an und befriedet es. Als Hoheitsgewalt tritt er mit der Zivilbevölkerung in ein Verhältnis von Schutz und Gehorsam. Der Bombenkrieg aus der Luft zertrennt diese Verbindung. Die Besetzung des Bodens stellt kein Ziel mehr dar, da ja das Bombardement genau an ihre Stelle treten soll. Damit geht einher, dass mit der Eroberung nun nicht mehr auch die Kriegshandlungen enden. Flugzeuge sind das Lieblingswerkzeug der »endlosen« Kriege, die wir heute kennen – dieser Kriege, die man nicht beim Namen nennt und die sich als einfache Polizeioperationen auf Weltebene darstellen.

Die ersten Luftangriffe richten sich auf die kolonisierten Völker. Zum Einsatz kommen teils Bomben, teils Maschinengewehre, teils Giftgas. Nicht Aufständische sind das Ziel, sondern ganze Bevölkerungen und mithin eine ganze Sozial- und Wirtschaftsstruktur. Darin weisen diese Praktiken Züge auf, die an die dominante Vorgehensweise im »Kleinkrieg« erinnern, der im Gegensatz zum »echten« Krieg, in dem sich zwei Nationalstaaten gegenüberstehen, nicht darauf ausgerichtet ist, eine Armee zu besiegen, sondern eine Bevölkerung zu terrorisieren. So gesehen setzen die kolonialen Fliegertrupps nur bereits bestehende Praktiken fort, indem sie im Sinne einer Kollektivstrafe die Zivilbevölkerung angreifen oder sogar auslöschen. Doch mit dem Aufkommen der Fliegerei werden die Prinzipien des »Kleinkriegs« auch im »großen Krieg« anwendbar. Es geht nun nicht mehr um Schläge gegen feindliche Armeen, sondern gegen ganze Völker, so wie es in den Kolonien schon gang und gäbe war.

Wie lässt sich diese Ausweitung der Kolonialpraktiken auf die gesamte Weltbevölkerung verstehen? Ein Vergleich der Luftstrategien in der kolonialen Peripherie und in Europa fördert eine Antwort zutage, die gleichermaßen offensichtlich wie beunruhigend ist: In beiden Fällen wird der Krieg zu einer Angelegenheit des ganzes Volkes und betrifft nicht mehr allein den Staat. Der Krieg ›demokratisiert‹ sich: Wenn alle Bürger sich auf die eine oder andere Weise an der Kriegsanstrengung beteiligen, wird es unsinnig, nur diejenigen ins Visier zu nehmen, die die Waffen bedienen, und diejenigen zu verschonen, die deren Einsatz durch ihre tägliche Arbeit erst ermöglichen. Der Heldentod, früher aristokratisches Privileg des Kriegers, erlebt seine ›Demokratisierung‹ und alle können von nun an potenziell daran teilhaben.

Und mehr noch, da das Volk nunmehr durch Wahlen oder Streiks in die Lage versetzt ist, auf die Kriegshandlungen seiner Regierung Einfluss zu nehmen, wird es gleich doppelt widersinnig, es zu verschonen: Den Zivilisten kommt in der Kriegsunternehmung ebenso viel Bedeutung zu wie den Soldaten, und als Staatsbürger bilden sie gemeinsam den Souverän, gegen den der Krieg sich richtet. In einer Demokratie hat die Bevölkerung sowohl Anteil an der Kriegsanstrengung als auch Verantwortung für die Handlungen der Regierung. Die von einem Flugzeug abgeworfene Bombe ist in gewissem Sinne die demokratische Waffe schlechthin: Sie kann alle und jeden treffen, *omnes et singulatim*, das Volk genauso wie den Bürger. Mit dem feinen Unterschied, dass einige mehr Teil des »Volks« sind als andere, sodass der Klassenunterschied eine entscheidende Bedeutung in der Luftstrategie erhält. Wenn jeder Beliebige zu einem möglichen Ziel wird, dann trifft es aus technischen wie politischen Gründen zuerst die Arbeiter.

Die Arbeitervorstädte, die dichter bebaut und weniger gegen Brände gesichert sind als die bürgerlichen Wohngebiete, eignen sich besonders für die im Zweiten Weltkrieg angewandten Brandtaktiken. Jenseits dieser technischen Erwägungen ist die Luftstrategie von der Idee geleitet, dass die Arbeiterklasse, das für die Kriegsanstrengung entscheidende Segment der Gesellschaft, zugleich auch der politisch am wenigsten integrierte Teil der Bevölkerung ist. Hinter der Strategie der verbrannten Städte verbirgt sich somit eine »revolutionäre« Perspektive, die letztlich darauf zielt, eine Arbeiterrevolte gegen die Regierung auszulösen. Wenn der Krieg eine Angelegenheit des »Volks« geworden ist, dann offenbart die Entscheidung, die Arbeiter ins Fadenkreuz zu nehmen, die konstitutive Ambivalenz des »Volks«. Wer ist wirklich damit bezeichnet? »Volk« bezeichnet auf der einen Seite einen homogenen und politisch organisierten Körper, d. h. das *Subjekt* des Politischen, und auf der anderen Seite das »niedere Volk«, diejenigen Teile der Bevölkerung, die lediglich *Objekt* politischer Maßnahmen sind. Der Begriff bezeichnet den kollektiven Souverän und sein Gegenteil, den »Pöbel«. Das Volk ist das Prinzip politischer Einheit und zugleich eine Kraft zur Destabilisierung der Gesellschaft.

Wenn der Luftkrieg auf diese paradoxe Entität demokratisches »Volk« zielt – zugleich kollektiver Souverän und »Pöbel« –, dann stehen zwei komplementäre Strategien offen: eine offensive und eine defensive. In der Offensive bombardiert man die feindliche Bevölkerung, um ihre Einheit zu sprengen und die Kräfte der Anarchie und Revolte freizusetzen. In Europa wird das Volk im Wesentlichen in seinem Bezug zum Staat gedacht, also seiner politischen Organisationsform. Das Volk bombardieren bedeutet den Staat angreifen oder, genauer, dafür zu sorgen, dass sich das Volk gegen den Staat erhebt. Die Luftoffensive will, indem sie sich auf die Nichtübereinstimmung von Volk und Staat richtet, die Einheit des politischen Gemeinwesens zerstören und es in die Verfassung eines »Pöbels« herabsetzen. Es drängt sich die Schlussfolgerung auf, dass der Krieg zwischen Nationen genau genommen nie existiert hat, weil er seit seiner Erfindung in den Kriegen der Französischen Revolution immer schon die Bemäntelung eines Klassenkriegs gewesen ist. Die Unsicherheit bezüglich der Natur des zu bombardierenden »Volkes« korrespondiert genau mit diesem unterschwelligen Krieg, der im Innern einer Nation schwelt.

Die Strategen sind sich dieser Dualität nur zu bewusst. Daher haben sie ihrer Offensivdoktrin systematisch eine Defensivstrategie zur Seite gestellt. Während es sich in der Offensive darum handelt, die Einheit von Volk und Staat aufzulösen, zielt die Politik der Luftverteidigung darauf, den ›Pöbel‹ in einen einheitlichen politischen Organismus zu verwandeln, also aktiv die moralische und politische Einheit eines Volks herzustellen. In Europa wird eine ganze Reihe von Maßnahmen eingeleitet, um den Zusammenhalt nationalisierter Völker zu verstärken. Luftschutzbunker werden zum Ort, an dem sich die Einheit von Volk und Staat handgreiflich herstellt, doch das gesellschaftliche System des Bunkers ist angewiesen auf einen politischen und sozialen Apparat zur Disziplinierung, Erziehung und Integration der Bevölkerung in die nationalisierte Politstruktur.

Unter diesen Maßnahmen steht *welfare* an erster Stelle, jene Übernahme von Verantwortung für das Leben und Wohlergehen des Volks seitens eines fürsorglichen und demokratischen Staats. Die Symmetrie zwischen Leben und Tod, Sozialstaat und Luftbombardement, Biopolitik und ›Thanatopolitik‹ hat ihren vollendeten Ausdruck im Rosinenbomber gefunden, der auf dem alten Berliner Flughafen Tempelhof ausgestellt ist, um an die Luftbrücke von 1948–49 zu erinnern: Das durch die angloamerikanischen Bombenangriffe in ein Ruinenfeld verwandelte Westberlin wird ein Jahr lang über die Luftbrücke versorgt. Die alliierten Piloten, bis 1945 noch des »Luftterrors« geziehen, werden drei Jahre später als Retter gefeiert und ihre Flugzeuge zu »Rosinenbombern« umgetauft. Durch Brandbomben töten oder durch den Transport von Nahrungsmitteln und Heizmaterial am Leben halten und ein Volk in den Zustand eines Pöbels auflösen oder es zu einem Staatsvolk zusammenschweißen sind zwei Seiten einer Medaille.

Im Fall der Kolonien lässt sich diese instabile Dualität von Volk und Staat nicht finden. Dort sind die Bombardements gleichzeitig klarer und »moderner« als die Verwüstung europäischer Städte. Klarer, weil in den Kolonien schlicht kein Staatsapparat existiert, den man ins Visier nehmen könnte. Vor allem aber »moderner« in dem Sinne, dass der Kampf gegen die aufständischen Gruppen und ihr soziales, wirtschaftliches und ökologisches Umfeld unmittelbar in den globalen Zusammenhang eingebettet ist, statt über den Nationalstaat vermittelt zu sein. Wie wir sehen werden, gibt Victor Hugo bereits 1859 der Hoffnung Ausdruck, die Bemeisterung der Lüfte bringe der Welt den Frieden; der britische Schriftsteller H. G. Wells, Sozialist fabianischer Prägung und Friedensaktivist, spricht sich für einen »Weltstaat« aus, der im Falle von Unordnung überall rund um den Globus militärisch eingreifen kann.[5] Überraschender ist vielleicht der Fall des italienischen Generals Giulio Douhet, der nicht nur Bomben- und Giftgasangriffe auf die Zivilbevölkerung empfiehlt, sondern zur gleichen Zeit eine Kernidee des Pazifismus verteidigt, nämlich die eines »internationalen Tribunals«, das den Krieg unterbindet, indem es seine Entscheidungen mittels Luftflotte durchsetzt.[6]

»Der Pilot als Polizist und die Bombe als Knüppel« – genau an diesem Punkt treffen sich die koloniale Praxis des *police bombing* und der humanistische Kosmopolitismus.[7] Auch wenn der Kolonialismus heute weitgehend diskreditiert ist, steht die Idee militärischer Lufteinsätze zu kosmopolitischen Zwecken weiterhin so hoch im Kurs, dass sie sich immer noch im Artikel 45 der Charta der Vereinten Nationen findet: »Um die Vereinten Nationen zur Durchführung dringender militärischer Maßnahmen zu befähigen, halten Mitglieder der Organisation Kontingente ihrer Luftstreitkräfte zum sofortigen Einsatz bei gemeinsamen internationalen Zwangsmaßnahmen bereit.« Doch kann die demokratische Praxis des Luftbombardements zugleich humanistisch, kosmopolitisch, ja sogar pazifistisch sein?

Der Kosmopolitismus, der auf institutioneller Ebene von den Vereinten Nationen verkörpert wird, bringt uns zurück zu unserem Ausgangspunkt Libyen. Im Unterschied zu 1911 war es 2011 keine »zivilisatorische Mission«, die die Luftschläge motivierte, sondern es waren qua Resolution des Sicherheitsrats genau definierte und anerkannte humanitäre Gründe. Sie fallen unter die Kategorie, die Mary Kaldor, Theoretikerin der »neuen Kriege«, »kosmopolitische Rechtsdurchsetzung« genannt hat, die darauf zielt, den Spaltkräften, der Erosion der Staatsgewalt, der »Politik der Identität« und den »asymmetrischen Kriegen« Einhalt zu gebieten.[8] Und genau diese Elemente verbinden das libysche Experiment von 1911 mit dem von 2011: Alle Faktoren, die die Theoretiker der »neuen Kriege« mit der Globalisierung verknüpfen, waren in Wahrheit bereits im kolonialen *police bombing* am Werk.

Die Geschichte der Luftschläge kreuzt folglich die großen Themen der Geschichte des 20. Jahrhunderts: die Nationalisierung der Gesellschaften und des Kriegs, die Demokratie und die Totalitarismen, den Kolonialismus und die Entkolonialisierung, den Drittweltismus und die Globalisierung, den Sozialstaat und seinen Niedergang angesichts des Neoliberalismus. Aus diesem Blickwinkel bietet die Geschichte der Luftschläge einen Ausgangspunkt für eine Globalgeschichte des 20. Jahrhunderts: Sie ist nach der Methodologie von Erich Auerbach »ein möglichst umgrenztes und konkret beschreibbares Teilphänomen«, das dennoch ermöglicht, wie mit einem Querschnitt einige der hervorstechenden Züge des Jahrhunderts miteinander zu verbinden. Kurz gesagt, die Bombardements eignen sich für eine Globalgeschichte als »Ansatzpunkt«, wie ihn Auerbach für die philologische Herangehensweise an »Weltliteratur« gefordert hat.[9] Sein Ehrgeiz richtete sich gerade nicht auf enzyklopädische Vollständigkeit, und ebenso wenig möchte die hier dargestellte Geschichte erschöpfend wirken. Sie präsentiert stattdessen eine Reihe von Beispielen, die besonders ergiebig erscheinen, um die Veränderungen des Weltsystems im Lauf des vergangenen Jahrhunderts greifbar werden zu lassen.

Unsere Kriege nehmen zunehmend hybride Form an, sie vermengen die Bereiche des Zivilen und Militärischen, reguläre und irreguläre Kriegsteilnehmer. Auch auf technologischer und »moralischer« Ebene bekommen sie zunehmend asymmetrischen Charakter. Die naturgemäß unilateralen Luftschläge ordnen sich jenseits der klassischen Schlacht ein, in der sich zwei gleiche Gegner gegenüberstanden. Und auch wenn man ihm die edelsten Attribute anheftet (die Luftflotte als Waffe der Zivilisation, des ewigen Friedens, des Kosmopolitismus, der Flieger ein Ritter der Lüfte), so ist doch nichts weniger ritterlich als der Luftkrieg, der die Schlacht durch unilaterale Schläge ersetzt und den Gegner in einen zu eliminierenden Schädling verwandelt. Und man begreift auch, warum der Stratege Edward Luttwak Luftschläge zum bevorzugten Werkzeug seines »postheroischen« Kriegs erklären konnte: Sie fordern keine Opfer (jedenfalls unter den Vollstreckern der Gerechtigkeit), beseitigten das Problem der Mobilisierung und schafften es dadurch, jede demokratische Debatte über Sinn und Unsinn militärischer Operationen zu umgehen.[10] Um es kurz zu machen: Luftschläge sind keine Kriege mehr, sondern Polizeioperationen. Die Bombe ist nicht das Schwert des Ritters der Lüfte, sie ist der todbringende Knüppel des Weltpolizisten.

Die Einsätze der Polizei- und Militäreinheiten unterscheiden sich immer weniger voneinander, und auch der Unterschied zwischen Bürger und zu bekämpfendem Feind verwischt zusehends.[11] Die gezielte Tötung des Islamisten Anwar al-Awlaki ist ein gutes Beispiel. Ohne Ermächtigung durch einen Richter wäre es illegal gewesen, auch nur sein Telefon abzuhören, aber der amerikanische Staatsbürger konnte ohne weiteren Prozess und ohne jede richterliche Kontrolle am 30. September 2011 in Jemen von einer Drohne abgeschossen werden. Es bedurfte nur eines Befehls des Präsidenten der Vereinigten Staaten. Die Entwicklung des Luftkriegs lässt also offen zutage treten, dass die »Fortschritte« des internationalen Rechts mit denen der rohen Gewalt durch den Staat zusammenfallen.

Land, Meer und Luft

Am 25. Juli 1909 frönt Herbert George Wells in seinem Garten der körperlichen Ertüchtigung, als das Telefon mit zudringlicher Beharrlichkeit einen Anruf meldet. Verärgert unterbricht er seine Gymnastikübungen und nimmt den Hörer ab. Die Übertragung, von Knackgeräuschen und Aussetzern unterbrochen, ist schwer zu verstehen: »Blériot hat den Ärmelkanal überquert ... einen Artikel ... darüber, was das bedeutet!«[1] Von seinem schönen Haus in Sandgate in der Grafschaft Kent aus erfreut sich Wells eines herrlichen Blicks auf den Ärmelkanal: Es fehlt nicht viel, und er könnte das 15 Kilometer weiter östlich gelegene Dover sehen, wo Blériot soeben gelandet ist.[2] Da er kürzlich mit seinem Science-Fiction-Roman *Der Luftkrieg* einen großen Erfolg gefeiert hat, denken die Herausgeber der *Daily Mail* natürlich an ihn, als es um einen Kommentar zu diesem historischen Ereignis geht: Louis Blériots Überquerung des Ärmelkanals mit einem Flugzeug!

Wells beginnt also, sich Gedanken zu machen. Ganz Gentleman, feiert er zunächst die sportliche Glanzleistung: »Mister Blériot hat eine hervorragende Leistung gezeigt. Mister Latham, sein Rivale, hatte offen gesagt keine Chance. Darin besteht zuallererst die Bedeutung für uns.« Wells begreift, dass er ebenso wie nahezu alle Luftfahrtexperten die Stabilität der Flugzeuge unterschätzt hat. Je weiter er seinen Gedanken folgt, desto stärker wird er von Unruhe ergriffen. Die Folgen dieser Überquerung erscheinen ihm plötzlich immens, erschreckend, ja fürchterlich:

> Dieses Ereignis – dass dieses von einem Ausländer erfundene, von einem Ausländer konstruierte, von einem Ausländer gesteuerte Ding unsern Kanal nimmt, wie ein Vogel über ein Bächlein gleitet – gibt der Sache eine drastische Wendung. Unser Menschsein [*manhood*] fällt zurück [...]. Der Ausländer [...] gibt eine bessere Sorte Mensch ab als wir.

Die Ausländer sind kultiviert, neugierig, erfindungsreich, unternehmungslustig. Die Briten sind wohlerzogen, es fehlt ihnen aber an Initiative. Sie geben sich mit dem Golfspielen zufrieden, während die Franzosen, die Amerikaner, die Deutschen und sogar die Brasilianer sich in die Lüfte erheben. Neben der Kränkung, die sein patriotischer Narzissmus erlitten hat, quält den Schriftsteller noch eine andere Sorge. Für eine Überquerung des Ärmelkanals bedurfte es Willens, Mutes und technischen Wissens in einem. Blériot ist zweifelsohne ein Held, aber doch ein Held neuen Typs: Er verkörpert eine aufsteigende Elite, eine neue tonangebende Klasse, die auf dem Sprung steht, die Macht zu übernehmen. Die »natürliche Demokratie« nach englischer Art kann den technologischen Heroen der Flugmaschinen nicht das Wasser reichen.[3] Diese düsteren Gedanken, die Wells bestürmen, steigern sich fast bis zur Paranoia. Einem Franzosen ist ein solcher Flug gelungen – lässt sich daraus schließen, dass die Ausländer einen höheren Menschenschlag bilden als die Briten? Übertreibt Wells, wenn er in diesem Flug das Ende eines besonderen politischen Systems und der Demokratie als Ganzer erkennt? Aus seiner Sicht verliert das politische, soziale und kulturelle System Großbritanniens gegenüber einem geostrategischen Widersacher an Boden; auf das Land, das sich aufgrund seiner Insellage doch für unverwundbar hält, senkt sich plötzlich eine unerhörte militärische Bedrohung. Bald könnten Flugzeuge, von Calais aus gestartet, Sprengkörper über London abwerfen. Großbritannien muss seine gesellschaftliche Organisationsform, seine Bildungseinrichtungen umgestalten, um sich auch selbst in die Lage zu versetzen, zu diesem technologischen Heroentum fähige Menschen zu schaffen.

Mit zeitlichem Abstand kann man aus Wells' Wahn die Ahnung herauslesen, dass der historische Zyklus der britischen Hegemonie im Weltmaßstab an sein Ende kommt – eine Veränderung, die ein halbes Jahrhundert in Anspruch nehmen wird. Nach dem Urteil eines so informierten Beobachters wie Eric Hobsbawm gelang es Großbritannien erst nach der Suezkrise 1956, den Schock von 1909 zu bewältigen und anzuerkennen, dass es nach Verlust seiner Kolonien nur noch eine Macht zweiten Ranges war.[4]

1909 jedenfalls bleibt das Vereinte Königreich vorläufig der hegemoniale Mittelpunkt der Welt. Und in dieser Eigenschaft muss es sich die militärischen Mittel verschaffen, die großen Schiffsrouten zu kontrollieren und zu sichern. Als Zentrum des Welthandels muss der Hegemon in der Lage sein, seine Handelsflotte auf der ganzen Welt zu schützen; er muss darüber verfügen, was der amerikanische Marinestrategie Alfred Thayer Mahan die »Seeherrschaft« nannte. Dafür gelten zwei Voraussetzungen: Zunächst muss er eine Kriegsflotte aufbieten, die es nicht nur mit jedem beliebigen anderen Marineverband aufnehmen kann, sondern auch der häufig schwierigen Aufgabe gewachsen ist, die eigene Handelsflotte wirksam gegen Piraten und Freibeuter zu verteidigen. Zweitens muss er über Stützpunkte an den wichtigsten Seerouten und idealerweise auf der ganzen Welt verfügen, um die Versorgung und Überholung der Schiffe gewährleisten zu können. Der Vorteil der Insellage versteht sich von selbst. Ihre Suprematie auf den Meeren erlaubt der Führungsmacht, ihre Hegemonie im Weltsystem zu festigen und das Mutterland zu schützen. Daher kann sich eine Hegemonialmacht mit Insellage, die sich einer Vormachtstellung auf See erfreut, zu viel geringeren Kosten verteidigen als eine kontinentale Hegemonialmacht, die nicht nur eine starke Kriegsmarine für die Expansion in Übersee unterhalten muss, sondern auch starke Landstreitkräfte zur Verteidigung ihres Kernlands. Das britische Heer gleicht daher einem Expeditionskorps, das normalerweise in den Kolonien eingesetzt wird, bei größeren Krisen aber auch auf dem europäischen Kontinent, wie in den Napoleonischen Kriegen oder im Ersten Weltkrieg. Solange Großbritannien die Meere beherrscht, ist das Territorium des Mutterlands vor jedem Angriff sicher. Die großen Schlachten der europäischen Kriege entspannen sich auf den Ebenen Flanderns auf der anderen Seite des Ärmelkanals.

Vor diesem Hintergrund wird der Schrecken, der Wells ergreift, besser verständlich: Vom 25. Juli 1909 an ist Großbritannien keine Insel mehr, es ist verwundbar geworden.[5] Nun muss ein Hegemonialzentrum aber vor jedem Angriff sicher sein. Wenn ›alle Wege nach Rom führen‹, d. h. der gesamte Welthandel durch die City fließt, scheint die ganze Weltordnung von diesem Mittelpunkt auszustrahlen. Der Hegemon funktioniert wie eine dem Weltsystem gewissermaßen enthobene Instanz. Wenn er für einen sicheren Hafen, für ein Versprechen von Glück und Freiheit steht, dann bildet er zugleich auch, prosaischer ausgedrückt, ein politisches und soziales System, das Kees van der Pijl nach dem Verfasser der *Zwei Abhandlungen über die Regierung* als »Locke'sches[6]« bezeichnet. Nach der *Glorious Revolution* löst Großbritannien die Niederlande als hegemoniales Zentrum des Weltsystems ab.[7] Mit einem früh entwickelten Bürgertum, eingespannt in die *rule of law* der konstitutionellen Monarchie, wird eine eigentümliche Verbindung des Staats mit der Zivilgesellschaft geboren.[8] Der britische Liberalismus beruht auf einem starken Staat, der aber zugleich seine eigene Einflusssphäre beschränkt, um der Gesellschaft und der kapitalistischen Wirtschaft einen Spielraum zur Selbstregulation zu lassen.[9] So entwickelt sich eine wahrhaft bürgerliche Gesellschaft, »deren Staat sich zurückzieht, nachdem er sich aktiv und konstruktiv zur Geltung gebracht und die Institutionen auf die Beine gestellt hat, die für den liberalen Rückzug aus der Sphäre der Reichtumsproduktion nötig sind«.[10]

Um dieses hegemoniale Zentrum herum erstreckt sich die »Semiperipherie«, eine Zone von »Rivalenstaaten« (*contender states*), die im Allgemeinen »Hobbes'sche« Züge aufweisen, sprich der Staat übt dort seine Herrschaft direkt aus und greift viel häufiger und unmittelbarer in die Gesellschaft ein als im Locke'schen Modell. Daher unterhält die herrschende Klasse eine engere Beziehung zum Staat, sie fungiert als eine echte »Staatsklasse« mit allen damit einhergehenden Gefahren des Autoritarismus. Außerhalb des Locke'schen hegemonialen Zentrums und der Hobbes'schen Semiperipherie finden wir die koloniale oder postkoloniale Peripherie.

Die räumliche Aufteilung der Gewalt auf globaler Ebene ordnet sich nach diesem Dreierschema: Während die Gewalt in den Außenbereichen des Systems unumschränkt herrschen kann, nimmt sie in der Hobbes'schen Semiperipherie verstaatlichte Form an. Das Locke'sche Zentrum hingegen gibt sich als Ruhepol aus, als Gastland für die Geflüchteten, das Gelobte Land der Freiheit. Doch diese Erscheinung kann es nur dadurch aufrechterhalten, dass es die Gewalt auslagert, sprich dass diese sich in den Kriegen zwischen den rivalisierenden Staaten oder in der Peripherie des Weltsystems entfesselt. In jedem Fall ist das Zentrum grundsätzlich unverwundbar – und muss es sein. Das Bild der Sonderstellung, das es von sich zeichnet, beruht genau auf dieser Unverwundbarkeit. Umgekehrt rührt an dieser Sonderstellung alles, was es gefährdet, und selbst, was es auch nur zu gefährden droht. Die schlichte Möglichkeit eines Angriffs kann somit ein ganzes Repräsentationssystem der Weltordnung ins Wanken bringen. Wenn in den Worten Gilles Deleuzes »das Delirium geographisch-politisch« ist, dann stellt sich die Geopolitik auch als Frage der Wahrnehmungen und Affekte dar. Die Teilung der Welt in Zentrum, Semiperipherie und Peripherie ist nicht bloß eine Erfindung von Weltsystemtheoretikern, sondern sie hat Wurzeln auch in unseren psychischen Strukturen, unseren Empfindungen, unseren Hirngespinsten. Das Zentrum treffen heißt daher eine Welt erschüttern, im geopolitischen ebenso wie im psychischen Sinn.[11] Wenn Wells sich nur wahnhaft auszumalen beginnt, dass London zur Zielscheibe werden könnte, was bedeutet es dann erst für einen echten Angriff auf das hegemoniale Zentrum, wie ihn die Vereinigten Staaten am 11. September 2001 erfahren haben?

Wells' Horrorvision wird noch besser verständlich, wenn wir uns die Implikationen dieser globalen Konstellation anhand der Außenpolitik, Verteidigungspolitik und Kriegsführung im Allgemeinen vor Augen führen. Die britische Außenpolitik findet entsprechend der Dreiteilung der Welt auf zwei Ebenen statt: Eine aggressive koloniale Expansionspolitik außerhalb Europas wird ab dem 18. Jahrhundert ergänzt durch eine Politik des Ausgleichs, der kollektiven Sicherheit und des indirekten Eingreifens auf dem europäischen Kontinent. Anders als die Kontinentalmächte strebt das Vereinigte Königreich keine Territorialeroberungen in Europa an, wenn man von den Marinestützpunkten absieht, die ihm die Kontrolle über die Seerouten ermöglichen. Die Briten stützen sich gewöhnlich auf einen oder mehrere »Rivalenstaaten«, um die anderen in Schach zu halten, und die militärisch schwächsten europäischen Staaten können sich der britischen Unterstützung bei der Finanzierung ihrer Kriegsunternehmungen stets sicher sein. Der Erfolg einer solchen Strategie ist augenfällig: Von den sieben gegen Frankreich geführten Kriegen zwischen 1689 und 1815 verliert Großbritannien nur einen einzigen, den amerikanischen Unabhängigkeitskrieg – und damit auch den einzigen, in dem es nicht gelingt, auf dem Kontinent ein Bündnis gegen Frankreich zu schmieden.[12] In gleicher Weise wurden der Erste und Zweite Weltkrieg, die die deutschen Ambitionen auf globale Hegemonie in die Schranken wiesen, vor allem dank Einreihung des russischen *contenders* gewonnen.

Die Kriegsführung im Allgemeinen hängt darüber hinaus von der geopolitischen Aufspaltung der Gewalt im Weltsystem ab. Seit dem 17. Jahrhundert spielt sich der Krieg in Europa zwischen Staaten ab.[13] Zuerst haben die Staaten mit dem »Naturzustand« aufgeräumt, indem sie auf ihrem Territorium eine Gewalt zur Unterdrückung des Bürgerkriegs einrichteten. Die bewaffneten Konflikte im Inneren kommen zunehmend zum Erliegen. Dieser Verstaatlichung entspricht eine Beschränkung des Kriegs: Nachdem dieser eine Beziehung zwischen Staaten beschreibt, hört er auf, ein Verhältnis zwischen Individuen zu bezeichnen. Diese erhalten in der Folge das Recht auf Schutz vor Kriegsgewalt. Rousseau nimmt nur eine allgemeine Ansicht auf, wenn er schreibt, dass die Staaten selbst im Krieg Personen und die Güter der Bürger achten müssten: »Wenn der Krieg mit der Vernichtung des feindlichen Staates endet, ist man berechtigt, die Verteidiger zu töten, solange sie Waffen tragen; aber sobald sie sie niederlegen und sich ergeben, hören sie auf, Feinde oder Werkzeuge des Feindes zu sein, sie werden einfach wieder Menschen, und man hat kein Recht mehr über ihr Leben.«[14]

Während Europa sich als faktische Einheit wahrnahm, zunächst in Form einer *Res publica christiana*, später in Form einer gemeinsamen »Zivilisation« oder »Gesellschaft«, dann lagen die Dinge außerhalb Europas ganz anders. In den Kolonialkriegen kam nie der Gedanke auf, der Zivilbevölkerung ein besonderes Schutzrecht zuzugestehen. Die Militärtheoretiker haben das in aller Deutlichkeit erklärt. Zum Beispiel fasst Oberst Callwell, britischer Kolonialoffizier, gegen Ende des 19. Jahrhunderts die Prinzipien des kolonialen »Kleinkriegs« folgendermaßen zusammen:

> Der grundlegende Unterschied zwischen den kleinen Kriegen und den regulären Feldzügen [...] liegt darin, dass in den kleinen Kriegen der Sieg über die feindlichen Truppen – wenn sie existieren – nicht unbedingt das Hauptziel darstellt; häufig ist die moralische Wirkung wichtiger als der materielle Erfolg, und manchmal beschränken sich die Einsätze auf Verwüstungen, die nach den Gesetzen des regulären Kriegs zu missbilligen wären.

Da sich in den Kolonialkriegen nicht zwei legitime staatliche Gewaltmonopolisten in Form ihrer Armeen gegenüberstehen, wird die Unterscheidung zwischen »Verteidigern des Staats« und »einfachen Menschen« hinfällig. Ein regulärer Krieg »kann mit der Kapitulation des feindlichen Souveräns oder Anführers, der das Volk vertritt, zu Ende gehen; wenn es sich aber um eine Rebellion handelt, die es zu unterdrücken gilt, dann müssen alle widerspenstigen Subjekte bestraft und unterworfen werden«.[15] In Europa wird ein Feind als »gerecht« (*justus hostis*) angesehen, insofern souveräne Staaten und ihre regulären Streitkräfte aufeinandertreffen.[16] Das Attribut der Gerechtigkeit unterscheidet einen Feind von einem Rebellen oder Kriminellen. Außerhalb Europas jedoch kommt dieses Charakteristikum überhaupt nicht zur Anwendung, sodass weder Kämpfer noch Zivilisten ein besonderes Schutzrecht genießen.

Daher findet ein Großteil der Bombardements in Regionen jenseits Europas statt. Im Jahr 1854 bombardieren die Amerikaner die Stadt Greytown (heute: San Juan de Nicaragua) und lösen damit Empörung seitens der Briten aus, die die Tat als »unerhört unter den zivilisierten Nationen« verurteilen. Das hindert ihre eigenen Streitkräfte aber nicht daran, gleich im folgenden Jahr Kanton zu bombardieren. Die Chinesen haben nämlich die Besatzung eines britischen Schiffs festgesetzt. Nach Intervention des Konsuls stimmen die chinesischen Behörden einer Freilassung der Gefangenen zu, weigern sich aber, eine öffentliche Entschuldigung sowie Garantien dafür abzugeben, dass sich ein solcher Vorfall nicht wiederholen wird. Die Briten entscheiden sich daher, das Feuer zu eröffnen. In London verteidigt der liberale Abgeordnete Ralph Bernal Osborne die Aktion mit folgenden Worten: »Es kommt nicht infrage, bei den Chinesen die pedantischen Regeln des internationalen Rechts anzuwenden!«[17]

Doch im 19. Jahrhundert tauchen die ersten Risse in dieser binären Anordnung auf, die eine europäische Sphäre mit begrenzten zwischenstaatlichen Kriegen von einer Peripherie scheidet, dem Schauplatz entgrenzter Kriege. Logischerweise zeigen sich diese Sprünge zuerst an der Grenze zwischen europäischem Zentrum und kolonisierter Peripherie, in den Vereinigten Staaten von Amerika beim Zweiten Unabhängigkeitskrieg und in Russland im Krimkrieg. Nordamerika, das traditionell außerhalb des internationalen Rechtsraums Europas liegt, wurde erst allmählich in die Sphäre der zivilisierten Christenheit eingegliedert.[18] Russland wiederum liegt immer schon an den Grenzen Europas: Wenn es auch nicht gleichermaßen »zivilisiert« ist wie die anderen europäischen Nationen, so ist es doch durch geografische Nähe und die christliche

Religion gekennzeichnet.[19] Im Krieg zwischen Großbritannien und den Vereinigten Staaten 1812 bis 1815 bombardieren die britischen Seestreitkäfte Baltimore, Washington und andere amerikanische Städte.[20] Diese Bombenangriffe haben dem Strategen Alfred Thayer Mahan zufolge das Ziel, das amerikanische Volk[21] den Krieg am eigenen Leib spüren zu lassen, auf dass es seine Regierung zum Friedensschluss veranlasst.[22] Das Volk wird zu einem Kriegsfaktor, allerdings unter Maßgabe einer alten Betrachtungsweise, die es lediglich als passives Element begreift, das zu mehr als sporadischen Gewaltausbrüchen nicht fähig ist.[23] Wie wir sehen werden, bestimmt dieses Denken einen guten Teil der Luftkriegsstrategie im 20. Jahrhundert.

Ein anderer Ansatz des Volkskriegs zeichnet sich ebenfalls im Verlauf dieses Zweiten Amerikanischen Unabhängigkeitskriegs ab. Der zukünftige US-Präsident Theodore Roosevelt beobachtete 1882, dass die Briten, die gewöhnlich von der persönlichen Misshandlung der Zivilisten Abstand nahmen, besonders Orte ins Visier nahmen, wo organisierte Milizen den alten Kolonialherren Widerstand entgegenbrachten.[24] Die Verbindung zwischen Milizenbildung und Bombardierung der Städte ist gewiss kein Zufall: Die Bewaffnung des Volkes zur Landesverteidigung lässt es im Krieg fast zwangsläufig zu einem Ziel werden. In dieser moderneren Sicht des Volkskriegs erscheint das Volk nicht mehr als passives Element, sondern als Quelle der Souveränität und zur Selbstorganisation fähig. Dort, wo es im Wesentlichen Objekt der Politik war, wird es zum eigentlichen Subjekt des Politischen. Genauso wenig ist es dem Zufall zuzuschreiben, wenn diese Ereignisse in eine Periode fallen, in der die Revolutionskriege in Europa eine neue Konzeption von Staatsbürgerschaft und mithin der Beziehung zwischen Staat und Bürgern auf die Tagesordnung gesetzt haben.

Diese Ereignisse entfachen eine Debatte über die Legitimität solcher Kriegshandlungen und über das Kriegsrecht im Allgemeinen. Da Mitte des 19. Jahrhunderts auf dem europäischen Kontinent Frieden herrscht, bietet der amerikanische Sezessionskrieg Gelegenheit zur ersten modernen Kodifizierung des Kriegsrechts. Die berühmte, 1863 von Francis Lieber im Auftrag Washingtons verfasste »General Order No. 100«, der »Lieber Code«, spart in dieser Hinsicht nicht an lehrreichen Vieldeutigkeiten. In Einklang mit den »nationalen Kriegen« seit 1792 erklärt Lieber (Artikel 21), dass »der Bürger [...] eines feindlichen Landes [...] ein Feind ist, da er der feindlichen Nation oder dem feindlichen Staat angehört; in dieser Eigenschaft ist er der Unbill des Kriegs unterworfen«. Eine Person wird dadurch zum Feind, dass sie Bürger eines feindlichen Staats ist. Die klassische Unterscheidung zwischen Soldat und Zivilist gilt nicht mehr, da der Zivilist ein Bürger ist (in Rousseaus Worten ein Teil des Souveräns, gegen den man Krieg führt) und der Bürger ein Soldat.[25]

Lieber fügt sogleich hinzu (Artikel 22): »Gleichwohl ist mit fortschreitender Zivilisation in den vergangenen Jahrhunderten auch die Unterscheidung, insbesondere im Landkrieg, zwischen der einem feindlichen Land angehörigen Privatperson und dem feindlichen Land selbst, seinen bewaffneten Truppen, fortgeschritten. Zunehmend findet das Prinzip Anerkennung, dass der unbewaffnete Bürger in Person, Eigentum und Ehre zu verschonen ist, soweit es die Erfordernisse des Kriegs zulassen.« Artikel 21 und 22 argumentieren sehr unterschiedlich, der erste »logisch« und der zweite »historisch«. Insofern der Bürger Anteil am Souverän hat, kann er Ziel militärischer Aktionen werden, doch mit »fortschreitender Zivilisation« hat sich als Norm etabliert, dass unbewaffnete Bürger verschont werden sollen. Diese zwei Entwicklungen widersprechen sich. Auf der einen Seite wird das politische

Individuum zum Bürger, was unter anderem die Pflicht einschließt, sich im Kriegsfalle an der Landesverteidigung zu beteiligen. Die moderne Staatsbürgerschaft tendiert vor allem in der institutionellen Form der Miliz oder der Wehrpflicht dazu, sich mit der Streitmacht eines Staates zu verbinden. Auf der anderen Seite bemüht sich das gerade entstehende internationale Recht um eine Trennung zwischen Bürger und Soldat, um Letzteren zum einzig legitimen Ziel zu machen, den zivilen Bürger hingegen mit einer prinzipiellen Immunität auszustatten.

Dazu kommt ein anderer, noch wichtigerer Aspekt: Liebers »General Order No. 100« unterscheidet den Landkrieg vom Seekrieg und schreibt die Fortschritte der Zivilisation vor allem dem ersteren zu. Anders gesagt stellt sich ihm der Seekrieg im Vergleich zum Landkrieg als weniger zivilisiert dar, ganz einfach weil sich die Schauplätze des Seekriegs vornehmlich außerhalb Europas befinden. Die Regeln und Praktiken des Seekriegs stimmen weitgehend mit denen des Kolonialkriegs überein.

Nun bedeutet der Krimkrieg einen Bruch mit dieser Sichtweise. Er trägt auf Ebene der Doktrin einer technischen Entwicklung aus den 1840er Jahren Rechnung, die die Unterscheidung zwischen einer europäischen Sphäre begrenzter Kriege und einer Peripherie der entgrenzten Kriege infrage stellt: die Dampfschifffahrt. Das strategische Denken der »Jeune École« in Frankreich spielt in der Ausarbeitung der entsprechenden Doktrinen eine Schlüsselrolle.[26]

Bereits 1844 erblickt der französische Marinestratege François d'Orléans, Prinz von Joinville, in der Dampfschifffahrt ein Mittel, um den Glanz der französischen Kriegsmarine wiederherzustellen.[27] Er möchte die alte französische Seestrategie des Korsarenkriegs neu beleben, bei der der britische Seehandel systematisch durch von Frankreich unterstützte Freibeuter unter Beschuss genommen wird.[28] Während die Franzosen in der direkten Auseinandersetzung mit den überlegenen Kräften der britischen Marine stets den Kürzeren gezogen hatten, war der Krieg gegen den Handel, das »Lebensprinzip Großbritanniens«, immer von Erfolg gekrönt gewesen.[29] Der technologische Fortschritt ermöglicht nun, diese Strategie noch zu verfeinern: Im Unterschied zu Segelschiffen sind die Dampfschiffe von den Wetterbedingungen weitgehend unabhängig und können für Blitzattacken gegen die Häfen und Küstenstädte des feindlichen Landes eingesetzt werden.

Somit zeichnet sich eine strategische Revolution ab. Traditionell kommen der Kriegsmarine zwei Aufgaben zu: In Friedenszeiten dient sie als »Seepolizei« und daher zum Schutz der Handelsrouten gegen Piraten und Korsaren; im Kriegsfall wird sie gegen die feindlichen Seestreitkräfte eingesetzt. In beiden Fällen ist ihr Element die See. Das ändert sich mit dem Krimkrieg von 1853 bis 1856, in dem Russland einem Bündnis zwischen Großbritannien, Frankreich und dem Osmanischen Reich gegenübersteht. Von diesem Konflikt an führt die Marine auch Angriffe gegen die Küsten.[30] 1854 wird Odessa bombardiert, im Jahr darauf Taganrog.[31] In anderen Worten beginnt mit dem Krimkrieg die strategische Unterscheidung zwischen Land und See zu verschwimmen.[32]

Ein zweiter Umbruch ereignet sich schließlich während der Dritten Republik in Frankreich. 1886 wird Admiral Théophile Aube zum Marineminister ernannt; mit ihm erhält die Jeune École Einzug in die französische Seestrategie. Ihre Protagonisten sind begeisterte Republikaner, glühende Verfechter des Kolonialismus. Der Minister selbst hat die längste Zeit seiner Karriere in den Kolonien zugebracht.[33] Die stark unter dem Eindruck der Pariser Kommune stehende Schule hat ihre Schlüsse aus dieser Erfahrung einer sozialen Revolution gezogen: Auf politischer Ebene muss der Imperialismus

Frankreich neue Märkte eröffnen und so den Lebensstandard des städtischen Proletariats heben;[34] auf militärischer Ebene sind die Strategen der Jeune École überzeugt, dass die revolutionäre Bedrohung aktiv als Waffe im Krieg eingesetzt werden kann. Zur Revolte kommt es bei wirtschaftlicher Not, die von den Staatsapparaten nicht mehr zu beherrschen ist. Folglich besteht ihre politische und militärische Strategie darin, durch Ausweitung des Kolonialreichs die Not in den eigenen Städten so weit wie möglich zu bekämpfen und zugleich den Handel und gesellschaftlichen Zusammenhalt des Feindes anzugreifen. In einem Wort, ihre Militärstrategie soll die Revolution in Frankreich verhindern und ihr in den verfeindeten Ländern zum Ausbruch verhelfen.

Der Prinz von Joinville hatte im Seekrieg gegen Großbritannien bereits zwei strategische Ziele ausgemacht: den Handel und die »Selbstgewissheit« des englischen Volks.[35] Die Jeune École radikalisiert dieses Programm. Wie einer der Mitarbeiter des Ministers Aube, Gabriel Charmes, erklärt, »wird die Bombardierung der Festungen in Zukunft natürlich nur ein nebensächliches Einsatzgebiet darstellen. [...] Wir werden überall die nicht geschützten Küsten, die offenen Städte verwüsten.«[36] Während die Seekriegsrevolution des 19. Jahrhunderts in einem ersten Schritt die klassische Trennung zwischen Land und See aufgehoben hat, löst die Politik in einem zweiten Schritt die Unterscheidung zwischen militärischen und zivilen Zielen auf. So verschwindet das einst von Henri de Jomini aufgestellte und von Alfred Thayer Mahan bekräftigte eherne Prinzip: »Die organisierten Kräfte des Feindes sind immer das Hauptziel«.[37] Für die republikanischen Strategen der Jeune École stellt es sich andersherum dar: Da die Nation als Einheit gilt, die Armee gleich Nation und der Bürger Soldat ist, gerät die feindliche Nation als Ganzes ins Fadenkreuz.

Den Strategen schwant, dass der Gegner dieselben Mittel einsetzen wird, über die Verteidigungsmöglichkeiten machen sie sich keine Illusionen: Da nicht vorauszusehen ist, wo der Gegner zuschlägt, lassen sich die Küsten unmöglich wirkungsvoll verteidigen. Jedenfalls kommt es nicht infrage, die Seestreitkräfte allein zu diesem Zweck einzusetzen und die Verteidigung der Kolonien und Seerouten zu vernachlässigen. Daraus ergibt sich eine vollkommene Umkehrung des Grundprinzips von Clausewitz, dass Verteidigung ökonomischer sei als der Angriff.[38] Das von der Seeseite oder später aus der Luft geführte Bombardement gleicht somit allgemein als ›terroristisch‹ beschriebenen Methoden: Während der klassische Krieg eine Dialektik von Angriff und Verteidigung einschließt, zeichnet sich die terroristische Strategie durch reinen Angriff und eine vollständige Vernachlässigung der Verteidigung aus. Das Verhältnis zwischen beiden Begriffen kehrt sich um: Der Angriff wird leicht und ökonomisch, während sich die Verteidigung gegen den Terrorismus zu einer kostenaufwendigen und immens komplizierten Angelegenheit entwickelt.[39] Darin liegt auch begründet, weshalb die schwächste Seite häufig zu einer Terrortaktik neigt, so etwa hier Frankreich im Fall eines Seekriegs gegen das Vereinigte Königreich. Von nun an verschafft sich wer zuerst zuschlägt einen beträchtlichen Vorteil gegenüber seinem Gegner. Mit der Dampfschifffahrt und der Möglichkeit, von der See aus die Küste zu bombardieren, wird Schnelligkeit zu einem noch entscheidenderen Kriegsfaktor. In allen diesen Zügen nimmt die französische Seestrategie am Ende des 19. Jahrhunderts die kommende Luftstrategie vorweg: schnell zuschlagen, hart zuschlagen und nicht nur gegen eine Armee zuschlagen, sondern gegen eine Nation. Die Gegenseite besitzt kein anderes Mittel der Verteidigung, als dieselbe Strategie zu verfolgen.

Ist es das, worüber Wells an jenem Julitag im Jahr 1909 nachsinnt? In jedem Fall lässt sich feststellen, dass die öffentliche Meinung in Großbritannien Anfang des 20. Jahrhunderts allmählich ein Bewusstsein dafür entwickelt, dass die Insel in Gefahr gerät. Bereits 1903 gelang Erskine Childers mit dem Spionageroman *Das Rätsel der Sandbank* [*The Riddle of the Sands*] über geheime Vorbereitungen für eine deutsche Landung an englischen Küsten ein spektakulärer Erfolg. Die Royal Navy ist nach wie vor die bei Weitem mächtigste Kriegsflotte der Welt und kann jeder Bedrohung, die über die Meere kommen sollte, mit ein wenig Wachsamkeit die Stirn bieten. Der Flug Blériots zertrümmert diese Gewissheit. Mit dem 25. Juli 1909 hat sich die Lage definitiv geändert. Die Überlegenheit auf See, so nützlich ihr Fortbestehen auch ist, besitzt für die Verteidigung des Mutterlands keinen Wert mehr. Die britische Ausnahmestellung hat sich überlebt. Was tun?

Um dieser neuen geopolitischen Konstellation Rechnung zu tragen, entscheidet das Empire, nun die Vorreiterrolle zu übernehmen. Ab 1887 kommen die Repräsentanten der Kolonien und *Dominions* regelmäßig zu »Kolonialkonferenzen« zusammen, die 1907 in »Reichskonferenzen« umbenannt werden. 1911 wird eine gemeinsame Außenpolitik unter britischer Führung auf die Tagesordnung gesetzt: Das Empire verwandelt sich in einen Commonwealth. Im selben Jahr schließen die Vereinigten Staaten bilaterale Schiedsverträge mit Großbritannien und mit Frankreich ab. Großbritannien, das im Niedergang befindliche Zentrum, und die Vereinigten Staaten, auf dem Weg, neuer Hegemon zu werden, entsagen des Kriegs als Mittel zur Lösung von Streitigkeiten. Die beiden großen »Locke'schen« Mächte entziehen sich so der ›Anarchie‹ der internationalen Beziehungen.[40] Das Zentrum der Welt globalisiert sich sozusagen.

Zur gleichen Zeit vergrößert sich das hegemoniale Zentrum in Europa, da Frankreich, der frühere Hauptrivale auf dem Kontinent, aus dem verlorenen Krieg von 1870/71 gegen den neuen *contender* Deutschland außerordentlich geschwächt hervorgegangen ist und von da an ins Locke'sche Zentrum eingegliedert wird. Im Jahr darauf, 1912, besiegelt ein französisch-britisches Seeabkommen, das sich zunächst auf eine Kolonialstreitigkeit in Syrien bezog, aber bald auf Nordafrika ausgedehnt wurde, das neue Bündnis zwischen dem britischen Hegemon und seinem alten Rivalen. Eine neue globale Konstellation entsteht. In Europa rückt Deutschland in den Rang des Hauptrivalen mit Hobbes'schen Zügen auf. Es zeichnen sich bereits die Konfliktlinien des Ersten Weltkriegs ab. Im Weltmaßstab bereitet die Globalisierung der Hegemonialmacht die bedeutendste Entwicklung der Gewaltgeschichte des 20. Jahrhunderts vor: die Zertrümmerung der Trennung von europäischem Zentrum und kolonisierter Peripherie. Der kommende Konflikt wird nicht nur ein großer europäischer Krieg sein, sondern ein Erster Weltkrieg.

Zum ewigen Frieden

Die Neuigkeit durchbricht harsch die Lethargie der drei Urlauber. Nur mit größten Schwierigkeiten haben sie die italienisch verfasste Nachricht im Lokalblatt *Sentinella Bresciana* entziffert: eine Flugschau ganz in der Nähe, auf der anderen Seite des Sees. Die berühmtesten Flieger der Welt sollen dort ihre Flugzeuge präsentieren. Die drei Freunde, am österreichischen Ufer weilend, entscheiden sich zu einer Fahrt per Dampfschiff nach Desenzano, um dort in den Zug nach Brescia auf der italienischen Seite der Grenze umzusteigen. Nachmittags angekommen, verbringen sie die Nacht in einem schäbigen Hotel. Am Morgen des 11. September 1909 langen sie endlich auf dem Flugfeld an.

Da er seine Stellung als Jurist bei der Arbeiter-Unfallversicherungs-Anstalt für das Königreich Böhmen erst vor weniger als einem Jahr angetreten hat, stehen Franz Kafka noch keine Urlaube zu. Er musste einen befreundeten Arzt überreden, ihm ein medizinisches Attest auszustellen, um in Begleitung seines besten Freundes, Max Brod, und dessen Bruder Otto nach Riva am Gardasee fahren zu können. Einige Wochen zuvor, Ende Juli 1909, hat Max einen Text über Louis Blériots Überquerung des Ärmelkanals verfasst, während Kafka zuletzt über seine Schreibschwierigkeiten klagte und an seiner Berufung zum Schriftsteller zweifelte. Deshalb fordert Max Brod ihn nun heraus: Beide schreiben eine Reportage über die Flugschau von Brescia und wählen anschließend die beste aus.[1]

Es handelt sich um ein Gesellschaftsereignis ersten Ranges. Die Hotels der Stadt sind ausgebucht, und Schaulustige strömen von Rom, Neapel und sogar aus dem Ausland herbei. Auch König Viktor Emanuel III. hat die Reise auf sich genommen. Der Hochadel umringt seine Majestät. Einige bedeutende Vertreter aus der Kultur haben sich ebenfalls eingefunden: Gabriele D'Annunzio – den man schlicht *Il Poeta* nennt – gleich neben dem musikalischen Halbgott Giacomo Puccini. Alle wollen dem Spektakel beiwohnen, das die besten Flieger der Epoche versprechen: Louis Blériot, Glenn Curtiss, Henri Rougier und Alfred Leblanc nebst einigen Italienern, darunter Guido Moncher, der aus Trentino stammt und daher, wie Kafka und seine Prager Freunde auch, Untertan seiner Majestät des Kaisers von Österreich ist. Doch bei Moncher fällt auf, dass er »italienische Farben trägt, er vertraut ihnen mehr, als unsern«[2].

Kafka erblickt in den offiziellen Kulturrepräsentanten reichlich erbärmliche Gestalten: D'Annunzio, »klein und schwach, [...] scheinbar schüchtern«, und Puccini stellt eine Nase zur Schau, »die man eine Trinkernase nennen könnte«.[3] Dann die Flieger: Rougier, ein »kleiner Mensch mit auffallender Nase«, kann nur schwer seine Nerven beruhigen; Curtiss fällt es schwer, seine amerikanische Zeitung zu lesen, während sich Blériots Frau um ihren Gatten sorgt. Am Boden menschlich und zerbrechlich, zeigen sie ihre wahren Qualitäten erst, wenn sie mit ihren Maschinen durch die Lüfte schießen. Rougier, der »an seinen Hebeln« sitzt »wie ein Herr an einem Schreibtisch«[4], der in aller Ruhe über die Technik gebietet. Blériot, der sich stoisch mit einem Problem abplagt, das seinen Auftritt infrage stellt, verwandelt sich in der Luft: Man »sieht seinen geraden Oberkörper über den Flügeln, seine Beine stecken tief als Teil der Maschinerie«. Henri Rougier, mit 190 Metern Preisträger im Höhenflug, erscheint am Ende dieses literarischen Berichts »so hoch, daß man glaubt, seine Lage könne bald nur nach den Sternen bestimmt werden [...]. Wir hören nicht auf, uns umzudrehen; gerade steigt noch Rougier, mit uns aber geht es endgültig tiefer in die Campagna.«[5]

Gabriele D'Annunzio ist nicht allein für das Bad in der Öffentlichkeit nach Brescia gekommen, sondern auch um Material für seinen nächsten Roman zu sammeln. Dieses Wunderkind der italienischen Literatur macht zuerst 1889 mit seinem ersten Roman *Lust [Il piacere]* auf sich aufmerksam, mit dem er den dekadenten Stil in Italien einführt. Bis 1900 folgen fünf weitere Romane. In den 1890er Jahren wird er mit dem Werk Nietzsches bekannt und beginnt, die psychologisierende Introspektion mit der Thematik des Übermenschen zu verbinden. Doch nach der Jahrhundertwende erlahmen seine kreativen Kräfte. Nun sucht der dekadente Dandy literarische Motive, die dem neuen, sich ankündigenden Zeitalter entsprechen. Das ist auch seine Mission in Brescia. Er überzeugt Glenn Curtiss und Mario Calderara, ihn mit in die Luft zu nehmen, um einmal vom Gefühl des Fliegens zu kosten. Diese Erfahrung macht D'Annunzio zu einem neuen Menschen. Und sie verschafft ihm den Stoff für seinen neuen Roman *Vielleicht – Vielleicht auch nicht [Forse che sì, forse che no]*, der im folgenden Jahr, 1910, erscheint.[6]

Der Roman flicht zwei Handlungsstränge ineinander: Der erste, mit dem D'Annunzio sein Dekadenzthema fortführt, folgt der komplizierten Beziehung des Fliegers Paolo Tarsis zu zwei Schwestern und ihrem Bruder, während der zweite einen männlichen und kriegerischen Ton, den des modernen Übermenschen, anschlägt.[7] Tarsis und sein Freund Giulio Cambiaso waren Kameraden in der Marine. Nichts als Kampf und Heldentum im Sinn, fliehen sie die »äußere Disziplin«, die den Soldaten in Friedenszeiten aufgezwungen ist. Auf der Suche nach Abenteuern durchstreifen sie den Orient und treffen in Kairo auf einen französischen Vogelkundler, der sie »das statische Gefühl für Dreidimensionalität [...] auf das Reich der Luft anzuwenden« lehrt. Daraufhin konstruieren Tarsis und Cambiaso ein Leichtflugzeug, um sich in die »kleine Aristokratie« der Flieger einzureihen.[8]

Die Handlung, durch den Gegensatz von dekadenter Liebe und männlicher Freundschaft strukturiert, stellt drei Motivpaare gegenüber. Die ersten beiden – Männer/Frauen und Himmel/Erde – sind ganz traditionell, doch das dritte – Flugzeuge/Autos – überrascht und ist entschieden modernistisch. Ganz nach dem Beispiel des ersten Satzes wird der ganze Roman vom »kühnen Luftzug der Geschwindigkeit« durchgeschüttelt. In dieser ersten Szene rast Tarsis in Begleitung seiner Geliebten, Isabella, mit einem Auto, und er »sah sich selbst, wie er nicht mehr die Schnelle lenkte, die am Boden streift, sondern die Schnelle, die sich hebt«.[9] An Erde und Frau gebunden, hebt der Heros des Automobils nur in seiner Fantasie ab. Um seine wahre menschliche, also übermenschliche, Natur zu verwirklichen, muss er sich vom Boden und gleichzeitig von der Frau lösen. Erst im Höhenflug ist der Mensch nicht »mehr ein Mensch, sondern der Mensch, der über das Universums gebietende Mensch, Herr alles Erschaffenen«, wie D'Annunzio in der Pariser Zeitung *Le Matin* verkündet. Die Luftfahrt kündigt nichts Geringeres als eine »neue Zivilisation, ein neues Leben« an, »eine grundlegende Metamorphose des gesellschaftlichen Lebens, ob im Frieden oder im Krieg, ob in Schönheit oder Herrschaft«.[10] Sie stellt eine gewaltige Herausforderung dar, und das nicht nur im Krieg und weniger noch nur als Jagd auf sportliche Höchstleistungen. Sie verspricht vielmehr, das gesamte spirituelle Dasein und damit einhergehend das gesamte soziale und politische Leben zu revolutionieren. Ebenso das Eigentumsrecht, Grenzen und Zölle. Bald schon wird man Luftstädte errichten: »Die Republik der Lüfte wirft die Übeltäter, die Parasiten, das aufdringliche Gesindel, die ganze böse Brut hinaus und öffnet sich den Menschen guten Willens. Die Erwählten streifen den schweren Kokon ab, sie schweben, sie fliegen.«

Auf uns, die wir das Fliegen gewöhnlich mit Sicherheitskontrollen am Flughafen, stundenlangem Warten, häufigen Verspätungen und beengten Sitzen in Verbindung bringen, wirkt dieser lyrische Überschwang ziemlich fehl am Platze. Doch zu Beginn des 20. Jahrhunderts bringt D'Annunzio auf diese Weise ein Gefühl zum Ausdruck, das von vielen geteilt wird. Bereits 1859 träumt Victor Hugo in *La Légende des Siècles* von einem Luftschiff, das die Menschheit von ihren Übeln erlösen würde.

Der Mensch ergreift endlich sein Zepter, seine Keule
wirft er davon.
Und fortfliegen sieht man Newtons Kalkül
Auf Pindars Gesang [...]
Dies Schiff, erbaut durch Zahl und Traum,
würde Shakespeare bezaubern und Euler entzücken.

Die Luftfahrt, die wahre Vereinigung von Wissenschaft und Dichtung, verwirklicht das Menschenreich, ein durch und durch menschliches Zeitalter.

Oh, dies war auf einmal
Wie ein Ausbruch von Wahnsinn und Freude,
Als, nach sechstausend Jahren auf verhängnisvollem
Pfade,
Plötzlich gelöst durch unsichtbare Hand,

Die Schwere, gefesselt an den Fuß des Menschengeschlechts,
Aufbrach, diese Kette war alle Ketten!
Alles hebt sich auf im Menschen, auch die Wut, der Hass,
Die Hirngespinste, endlich die besinnungslose Kraft, die Unwissenheit und der Irrtum, das Elend und der Hunger,
Das göttliche Recht der Könige, die falschen zarathustrischen und jüdischen Götter.

Die Erfindung des Himmelsschiffs ist nicht nur eine wissenschaftliche Revolution, sie ist ein spirituelles Ereignis: »Es trägt den Menschen zum Menschen und den Geist zum Geist«, sodass es »den Glauben im Auge Spinozas leuchten«[11] lässt.

Vor dem Hintergrund eines solchen Erbes müssen die Dichter zu Beginn des 20. Jahrhunderts ihre Verse spinnen. In einem anderen literarischen Register innerhalb des Futurismus, nicht mehr lyrisch, aber entschieden avantgardistisch, wird die Luftfahrt zum bevorzugten Thema. Die am stärksten modernistischen Seiten D'Annunzios stützen sich bereits auf eine Literatur, die die Verschmelzung von Mensch und Maschine feiert und die Luftfahrt als deren vollendetste Verwirklichung ansieht. Beispielsweise macht Mario Morasso in *La nuova arma (la macchina)*[12] die Maschine zu einer wirklichen »Vitalkraft« mit einer »barbarischen Seele«, zu einer »ungeheuren Vervielfältigung des Lebens«. Was sie in ihrer Fusion mit dem Menschen hervorbringt, ist »eine Kreatur, halb Mensch, halb metallisches Werkzeug, ein zusammengesetztes Monstrum«. Auf diese Weise erhält die Entwicklung der Luftfahrt »philosophische Implikationen«[13]. Diese Themen werden in der Folge aufgegriffen und systematisiert in der futuristischen Bewegung, die ab 1909 – dem Jahr von Blériots Ärmelkanal-Überquerung – mit Erscheinen von Filippo Tommaso Marinettis »Manifest des Futurismus« entsteht.

> Wir wollen die Liebe zur Gefahr besingen, die Vertrautheit mit Energie und Verwegenheit. [...] Mut, Kühnheit und Auflehnung werden die Wesenselemente unserer Dichtung sein. [...] Wir wollen den Krieg verherrlichen – diese einzige Hygiene der Welt – den Militarismus, den Patriotismus, die Vernichtungstat der Anarchisten, die schönen Ideen, für die man stirbt, und die Verachtung des Weibes. [...] Wir wollen die Museen, die Bibliotheken und die Akademien jeder Art zerstören und gegen den Moralismus, den Feminismus und gegen jede Feigheit kämpfen, die auf Zweckmäßigkeit und Eigennutz beruht. [...] Wir werden die großen Menschenmengen besingen, die die Arbeit, das Vergnügen oder der Aufruhr erregt; besingen werden wir die vielfarbige vielstimmige Flut der Revolutionen in den modernen Hauptstädten; [...] die breitbrüstigen Lokomotiven, die auf den Schienen wie riesige, mit Rohren gezäumte Stahlrosse einherstampfen und den gleitenden Flug der Flugzeuge, deren Propeller wie eine Fahne im Wind knattert und Beifall zu klatschen scheint wie eine begeisterte Menge.[14]

Nicht von ungefähr endet das »Manifest« mit einer Glorifizierung des Flugzeugs: Die Luftfahrt bildet eine vollkommene Synthese aller futuristischen Topoi, die Verachtung der Geschichte und die Befreiung von der Vergangenheit, eine kriegerische Weltsicht, die Verherrlichung der Technik und Vitalität, um sich in der posthumanistischen Verschmelzung des menschlichen Leibs mit der Maschine zu vollenden:

> Es gilt daher, die unmittelbar bevorstehende, unvermeidliche Identifikation von Mensch und Motor vorzubereiten, indem man einen kontinuierlichen Austausch von Intuition, Rhythmus, Instinkt und metallischer Diszipliniertheit befördert und vollendet [...]. Gewiss ist, [...] dass wir dabei sind, einen nicht mehr menschlichen Typus zu erschaffen, in dem Gewissensbisse, Güte, Zuneigung und Liebe [...] abgeschafft sein werden. [...] Der zu allgegenwärtiger Geschwindigkeit erbaute, nichtmenschliche und mechanische Typus wird von Natur aus grausam, allwissend und kampfeslustig sein.[15]

Als erste entschieden avantgardistische Bewegung verbindet der Futurismus aufs Engste das ästhetische und das politische Feld[16] mit Blick auf einer Überschreitung des Menschlichen. Als Prototyp gilt ihm die Luftfahrt und die Figur des Fliegers. Der Futurismus stürzt sich nicht nur in »Luftpoesie« (*aeropoesia*) und »Luftmalerei« (*aeropittura*), sondern auch in eine »Luftküche«, mit der er eine »an ein immer luftigeres und schnelleres Leben angepasste Ernährung« bewirbt. Das beinhaltet »[d]ie Abschaffung der Pasta asciutta, dieser absurden Religion der italienischen Gastronomie«, denn »[i]ndem sie [die Italiener] Pasta essen, entwickeln sie den typischen ironischen und sentimentalen Skeptizismus, der oft ihren Enthusiasmus beschneidet«.[17]

Im Jahr nach Veröffentlichung des »Manifests« erscheint ein weiterer denkwürdiger Text über »die gesellschaftlichen Einflüsse der Luftfahrt«. Sein Autor, Achille Loria, Ökonomieprofessor an der Universität Turin und Herausgeber einer wichtigen Intellektuellenzeitschrift, *Echi e commenti*, gehört bereits zu den bedeutendsten Intellektuellen seines Landes, bevor er 1919 zum Senator ernannt wird.[18] Obwohl heute weitgehend vergessen, hat sein Name doch für den von Antonio Gramsci geprägten Begriff »Lorianismus« Pate gestanden, der eine den Intellektuellen eigene Form von Dummheit bezeichnet, für die Lorias Aufsatz über die Luftfahrt das Paradebeispiel liefert[19]: »Dieser Artikel ist ein wahres Meisterwerk an ›Bizarrheiten‹ [...] Angesichts des sagenhaften Unsinns seines Inhalts bietet sich dieser Artikel dazu an, ›negtives Lehrbuch‹ für eine Schule in formaler Logik und wissenschaftlichem gesunden Menschenverstand zu werden«.[20]

Wie D'Annunzio ist auch Loria überzeugt, dass die Luftfahrt als entschiedener Triumph des Wirtschaftsliberalismus das gesellschaftliche Leben revolutionieren wird. Der Protektionismus, ihr erstes Opfer, wird zerbröseln, »wenn die Handelsware wie ein Meteorit auf uns niederprasselt«. Die Luftfahrt verwirklicht so die menschliche Freiheit in ihrer ganzen Fülle: »Vor allem wird dadurch jene [...] Bindung gebrochen, die den Arbeiter ans Kapital kettet [...], wenn der Arbeiter, dem es widerstrebt, in die Fabrik zu gehen, oder der aus ihr ausgesperrt ist, ein Flugzeug finden wird oder ein Luftschiff, das ihn zwischen die Räume erhebt«. Doch auch die Moral des Individuums wird sich daran heben. Die Kriminalitätsraten in den Städten und auf den Ebenen liegen höher als in den Bergdörfern, was die moralischen Vorzüge der Höhenlage beweist: Loria empfiehlt daher, Luftgefängnisse zu bauen, und »schon wird man die brutalsten Mörder sich unter dem magischen Einfluss der dünnen Luft in sanfte und fromme Kontemplateure verwandeln sehen«.[21]

Bei solchen Aussichten lässt sich die Luftfahrt definitiv nicht mehr »als ein sonderliches und gefährliches Spiel betrachten, das von jeder praktischen Bedeutung frei und nur Akrobaten und Verrückten vorbehalten wäre«[22], um noch einmal D'Annunzio zu zitieren. Im Gegenteil, sie stellt die Menschheit an einen Scheideweg. Indem sie sie vom Einfluss der Schwerkraft befreit, vermag die Luftfahrt die wahre Humanität des Menschen hervorzubringen. Der technische Fortschritt bewirkt in ihm Güte und guten Willen, er macht ihn frei und zum Herrn seiner selbst und der Welt. Der Schwere der irdischen Erscheinungen enthoben, kann er zu guter Letzt seine spirituelle Natur zur Entfaltung bringen. Diese für das liberale Denken typische Vorstellung von der spirituellen und moralischen Verfasstheit des Menschen hängt direkt mit einem ökonomischen und überdies politischen Argument zusammen: Wenn die Menschheit nicht mehr durch künstliche politische Grenzen von sich selbst getrennt wird, können sich die Menschen endlich dem grenzenlos gewordenen Welthandel hingeben. Die gesellschaftlichen Konflikte klingen ab, Friede und Harmonie breiten sich zuerst innerhalb einer Gesellschaft und dann auch auf der ganzen Welt aus.

Es ist daher kaum verwunderlich, dass der Luftfahrt unter anderem die Verheißung ewigen Friedens innewohnt. Victor Hugo hatte dieser Hoffnung bereits Ausdruck gegeben. 1864, während seines Exils auf Guernsey, schreibt er einen begeisterten Brief an den Fotografen Nadar[23], um diesen für seine Essays über Luftnavigation zu beglückwünschen: »Erlösen wir den Menschen. Wovon? Von seinem Tyrannen. Welchem Tyrannen? Der Schwerkraft.« Die Luftfahrt ist »die unmittelbare, absolute, augenblickliche, universelle, umfassende und dauerhafte Beseitigung der Grenze [...] Der Grenzstein ist gänzlich abgeschafft. Die Trennung ist gänzlich aufgehoben [...] Die Tyrannei verliert jeden Existenzgrund. Sie ist die Auflösung der Armeen, der Zusammenstöße, der Kriege, der Ausbeutung, der Knechtung, des Hasses. Sie bringt die kolossale Umwälzung des Friedens [...]. Sie ist die unumschränkte Befreiung der menschlichen Gattung«.[24] Aufgrund spiritualistischer Überlegungen auf philosophischer Ebene und liberaler Überzeugungen auf ökonomischer und politischer Ebene gelangt Hugo in den 1860er Jahren zu dem Schluss, dass in der Luftfahrt der Schlüssel zum Weltfrieden liegt. Und er ist nicht der Einzige, der in der Luftfahrt solche Mächte schlummern sieht oder der sich dieserart technizistischer Lyrik verschreibt. Der französische Astronom Camille Flammarion äußert sich ganz ähnlich: »Wenn die Eroberung der Lüfte einmal gelungen ist, kehrt Brüderlichkeit auf der ganzen Erde ein, wahrer Friede senkt sich vom Himmel, die letzten Reste des Kastenwesens werden verschwinden«.[25]

Zu Beginn des 20. Jahrhunderts, dem heroischen Zeitalter der Luftfahrt, wird man über eine gänzlich andere Argumentationskette zu dieser Schlussfolgerung gelangen. Die Luftfahrt besitzt die wundersame Macht, den Krieg unmöglich werden zu lassen, nicht weil sie die Menschen befreit, sie einander näherbringt und die Grenzen aus der Welt schafft, sondern paradoxerweise dank ihrer Zerstörungskraft.[26] So entwickelt sich nach der liberalen eine militaristische Vision des Friedens. Die Entwicklung fliegender Waffen macht die Kriegskunst mit ihrer Mobilmachung der Truppen, der Konzentration der Streitkräfte, der Landmärsche und der Manöver obsolet. Ab dem Beginn des 20. Jahrhunderts rückt die Zerstörung von industriellen Ballungsräumen, Hauptstädten und Kommandozentralen ins Blickfeld.

Eine erste Formulierung dieser Idee veröffentlicht Johann von Bloch, Bankier und Finanzier der polnischen Eisenbahn, in seinem höchst einflussreichen Buch *Die Zukunft des Krieges* (das Zar Nikolaus II. zu einer internationalen Friedenskonferenz inspiriert haben könnte, die ihren Abschluss im Haager Abkommen finden wird). Bloch argumentiert sehr sachkundig, dass durch die in der zweiten Hälfte des 19. Jahrhunderts unerhört zugenommene militärische Feuerkraft alle klassischen Manöver unmöglich geworden sind, was unweigerlich zu einer Verfestigung der Fronten führt. Das hat zur Folge, dass sich die Kriege in die Länge ziehen und nicht mehr durch einen Sieg auf dem Schlachtfeld entschieden werden, sondern durch den wirtschaftlichen und politischen Zusammenbruch einer oder mehrerer Kriegsparteien. Bloch gehört zu den wenigen Analytikern, die voraussehen, welche Form der Erste Weltkrieg annehmen wird. Andere fragen sich, was die Luftfahrt für die Zukunft des Krieges bedeutet. In seinem programmatischen Buch *La Conquête de l'air et la paix universelle* zeichnet François Mallet 1910 das Gespenst einer massiven Verwüstung der Städte. Angesichts einer solchen Gefahr bleibt nur ein Ausweg: Friede, allgemeine Abrüstung und »die feierliche Versöhnung der Völker als Abschluss«.[27]

Somit gibt es auf der einen Seite den Traum von einer Luftfahrt, die ewigen Frieden bringt und durch Befreiung und gegenseitige Annäherung der Menschen den Grundstein für wahre Freiheit und für das Zeitalter einer durchweg menschlichen Gesellschaft legt; als Kehrseite dieser Technikidylle wiederum werden Warnungen vor der zerstörerischen Macht des Luftkriegs laut – mit der Schlussfolgerung, dass der Krieg zwischen europäischen Nationen, die sich im Großen und Ganzen auf demselben Stand der technologischen Entwicklung und derselben industriellen Leistungsfähigkeit befinden, umso weniger wahrscheinlich wird, als die damit verbundene Gefahr zunimmt. Welche rational denkende Staatsführung wird schon das Risiko eingehen können, dass ihre Städte, Industrie und Infrastruktur in einer einzigen Bombennacht in Schutt und Asche gelegt werden? Der Krieg bringt keine Vorteile mehr, und dieser Sachlage werden die Regierungen auch zwangsläufig Rechnung tragen.[28] So zeichnet sich in diesen Überlegungen über den Luftkrieg Anfang des 20. Jahrhunderts bereits die zukünftige Doktrin der »Abschreckung« ab.[29] Doch ob nun diese oder eher die Annäherung der Völker im Vordergrund steht, in jedem Fall entwickelt sich die These von der friedensstiftenden Luftfahrt zu einem wahren Glaubensartikel: In Frankreich reiht sich Paul Painlevé unter seiner Flagge ein, in den Vereinigten Staaten Thomas Edison.[30] Die Beispiele ließen sich beliebig fortsetzen.

Die Luftfahrt hat also das Ende des Krieges eingeläutet. Der ewige Friede erscheint am Horizont, und wo es nicht danach aussieht, müssen die Bedingungen dafür geschaffen werden. Und so gewinnt nach dem liberalen Frieden von Völkerverständigung und freiem Warenhandel und dem hochgerüsteten Frieden der gegenseitigen Abschreckung eine dritte Friedensidee an Boden: der kosmopolitische Frieden. 1911 schlägt der französische Flugpionier Clément Ader vor, eine bewaffnete Luftflotte gegen Deutschland in Stellung zu bringen. Dem revanchistischen Nationalismus ist bereits eine republikanische und universalistische Notiz hinzugefügt: »das Gesetz der Ausdehnung der großen Staaten auf Kosten der kleinen, das seinen natürlichen Gang gehen wird bis zur Vereinigung der Völker. Die Militärluftfahrt wird dieses große Ereignis krönen. Wird dies durch Freiheit oder Despotie geschehen?«[31] Indem er den liberalen Frieden mit dem Frieden durch Abschreckung kombiniert, will sich der kosmopolitische Frieden durch Luftfahrt auf föderative Elemente stützen, um die Menschheit zu vereinen. Den berühmten Ausspruch Victor Hugos anlässlich des von ihm 1849 in Paris geleiteten Friedenskongresses[32] wieder aufnehmend äußert der Italiener Alessandro Masi die Einschätzung, dass die Luftfahrt die Konturen der »Vereinigten Staaten von Europa« sichtbar werden lasse.[33]

Wie kann die Luftfahrt den Weltfrieden sicherstellen und die Völker Europas vereinen? Paradoxerweise durch ihre Zerstörungskraft und ihren Vorteil, dass politische und physische Grenzen kein Hemmnis für sie darstellen. Der Fortschritt der Fliegerei belebt so eine alte Idee wieder, die seit jeher durch die pazifistischen Diskurse geistert.[34] Schon Anfang des 14. Jahrhunderts hatte Pierre Dubois, »Anwalt für kirchliche Angelegenheiten in der Vogtei von Coutances unter Philipp dem Schönen«, in seinem programmatischen Text *De recuperatione terre sancte* eine friedensschaffende europäische Allianz gefordert. Um diesem Frieden in Europa zum Durchbruch zu verhelfen, schlug Dubois die Einrichtung eines Schiedsrates vor, der mit einem Exekutivapparat ausgestattet sein sollte, mit dem der Rat gegen jeden Angreifer ein »*remedium manus militaris, tamquam iusticia necessario compulsiva*« (»Mittel von militärischer Hand, gewissermaßen eine notwendigerweise zwangsförmige Gerechtigkeit«) besäße.[35]

Der berühmte »Große Plan« Heinrichs IV. für den europäischen Frieden, von dem sein wichtigster Mitarbeiter, der Herzog von Sully, in seinen *Œconomies royales* spricht, bediente sich ähnlicher Formulierungen. Das Hauptziel des »Großen Plans« war die Gründung eines Bündnisses gegen die Vorherrschaft des Hauses Habsburg. Falls dieses sich »durch die Bitten und das sanfte Ersuchen aller anderen Machthaber des allerchristlichsten Zusammenschlusses« nicht davon überzeugen ließ, einen Teil seiner Besitzungen abzugeben, würde der Bund Krieg führen und die Gebiete des Gegners dann unter den Siegern aufteilen. Sobald einmal der Ehrgeiz des österreichischen Herrscherhauses zur Errichtung einer Universalmonarchie gebrochen wäre, fände sich die vereinte Christenheit bereit zu »Eroberungen [...] in den drei anderen Erdteilen, sprich Asien, Afrika und Amerika« und vor allem zu »einem beständigen Krieg gegen die ungläubigen Feinde des geheiligten Namens Jesus Christus«.[36]

Nichts anderes haben später auch so berühmte Pazifisten wie William Penn[37] oder Abbé de Saint-Pierre gesagt.[38] Diese klassische Idee wird, uns zeitlich näher, auch von US-Präsident Theodore Roosevelt, dem Friedensnobelpreisträger von 1906, in seiner Nobelpreisrede vom 5. Mai 1910 bekräftigt, in der er dem Wunsch nach Aufbau eines globalen »Friedensbundes« Ausdruck verleiht. Die große Schwierigkeit einer dauerhaften Friedenssicherung »ergibt sich aus dem Fehlen einer Exekutivmacht, einer Polizeigewalt zur Durchsetzung der Verordnungen«, die von einer internationalen Schiedsinstanz erlassen werden.[39] Roosevelts Rede findet ein breites Echo in der internationalen Öffentlichkeit: Um den Frieden zu sichern, bedarf es einer internationalen Einsatztruppe.[40]

Es ist unschwer zu erkennen, wie die Luftfahrt es vermochte, die alte Idee eines föderativen Kosmopolitismus mit Exekutivgewalt zu erneuern. Der Schriftsteller Rudyard Kipling, ein enger Freund Präsident Roosevelts und Verfasser nicht nur des *Dschungelbuchs*, sondern auch von »Die Bürde des Weißen Mannes«, jener Ode an den Imperialismus, entwickelt als Erster die Idee einer Weltregierung auf Grundlage der Luftwaffe. In zwei seiner Novellen, *With the Night Mail* (1905) und *As Easy as A.B.C.* (1912), wird der aus der technischen Notwendigkeit einer Luftverkehrsregulation heraus entstandene »Luftkontrollrat« (*Aerial Bord of Control*, das A.B.C. des Titels) zu einer technokratischen Weltregierung.[41] *As Easy as A.B.C.* erzählt die Geschichte dreier Flieger, die im Chicago des Jahres 2065 mit dem Problem konfrontiert sind, dass eine Gruppe von Aktivisten demokratische Politikrituale inszeniert: Sie versammeln sich, halten Reden, stimmen über Beschlüsse ab. Statt diesen Aktivitäten mittels der Luftwaffe ein Ende zu bereiten, entscheidet der Luftkontrollrat, sie gewähren zu lassen – um dieses demokratische Spektakel dann durch Liveübertragung in einem humoristischen

Programm von *Radio London* der Lächerlichkeit preiszugeben.[42]

Diese Warnschrift zeigt eines der möglichen Resultate des liberal-pazifistischen Kosmopolitismus. Die Ausrottung des Kriegs durch eine postkonfliktuelle liberale Politik führt direkt zu einem »postdemokratischen« Regime, das zwar die Mittel besitzt, die Opposition und jegliche Form der Infragestellung zu unterdrücken, die es aber vorzieht, sie gewaltlos unwirksam zu machen.[43] Wenn man sich auf dem Territorium des Hegemons auch erlaubt, mit den harmlosen Protestformen auf diese Weise umzugehen, so lässt man, wie wir bald sehen, in anderen Erdteilen und unter anderen politischen Voraussetzungen sehr viel weniger Nachsicht walten.

Die Luftfahrt bringt also die Grenzen zum Einsturz und setzt die politische Freiheit und den Wirtschaftsliberalismus auf globaler Ebene durch; sie macht Kriege unmöglich und kündigt den ewigen Frieden an. Gleichzeitig verlangt ihre enorme Zerstörungskraft einen kosmopolitischen Rahmen: Man wird nicht irgendeinem »Schurkenstaat« die Möglichkeit lassen können, das Leben von Millionen von Menschen zu bedrohen. Der legitime Einsatz der Luftwaffe ist an die Bedingungen des Kosmopolitismus, das heißt der »Menschheit« geknüpft, da die absolute Zerstörung einen absoluten Grund verlangt: Die Luftfahrt darf nicht der Verfolgung eines Partikularinteresses dienen, sondern muss die Waffe der Allgemeinheit, also der gesamten Menschheit sein. Einer Menschheit, der folglich diejenigen, die man bombardiert, nicht angehören. Sie sind nichts anderes als Störenfriede, Hindernisse, virtuelles Nichts. Daher auch die Notwendigkeit, sie, sobald sie sich erheben, praktisch in dieses Nichts zurückzuschicken, das sie auf moralischer Ebene immer gewesen sind.

Die Ritter der Lüfte

Plötzlich verstummen die Kanonen. In den Gräben tausend Blicke, die sich hypnotisiert in den Himmel heben. Zwei Flugzeuge, eins französisch, das andere deutsch, liefern sich ein hitziges Duell. Von der Luftschlacht in den Bann geschlagen, scheinen die Bodensoldaten vergessen zu haben, sich gegenseitig totzuschießen. Die französische Caudron steigt über den deutschen Rumpler, kontert jedes seiner Manöver, jede Kurve auf Kurve und Sinkflug auf Sinkflug. Der deutsche Maschinengewehrschütze hat sogar das Schießen eingestellt: Könnte sein Geschütz gehemmt sein? Im Verlauf von wenigstens zwanzig Minuten nähern sich die Gegner Kurve auf Kurve und Spirale auf Spirale dem Erdboden. Schließlich geht die deutsche Flugbesatzung auf einer Wiese nieder. Umso heftiger setzt das Feuergefecht wieder ein.[1]

René Fonck, der aus seiner Kriegserinnerung diese Episode von einem seiner Siege erzählt, stammt aus einer zutiefst antideutsch eingestellten elsässischen Familie, die nach Wahl der französischen Staatsangehörigkeit das infolge des Deutsch-Französischen Kriegs annektierte Territorium verlassen musste. Seit dem Alter von vier Jahren ohne Vater aufgewachsen, ergreift der junge René den Beruf des Mechanikers, bevor er mit 75 bekundeten Siegen zum »Ass der Asse« der französischen Luftflotte im Ersten Weltkrieg wird.[2] In der Zwischenkriegszeit entwickelt sich die Fliegerautobiografie zu einem eigenen literarischen Genre. Die Georges Guynemers, Manfred von Richthofens, Francesco Baraccas und Billy Bishops prägen entscheidend unsere Wahrnehmung von den Luftoperationen des Ersten Weltkriegs. Auf diese Weise kommt auch das Bild von den »Rittern der Lüfte« in die Welt, dieser heroischen Gestalten, die den Tod bringen, indem sie ihm selbst trotzen, und die eine tiefe Achtung vor ihren Gegnern erfüllt. Für sie ist der Krieg ein ›Duell‹, der Inbegriff von Ehre und Kampf auf Augenhöhe.

Nun dominiert in diesen autobiografischen oder hagiografischen Texten in Wirklichkeit aber eine andere Metapher als die des Duells: die der Jagd.[3] Die Flieger, die häufig auch eine Verbindung zwischen ihrer Reitpraxis vor dem Krieg und ihrer Flugpraxis im Krieg ziehen, konstruieren sich eine Figur, die in jeder Gefahrensituation einen kühlen Kopf behält und einen Raubtierinstinkt sowie die Geduld besitzt, auf den richtigen Moment zum Angriff zu warten.[4] Dieses Jagdbild hebt sich deutlich von der Rittermetaphorik ab, indem es einen gleichzeitig unterlegenen und entmenschlichten Feind unterstellt. Fonck beispielsweise schreibt:

> Eines Tages ergab sich für uns die Gelegenheit, einen Aufklärungsflieger zu überraschen. Es ereignete sich über der Somme. Der Fluss glitzerte in der Sonne und die Wolken zogen zu einer Decke zusammen, die ihn unseren Blicken entzog. Erst vor einigen Minuten hatte sich Kapitän Bosc mit einem Hochseefischer beim Ausspähen verglichen. Der *Boche* konnte keine einzige Patrone abfeuern und wurde wie viele andere vor ihm abgeschossen, bevor er begriff, wie ihm geschah. Er geriet ins Trudeln und verscholl zwischen dem Schilf eines Sumpfgebiets.[5]

Der Feind wird ganz und gar nicht als *justus hostis*, als legitimer Gegner in Ehren gehalten, sondern wie Wild einfach abgeknallt. Oswald Boelcke, eines der deutschen Asse des Ersten Weltkriegs, spricht seinerseits vom »Katz- und Mausspielen«, womit er auf die makabere Lust am Töten aus der Ferne abhebt.[6] Die Gestalt des Feindes nimmt in den Autobiografien nie individuelle Züge an, sie bleibt vollständig durch ihre Zugehörigkeit zum anderen Lager, der feindlichen Nation, definiert.[7] Die Flieger aller Krieg führenden Nationen beschreiben den Luftkampf als eine Jagdpartie, also ein grundlegend asymmetrisches Verhältnis, was natürlich nicht ausschließt, dass sich die Rollen von Jäger und Gejagtem auch umkehren können.[8]

Aber wie und warum ist man überhaupt darauf verfallen, den Luftkrieg als ritterlichen Zweikampf darzustellen? Zu Beginn des Ersten Weltkriegs widerstrebt es den Oberkommandos der verschiedenen Länder, den Fliegern irgendeine besondere Anerkennung zukommen zu lassen. Die Fliegerei wird als Sportaktivität wahrgenommen und erregt Misstrauen in einer Armee, die auf Disziplin, Kameradschaft und Korpsgeist aufbaut. Der Krieg ist kein Spiel und die Luftschlacht eine Kampfform wie jede andere.[9] Doch im Ersten Weltkrieg stehen sich Nationen gegenüber, und man sucht dringend nach Identifikations- und Heldenfiguren, die den nationalen Kampfgeist verkörpern können. Und so lobt General Foch in einer Bekanntmachung vom 4. April 1915 den Flieger Roland Garros als einen »ebenso bescheidenen wie brillanten Piloten [, der] uns immer ein leuchtendes Beispiel an Tatendrang war«.[10]

Von da an entsteht in den Büchern und Zeitungen die mythische Gestalt des Fliegers[11]: ›mythisch‹, weil er eine ›Fabel‹ spinnen hilft, einen Plot, eine Geschichte, die sich um einen individuellen Helden dreht, aber zugleich für die Nation steht, der er angehört und für die er ficht und sich aufopfert. Diese Figur kontrastiert in jedem ihrer Züge mit der des

Frontsoldaten mit stählernem Helm und eisernen Muskeln, der wenig heroisch durch den Schlamm kriecht, um dem industrialisierten Gemetzel zu entkommen.[12] Der Flieger hingegen ist jung, ruhig und selbstsicher. Den Todesgefahren, denen er ausgesetzt ist, stellt er sich ironisch und kaltschnäuzig entgegen.[13] So erlaubt der Mythos des Fliegers die Reaktivierung einer überkommenen Bilderwelt, die die Erfahrung eines entmenschlichten und völlig von der Technik beherrschten Schlachtfeldes begreifbar macht.[14]

Nun stehen diese Vorstellungen, von denen die Autobiografien der Flieger nur so überquellen, in himmelschreiendem Widerspruch zur Wirklichkeit des Ersten Weltkriegs, in dem der individuelle Luftkampf in Wahrheit nicht mehr als eine kurze Episode darstellt. Bei Ausbruch des Kriegs ist die Luftflotte noch eine neue Waffe, für die sich noch keine feste Einsatzdoktrin entwickelt hat. Dennoch spielt die Luftfahrt schon 1914 eine bemerkenswerte Rolle. In einem kriegsentscheidenden Moment im September 1914 bestätigen französische Aufklärungsflugzeuge, dass die deutschen Truppen den Vormarsch auf Paris unterbrochen haben, um in das Ourcq-Tal abzudrehen.[15] Dank dieser Informationen kann das französische Kommando jenes Manöver einleiten, das zur Schlacht an der Marne führt, in der der deutsche Vormarsch zum Halten gebracht und die Front stabilisiert wird. Vier Jahre später sind die Ressourcen der Mittelmächte erschöpft. Sobald die Front einmal gefestigt ist, nutzen die Kriegsparteien Aufklärungsflüge, diesmal taktisch, um das Terrain zu fotografieren, die Frontlinien, Befestigungen, Gräben und Stacheldrahtzäune zu kartografieren und die Artillerie auszurichten.

Angesichts der großen Bedeutung der Luftbeobachtung wird der Gegner naturgemäß versuchen sie zu unterbinden. Die Aufklärungsflieger greifen sich gegenseitig zunächst mit

Gewehren, Pistolen, ja sogar selbstgebasteltem Gerät an, bevor man ein System zur Installation eines Maschinengewehrs an der Flugzeugspitze entwickelt und es mit dem Propeller synchronisiert, sodass die Gewehrsalven ohne Gefahr für die eigene Maschine zwischen den Rotorblättern hindurchschießen.[16] So entsteht der Luftkampf: geboren aus der Notwendigkeit, Aufklärungsflüge des Feindes zu unterbinden. Ab 1915 richten die am Krieg beteiligten Streitkräfte Luftfahrtabteilungen ein, in denen sich Jagdeinheiten zur Bekämpfung der feindlichen Luftflotte herausbilden. Eine kohärente Doktrin fehlt allerdings noch. Laut Manfred von Richthofen waren die Aussprüche Oswald Boelckes das »Evangelium« für die deutschen Flieger, sprich die Taktik beruhte weitgehend auf der Überlieferung und war in erheblichem Maße improvisiert.[17]

Aus diesen Erfahrungen ergeben sich mehrere konzeptuelle Schlussfolgerungen, die im Verlauf des Konflikts zunehmend in die Tat umgesetzt werden. Die Luftoperationen scheinen derart bedeutend geworden zu sein, dass man sich ohne Bewegungsfreiheit in den Lüften keine größere Bodenoperation mehr vorstellen kann. Mit dem Kampf um den Luftraum bemühen Militärstrategen zunehmend Begriffe wie »Luftüberlegenheit« und sogar »Luftherrschaft«, die ihr Vorbild in der »Seeherrschaft« haben, die den Seestrategen so teuer ist. Dem Feind in bestimmten Zonen oder sogar überhaupt das Fliegen unmöglich zu machen, wird zu einem eigenständigen militärischen Ziel. Die Folge davon ist, dass der individuelle Luftkampf immer mehr verschwindet und Manöver großer Formationen ins Zentrum rücken, die eine Kontrolle des Luftraums über dem Schlachtfeld erlauben.[18] Der »Ritter der Lüfte« steigt wieder ins Fußvolk hinab. Disziplin und Korpsgeist, die den Soldaten auszeichnen sollen, gewinnen gegenüber der Ehre und Individualität des ›Ritters‹ die Oberhand.

Paradoxerweise bedarf es genau wegen dieses Verlustes auch einer mythischen Figur. Der Flieger ist eine der möglichen Inkarnationen dieser bitter benötigten Rittergestalt.

Zur gleichen Zeit bleibt der Bodenkrieg stecken, die Front hat sich verkeilt und erlaubt nur noch unerhebliche Vorstöße und Rückzüge, bevor es zum Waffenstillstand kommt. Wie Johann von Bloch bereits vor dem Krieg vorhergesehen hat, begünstigt die ungeheure Feuerkraft der modernen Artillerie die Defensive: Die Soldaten verschanzen sich in den Befestigungen, in den Gräben und hinter Stacheldraht. Dennoch preisen die Militärdoktrinen aller Kriegsparteien weiterhin die taktische Offensive als einziges Mittel, um auf dem Schlachtfeld zu triumphieren: »Vorrücken heißt siegen« steht in einem italienischen Taktikhandbuch von 1915.[19] Alle Oberkommandos verfolgen mehr oder weniger dieselbe Linie.[20] Die entscheidende Herausforderung besteht von nun an darin, die Soldaten dazu zu »motivieren«, regelmäßig ihre Gräben zu verlassen, nur um sich zu Zehntausenden durch Maschinengewehre und Artilleriefeuer über den Haufen schießen zu lassen.[21] Heroisch dem Tod zu trotzen bedeutet nichts anderes mehr, als sich wie Vieh abschlachten zu lassen.

Der Mythos des Luftkampfs entsteht, wo sich fehlende Lufttaktik mit militärischer Not trifft: Auf der einen Seite führt die Luftaufklärung zu Kampfsituationen, die in einer Anfangszeit häufig die Form von Duellen zwischen zwei sich mehr oder weniger zufällig begegnenden Maschinen annehmen; auf der anderen Seite schlagen aufgrund des mörderischen Gegenfeuers alle Versuche der Bodensoldaten fehl, die Front zu durchbrechen. Unter diesen Bedingungen kann man das Heil nur hoch droben suchen, in der Fähigkeit, das Niemandsland, das die Gräben voneinander trennt, zu überfliegen und auf diesem Wege die Lähmung zu überwinden, die vom Schlachtfeld Besitz ergriffen hat.[22] Um sich vor einer

Gefahr zu schützen, die jeden Augenblick von überall her auf ihn einbrechen kann, hat der Infanterist keinen besseren Freund als die Erde: Er drückt sich gegen sie, sie nimmt ihn auf und gibt ihm für einige Sekunden das Gefühl, vor den Einschlägen sicher zu sein. Erich Maria Remarque hat diese Situation in *Im Westen nichts Neues* treffend beschrieben:

> Für niemand ist die Erde so viel wie für den Soldaten. Wenn er sich an sie preßt, lange, heftig, wenn er sich tief mit dem Gesicht und den Gliedern in sie hineinwühlt in der Todesangst des Feuers, dann ist sie sein einziger Freund, sein Bruder, seine Mutter, er stöhnt seine Furcht und seine Schreie in ihr Schweigen und ihre Geborgenheit, sie nimmt sie auf und entläßt ihn wieder zu neuen zehn Sekunden Lauf und Leben, faßt ihn wieder, und manchmal für immer.[23]

An der Luftfahrt kristallisieren sich eine Reihe von Dichotomien: zwischen Himmel und Erde, Mensch und Maschine, Oben und Unten, Bewegung und Lähmung, aber auch Sichtbarkeit und Blindheit, Männlichkeit und Weiblichkeit, Kühnheit und Angst, Macht und Ohnmacht.[24] Die Erfahrung der Grabenkämpfe übersteigt das Menschenerträgliche. Sie lässt von der Ankunft eines Retters träumen, eines Erlösers der am Boden kriechenden irdischen Kreatur, der sie rächt und bis zu den Sternen erhebt: des Fliegers.

> Natürlich ein Flieger. Ein Flieger kann das feststellen. Ein Flieger kann überhaupt allerlei. Er ist seinen Feinden überlegen, übergeordnet besser, ein Wesen höherer Ordnung, ein Schritt voran in der trägen Entwicklung des Wirbeltiers, das Mensch heißt. Und während er hier steht, im wahren Sinne angewurzelt – denn wohin

soll er sich vor den Bleikugeln wohl flüchten, da er ja nur ihr elendes Zischen und Heulen vernimmt, ihr Blaffen und Bersten – während seine Knöchel immer tiefer vom saugenden Griff des Bodens gefaßt werden, die Spitze seines Gebirgsstockes immer eigensinniger in den Grund rutscht, das Wasser seine Schuhe füllt, die Gamaschen aber noch nicht durchdringen kann: während er so dasteht, gebückt und gespannt wie ein Marder, der springen will, fährt ihm die Erleuchtung ins Herz: nicht der Himmel ist das Hindernis, der Boden ist es, die Erde, dieser Mist, auf dem wir geboren werden und verflucht sind, herumzukriechen, bis wir sterben und zurücktauchen in ihn.[25]

Mit diesen Worten fasst ein anderer großer Roman des Ersten Weltkriegs, Arnold Zweigs *Erziehung vor Verdun*, die fliegerische Allmachtsfantasie des Oberst Eberhard Kroysing zusammen:

Und in diesem Augenblick schießt in ihm der Entschluß auf, unerschütterlich: Flieger wird er werden. Warte nur, bis diese Schweinerei erst vorbei ist, bis Klarheit herrscht über das, was hier wird, bis dem Franzosen eine Eisenfaust die Nase plattgeschlagen hat, die er in den deutschen Bereich zu stecken wagt: dann schmeißt ein gewisser Jemand dies Pionierhandwerk hin und meldet sich zu den Fliegern. Im Dreck herumkrebsen ist gut genug für […] alte Leute. Er aber wird sich in den steinernen Lindwurm verwandeln, mit Krallen, Schweif und feurigem Atem, der das Gezwerg in seinen Klüften aufstört […]. Eine gebrechliche Kiste wird er unter sich haben, zwei breite Flügel, eine wirbelnde Luftschraube, und heidi übers Wolkenmeer

> hinaufsteigen wie die Lerche am Sonntag – und freilich nicht Lieder trillern, sondern Bomben herunterwettern, die kriechenden Menschen mit Gas beaasen, mit Spitzkugeln unter ihnen aufräumen [...].[26]

Besser als jede andere Materialquelle macht Literatur die Zweiteilungen sichtbar, die die Wahrnehmung strukturieren. Aber sie gewährt in großen Teilen auch Einblicke in strategisches Denken und herrschende Doktrinen. Und sie gibt uns Auskunft über ein Einsatzgebiet der Luftflotte, über das die hagiografischen Quellen weitgehend schweigen, weil es in beißendem Widerspruch zur ritterlichen Vorstellung des Duellierens steht: dem Bombardement.[27] Es gibt jedoch Ausnahmen wie den »Roten Baron« Manfred von Richthofen, der die Befriedigung beschreibt, die er beim Abwerfen von Bomben oder beim Beschuss von Menschen am Boden mit dem Maschinengewehr empfindet.[28] Offenkundig sieht Richthofen sich nicht als Ritter, sondern als Soldat, der gewissenlos sein Werk des Todes verrichtet.[29]

Angesichts der wenig verheißungsvollen Resultate der ersten Bombenabwürfe vor 1914 kann man sich natürlich fragen, wieso die Idee des Luftbombardements nicht sofort wieder vom Tisch war. Die Antwort hat zwei Seiten und verweist auf zwei verschiedene Arten des Bombardements, eine ›taktische‹ und eine ›strategische‹. Das taktische Bombardement besteht anfangs in versuchsweisen Bombenabwürfen, deren Wirkung mehr oder weniger dem Zufall überlassen bleibt. Schnell zeigt sich, dass die Bomber als Verlängerung der Artillerie fungieren und Ziele angreifen können, die sich weit hinter der Front außerhalb der Reichweite selbst schwerster Geschütze befinden. Da der militärische Erfolg an der Front in großen Teilen von Eisenbahnverbindungen und schnellen Menschen- und Materialtransporten abhängt, liegt die Idee, die logistische Infrastruktur hinter der Kampflinie – Hangars, Bahnhöfe, Lager – anzugreifen, auf der Hand. Allerdings unterschätzt man leicht die Schwierigkeiten, die mit zielgenauen Bombenangriffen verbunden waren. Um nur ein Beispiel zu nennen: Zwischen dem 1. März und dem 20. Juni 1915 kommt es zu 141 Versuchen der Alliierten, deutsche Bahnhöfe zu bombardieren – lediglich dreimal treffen sie das Ziel.[30] Die anderen Versuche werden wegen Flakbeschusses abgebrochen, durch feindliche Jagdflugzeuge vereitelt, scheitern aufgrund von technischen Problemen oder, was auch häufig vorkommt, weil die Flieger schlicht ihr Ziel verfehlen. Die Bomben fallen in die Natur und hinterlassen Krater im flandrischen Schlamm.

An diesen »Abriegelung« genannten taktischen Einsatz der Luftwaffe schließt sich ab 1917 eine andere, ebenfalls taktische Verwendungsweise an: die »Luftnahunterstützung«, bei der gleichzeitige Angriffe durch Bodentruppen und durch Flugzeuge stattfinden.[31] Diese Operationen sind schwer zu koordinieren und außerdem risikoreich, weil die Maschinen auf niedriger Höhe fliegen müssen und ihre Ziele, die feindlichen Truppen, zurückschlagen können. Vor allem die deutsche Armee bedient sich dieser Taktik, die nach dem Ersten Weltkrieg dann als Grundlage für die Blitzkriegstrategie dienen wird.[32] Umgekehrt die britischen Luftstreitkräfte, die sich prinzipiell dagegen verwehren, dass ihr Einsatz den Bedürfnissen des Heers untergeordnet wird.

Neben dem taktischen Bombardement – der Abriegelung aus der Luft und der Luftnahunterstützung – gibt es das strategische Bombardement, das eine gänzlich andere Geschichte hat. Der Begriff ›Taktik‹ bezeichnet traditionell die Kunst, eine Schlacht für sich zu entscheiden, während ›Strategie‹ sich auf die Kunst bezieht, einen Krieg zu gewinnen. Unter taktischem Bombardement versteht man daher den Einsatz von Bombern in Operationen, die auch Land- oder Seestreitkräfte mit einbegreifen. Unter strategischem Bombardement versteht man hingegen die Doktrin, derzufolge die Luftwaffe allein ausreicht, den Feind zu besiegen. Der taktische Einsatz des Bombardements wird größtenteils während des Ersten Weltkriegs entwickelt, ja sogar improvisiert, bevor er in der Zwischenkriegszeit wieder nahezu in Vergessenheit gerät, und dies, obwohl seine militärische Wirksamkeit nicht ernsthaft in Zweifel gezogen werden kann.[33] Mit dem strategischen Bombardement verhält es sich genau andersherum: Obgleich seit Langem antizipiert, ausgemalt, gefürchtet oder erhofft, ist sein militärischer Nutzen objektiv betrachtet mehr als beschränkt. Nun kündigt sich ihm aber, trotz dieser Unwirksamkeit, eine strahlende Zukunft an. Wie lässt sich dieses Paradoxon erklären?

Zunächst ist es zu Beginn des 20. Jahrhunderts sicher nicht abwegig, damit zu rechnen, dass sich die Technologie in einem Maße weiterentwickeln wird, vor dem alle Erfahrungen der Vergangenheit verblassen. Dieser Technikoptimismus ist untrennbar mit Fantasien über die Macht der Luftfahrt verbunden, als einzige Waffe die Lähmung des Schlachtfelds lösen zu können. Des Weiteren lässt die taktische Situation an der Front, insbesondere an der Westfront, die Militärs mit allen möglichen neuen Lösungen experimentieren. Daher ist partiell auch militärischer Zufall im Spiel. Doch eine improvisierte Lösung kann nur von Dauer sein, wenn sie auf die globale politische Situation der Krieg führenden europäischen Nationen passt: Die militärischen Zufälle sind letztlich von tiefer liegenden politischen Ursachen getragen.

Was die militärische Gesamtlage betrifft, so führen die Erstarrung der Front und das Unvermögen der Kriegsparteien, sie zu durchbrechen, zu einer verzweifelten Suche nach Mitteln, die Lähmung zu überwinden. Zunächst hofft man, an der Front selbst zu einer Lösung zu gelangen: durch Einsatz von immer schwereren Geschützen, taktischen Bombardements und Kampfgas. Es sind die geostrategisch umschlossenen Mittelmächte, die eine festgefahrene Front am meisten zu fürchten haben, während die zahlenmäßig überlegene Entente, die außerdem die Meere kontrolliert, sich begründete Hoffnungen macht, die Kriegsanstrengung über einen längeren Zeitraum aufrechterhalten zu können. Infolgedessen ist kaum verwunderlich, dass vor allem die *contender* auf einen schnellen Sieg drängen – und dabei vor nichts zurückschrecken: Nach dem Einmarsch in Belgien greifen die deutschen Truppen auf immer gewaltsamere Mittel zurück und setzen auch als Erste Giftgas gegen feindliche Armeen ein. Doch alle Versuche, die Front auf diese Weise zu durchbrechen, scheitern. Daher beginnt Deutschland nach Seitenwegen zu suchen, um die Front zu umgehen und statt den bewaffneten Einheiten im Feld die Quellen ihrer Macht anzugreifen – die industrielle Produktion, die Transportmittel und den politischen und moralischen Zusammenhalt des Volks.

Das Luftbombardement steht in der Tradition des Seebombardements, wie es im Krimkrieg und den Kolonien angewandt und dann von der Jeune École gegen die britische Hegemonie gerichtet theoretisch ausgearbeitet wurde.[34] Nachdem sich Frankreich vor dem Ersten Weltkrieg an die hegemonialen Nationen angenähert hat, übernimmt Deutschland die Rolle des Hauptrivalen: Logischerweise bedient sich daher auch der neue Aspirant der »terroristischen« Methoden, die seinerzeit die republikanischen französischen Strategen empfahlen. Angesichts der überwältigenden Seeüberlegenheit der Briten in der Nordsee entscheiden sich die Deutschen Ende 1914, ihre Kriegsschiffe nur zu Blitzbombardements mehrerer britischer Küstenstädte aus den Häfen auslaufen zu lassen. 137 Personen, großenteils Zivilisten, kommen dabei ums Leben, 592 werden verletzt.[35] Nach genau derselben Logik entwirft das militärische Oberkommando Pläne für Luftangriffe auf London.[36]

Bis zum Ersten Weltkrieg bleibt die Kontroverse zwischen Verfechtern des Prinzips »leichter als Luft« (Heißluftballon, Zeppelin) und Verteidigern des Prinzips »schwerer als Luft« (Flugzeug) noch in der Schwebe. Einige Nationen, darunter Frankreich, neigen zum Flugzeug, während andere, wie Deutschland, mehr zum Luftschiff tendieren.[37] Im Gegensatz zu Flugzeugen, die zu Kriegsbeginn klein und instabil sind und nur beschränkt eigenständig eingesetzt werden können, gelingt es Zeppelinen, schwere Bomben zu transportieren und von der Front bis nach London und wieder zurück zu fliegen. Die Seebombardements von 1914 schockieren die internationale Öffentlichkeit, sodass Kaiser Wilhelm II. diese Art Angriff zunächst verbietet, bevor er sie nach der Bombardierung deutscher Städte durch französische Streitkräfte Anfang 1916 doch erlaubt.[38] Die Luftangriffe flammen im Verlauf des Kriegs, insbesondere 1917, immer wieder auf, bevor man sich mangels greifbarer militärischer Erfolge dazu entschließt, sie einzustellen. Denn wer glaubt schon ernsthaft, dass die 227 Toten und 677 Verletzten in den Fliegerangriffen auf London vom Juni und Juli 1917 irgendeinen Einfluss auf den Kriegsverlauf haben könnten?[39]

Dennoch muss der Feind diese Angriffe vergelten. Und genau an dieser Stelle liefern militärische Gesichtspunkte – die Improvisation und der Einsatz des Terrors, der wiederum nach Vergeltung ruft, und so weiter – keine hinreichende Erklärung mehr. Politische Gründe kommen ins Spiel. Von den zwei gegensätzlichen Entwicklungen, die die Beziehung zwischen Nation und Krieg im 19. Jahrhundert bestimmt haben – die Annäherung von Bürgern und bewaffneten Kräften einerseits und die Immunität der Zivilbevölkerung andererseits –, setzt sich nun die erste zulasten der zweiten durch.

Die ›Nationen‹ werden nicht nur zur Zielscheibe; vielmehr sind sie es selbst, die sich sozusagen gegenseitig zur Zielscheibe erklären. Von ihnen gehen die strategischen Konzepte aus, und sie selbst werden zu den entscheidenden Akteuren des politischen Lebens der Krieg führenden Länder. Im Klartext: Die Strategie ist nicht mehr das Vorrecht des staatlichen Militärapparats; die ›Nation‹ – die öffentliche Meinung der national zusammengeschweißten Zivilgesellschaft – hat von nun an ihren eigenen Part zu spielen. Um einige Beispiele zu nennen: Alfred Le Châtelier, Professor am Collège de France, empfiehlt im August 1915 die Bombardierung der deutschen Städte mit einer Armada von wenigstens tausend Flugzeugen, während H. G. Wells schätzt, dass zweitausend Bomber nötig sind, um die Waffenfabriken in Essen zu zerstören und damit die industrielle Grundlage der deutschen Kriegsunternehmung zu vernichten.[40] Es wurde bereits erwähnt, dass die in das strategische Bombardement gesetzten Hoffnungen in keiner Weise der militärischen, technologischen und industriellen Realität entsprechen, schon allein aufgrund mangelnder Zielgenauigkeit der Bombenabwürfe. Darauf antworten die Verfechter der Bombenangriffe, dass man nur Flugzeuge in ausreichender Masse gegen ein ausreichend großflächiges Ziel zu schicken brauche – nämlich Tausende Bomber gegen eine Großstadt –, um sicherzugehen, dass damit auch Schaden angerichtet würde. Nun verfügt aber keine Kriegsnation über solche Mengen von Flugzeugen. Die Erfahrungen an der Front zeigen darüber hinaus, dass die Flugzeuge beileibe nicht so unangreifbar sind, wie man sich ausgemalt hat, und dass die Flugabwehr für sie eine ernste Bedrohung bedeutet. »Und wenn schon!«, erwidern die Luftfahrtpropheten: Wenn die Flugzeuge nicht das erhoffte Ergebnis liefern, dann muss man eben noch mehr davon bauen, notfalls auch 10 000, so überbietet sich H. G. Wells in seiner Rage selbst. Die Forderungen werden immer abwegiger, insbesondere wenn man sich vor Augen führt, dass 1915 allein Italien, die schwächste der europäischen Großmächte, eine allein für Bombenangriffe konstruierte Maschine besaß.[41]

Daher wird es niemanden überraschen, dass die Militärs solchen Ideen aus der Zivilgesellschaft anfangs eher reserviert gegenüberstanden. Gewiss kann ein wenig Terror schon seinen Nutzen haben, und Vergeltungsschläge mögen notwendig sein, um die Rufe nach Rache zu besänftigen; aber eine ganze Strategie auf eine so wenig erprobte Grundlage zu stellen! Vor allem das französische Oberkommando stemmt sich lange Zeit gegen den Druck aus Politik und Presse, der auf ein strategisches Bombardement drängt. Der Grund ist ebenso einfach wie überzeugend: Da Paris die einzige Hauptstadt eines Kriegsteilnehmers ist, die sich im Aktionsradius der feindlichen Luftflotte befindet, wäre Frankreich besonders schlecht beraten, würde es den Krieg auf dieses Terrain verlagern.[42] Mehr noch, die ganze militärpolitische Tradition des alten *contender* spricht dagegen. Von Ludwig XIV. über Napoleon bis zu Clemenceau und de Gaulle hat Frankreich seine europäischen Kriege immer durch Gebietsbesetzungen gewonnen.

Mit der militärpolitischen Tradition Großbritanniens verhält es sich ganz anders, sowohl was die Macht auf See als auch auf dem Kontinent betrifft. Der Hegemon setzt in Europa eher auf indirekte Intervention als auf Gebietseroberungen. Nach dem öffentlichen Aufschrei, den die deutschen Luftangriffe von 1917 hervorriefen, beauftragt die Regierung den südafrikanischen General Jan Christiaan Smuts mit einem Aktionsplan. Das im »Smuts-Report« skizzierte militärpolitische Programm macht die Royal Air Force zur weltweit ersten institutionell unabhängigen Luftstreitkraft und empfiehlt eine Ausrichtung der Industrie auf die Luftfahrzeugproduktion.[43] Zum ersten Mal in der Geschichte entsteht ein ambitionierter Plan für eine strategische Luftoffensive gegen Deutschland.[44]

Um die Luftfahrtpolitik und -strategie innerhalb der Entente anzugleichen, wird ein »Interalliiertes Luftfahrt-Komitee« geschaffen, in dem die gegensätzlichen Visionen der britischen Führungsmacht und des vormaligen Rivalen Frankreich aufeinanderprallen. Unter dem vereinten Druck ihrer Verbündeten und eines Teils der französischen Öffentlichkeit geben die französischen Verantwortlichen schließlich nach: Eine für Ende 1918 vorgesehene große Luftoffensive soll Deutschland in die Knie zwingen.[45] Doch die Kapitulation kommt dem strategischen Bombardement zuvor. Der Erste Weltkrieg endet mit dieser wichtigen militärpolitischen Entscheidung, aber zu früh, um sie auf dem Schlachtfeld umzusetzen. Die Parteigänger des strategischen Bombardements werden darauf verweisen, dass die Luftschlagstrategie, wäre sie nur umfassend eingesetzt worden, zwar mit Sicherheit eine große Zahl von Zivilisten das Leben gekostet, aber den Krieg unter dem Strich deutlich verkürzt hätte. Die Verfechter der Luftmacht versichern also, wie abwegig auch immer es erscheinen mag, dass diese Waffe es erlaubt hätte, Millionen von Menschenleben zu retten. Das nächste Mal solle man es besser machen und gleich zur Bombardierung der Großstädte des Feindes übergehen, ohne sich mit unnützen Skrupeln zu belasten.

Ungeachtet der Tatsache, dass die Entscheidung zum damaligen Zeitpunkt nicht in die Praxis umgesetzt wurde, bleibt eine Reihe politischer, ja philosophischer Fragen offen, die im französischen Einspruch gegen das strategische Bombardement Deutschlands 1918 aufschienen. Der Widerstand der Franzosen, der bis zu diesem Punkt seinen Grund in der Verwundbarkeit ihrer Hauptstadt hatte, wird kategorischer. Die Landesvertreter im »Interalliierten Luftfahrt-Komitee« machen geltend, dass »die Ziele dieser besonderen Art der Luftfahrt nicht einfach militärisch im engeren Wortsinn sind [...]. Sie sind als politische zu werten, da sie die Moral der Arbeitsbevölkerung mit der Absicht angreifen, die Produktion zu drosseln und eine pazifistische Bewegung hervorzubringen«.[46]

An dieser Stelle sieht man eine Spannung hervortreten, die dem ›Hobbes'schen‹ Erbe des alten Rivalen Frankreich eigen ist: Obwohl die Integration des Bürgers in die öffentliche Gewalt, insbesondere mittels Wehrpflicht, zur republikanischen Ideologie dazugehört, ruht die Nation in letzter Instanz auf dem »Vereinnahmungsapparat«[47] des Staates, der sich trotz allem der republikanischen Gemeinschaft entzieht. Um der Hobbes'schen Bilderwelt treu zu bleiben: Wenn sich auch der Leib des Leviathans, wie auf dem berühmten Frontispiz von Hobbes' Werk dargestellt, aus Bürgern zusammensetzt, so gilt nicht dasselbe für Klauen und Kopf. In anderen Worten, der Staat ist mehr als die Summe seiner Bürger, und genau dieses Mehr gewährleistet die Existenz einer Grenze, die für die Aufrechterhaltung einer nichtmilitarisierten Zivilgesellschaft wesentlich ist. Das Militärische im Politischen aufzulösen, wie es das Unterfangen eines strategischen Bombardements anstrebt, hieße, diese Trennung zu gefährden und der Anarchie und dem Bürgerkrieg Tür und Tor zu öffnen.

Genau aus diesem Grund nennt General Ferdinand Foch eine institutionell unabhängige und strategisch eingesetzte Luftflotte eine »irreguläre Organisation«[48]. Es ist irritierend festzustellen, dass sich ähnliche Bedenken auch bei anderen Hobbes'schen *contenders* wiederfinden, auch in undemokratischen Systemen wie der UdSSR und Deutschland, wo der gnadenlose Bombenkrieg nach verbreiteter Meinung seinen Ursprung hat. Die Unterscheidung verläuft jedoch vielmehr zwischen dem Zentrum und seinen Herausforderern: Die Locke'schen Hegemonialmächte tragen sich nicht mit diesen politischen Skrupeln, was umso merkwürdiger erscheinen kann, als sie sich im Unterschied zu ihren Rivalen, die auf die Wehrpflicht setzen, die meiste Zeit dagegen verwehrt haben, den Bürger in die staatlichen Gewaltapparate zu integrieren. Bei den *contenders* ist die Einbeziehung des Bürgers in die Landesverteidigung und somit die Annäherung von Bürger und Soldat ein wesentlicher Baustein ihres Modells nationaler Einbindung. Und dennoch setzen gerade die Führungsmächte auf das strategische Bombardement, diese gleichermaßen militärische wie politische Technik, die anstrebt, jede Trennung zwischen diesen beiden Sphären aufzuheben und statt der vom Staat gebildeten Gewalt direkt den Körper der Staatsbürgernation anzugreifen.

Die koloniale Matrix

Die Wachen trauen ihren Augen nicht. Doch es kann keinen Zweifel geben: Sechs Flugobjekte am Himmel über Medishe. Alarmiert schart Mohammed Abdullah Hassan sofort seine Berater um sich. Was kann das sein? Viele erbleichte Gesichter, doch niemand wagt es, sich zu äußern. Denn der Überbringer schlechter Nachrichten muss den Tod fürchten. Einer stellt schließlich die Hypothese auf, dass es sich um Wagen Allahs handle, die den Mullah ins Paradies führen sollen. Es entspinnt sich eine Debatte über die Wahrscheinlichkeit eines solchen Wunders. Endlich ergreift ein bei der Beratung anwesender Türke das Wort, um eine andere, materialistischere Deutung des Geschehens ins Spiel zu bringen. Die Fluggeräte können nur aus dem Osmanischen Reich stammen: Mit Sicherheit transportieren sie Boten aus Istanbul, die den Sieg des Sultans im Ersten Weltkrieg verkünden sollen. Diese Erklärung scheint die glaubwürdigste, zumal sich nun eine der Maschinen dem Feldlager nähert. In aller Eile schlüpft Mohammed Abdullah in seine Ehrenkleider und setzt sich, von seinem Onkel und Berater Amir begleitet, feierlich unter einen weißen Baldachin, um den wundersamen Boten zu erwarten. Wer mag das sein, und was hat er mitzuteilen? Amir ist auf der Stelle tot, als die erste Bombe einschlägt; Mohammed Abdullah überlebt verletzt und vom Blut des Onkels überströmt.[1] Es ist der 21. Januar 1920. Der Umstand, dass an diesem Tag eine Bombe aus dem somalischen Himmel fällt, ist untrennbar mit einer ganzen Reihe weltverändernder Transformationen verbunden.

Als Sohn eines somalischen Scheichs tritt Mohammed Abdullah Hassan einem asketischen Bettelorden von Derwischen bei, bevor er im Alter von dreißig Jahren eine Pilgerreise nach Mekka unternimmt. Dort begegnet er dem Sudanesen Mohammed Salih, der, vom Mahdismus beeinflusst, einen radikalen und zutiefst antiwestlichen Orden gegründet hat. Nach seiner Rückkehr nach Somalia widmet Mohammed Abdullah Hassan, der sich selbst als »heiligen Krieger« (*mujahid*) beschreibt, seine ganze Energie der Befreiung seines Landes von europäischen Einflüssen und der Wiederbelebung des Glaubens seiner Landsleute. Dabei schreckt er auch vor Gewalt gegen diejenigen nicht zurück, die seinen religiösen und nationalistischen Eifer nicht teilen.[2] Von den Kolonisten »Verrückter Mullah« getauft, steht er ab 1899 an der Spitze eines islamnationalistischen Aufstands am Horn von Afrika, der den britischen Kolonialherren zunehmend Kummer bereitet: Es werden nicht weniger als vier Strafexpeditionen unternommen, doch keiner gelingt es, die Bewegung zu zerschlagen.[3]

Am anderen Ende der Welt, in London, diskutiert man darüber, in welchen Institutionen die Luftfahrt in Zukunft organisiert werden soll. Im April 1918 hat Großbritannien die Royal Air Force, die bis dato Royal Flying Corps hieß, zur ersten unabhängigen Luftwaffe der Welt gemacht. Mit Blick auf das Militärbudget erwägt die Regierung unter Lloyd George bereits nach dem Waffenstillstand im November, einen Rückzieher zu machen und die Unabhängigkeit der Luftflotte wieder aufzuheben. Der ambitionierte Luftfahrtminister Winston Churchill bringt all seine Raffinesse auf, um von der Notwendigkeit von Luftstreitkräften in Friedenszeiten zu überzeugen. Traditionell gruppieren sich die britischen Streitkräfte in zwei Teile: eine Kriegsmarine, die das Mutterland schützen, die Seewege sichern und als Verbindungsglied für Einsätze der Kolonialtruppen dienen soll; und ein Heer, dessen Hauptaufgabe in Friedenszeiten darin besteht, die Ordnung in den Kolonien aufrechtzuerhalten. Die beste Rechtfertigung für eine Beibehaltung der Luftwaffe nach Kriegsende wäre ihre Einbindung in dieses Dispositiv der ›Imperialpolizei‹. Und der Aufstand in Somalia bietet die perfekte Gelegenheit, den Nutzen der Luftflotte vor Augen zu führen.[4]

Der Lufteinsatz beginnt denkbar schlecht. Wegen schlechter Wetterbedingungen und unzuverlässigen Kartenmaterials gelingt es nur einem von sechs am Horn von Afrika gestarteten Flugzeugen, den Sitz Mohammed Abdullah Hassans ausfindig zu machen; vier weitere stürzten sich auf ein Nebenziel, eine Festung der Derwische; und das letzte muss die Mission aufgrund eines technischen Problems abbrechen. In den folgenden Tagen setzen sich die Angriffe morgens und abends fort: Die Maschinen fliegen tiefer als 100 Meter, um die Aufständischen unter Maschinengewehrfeuer zu nehmen. Mohammed Abdullah Hassan wird verletzt, gibt sein Quartier auf und flieht, die britischen Flugzeuge ständig im Nacken, an die Küste.[5] Kurze Zeit später stirbt er an einer Grippe. Der somalische Aufstand versiegt.

Ihre Macht demonstriert die Luftwaffe an der kolonisierten Peripherie. Dort allein kann sie jeden Versuch, die Weltordnung zu stören, niederschlagen und so den imperialen Frieden wiederherstellen. Um es mit europäischer Militärterminologie zu sagen: In den Kolonien wird die Luftfahrt als eine *strategische* Waffe, die über den Ausgang eines Konflikts entscheidet, eingesetzt und weniger als taktische Unterstützung anderer Operationen. Weshalb in den Kolonien? Anfang des 20. Jahrhunderts belebte die Aeronautik, jedenfalls in der Vorstellung, aufs Neue den alten kosmopolitischen Traum eines dauerhaften Friedens mittels einer internationalen Eingreiftruppe. Nun beruht der Frieden aber immer und notwendigerweise auf einer Idee der gerechten Ordnung. Wie sieht also die gerechte Weltordnung für diesen Kosmopolitismus aus? In dieser Epoche wird internationale Gerechtigkeit als eine Aufgabe *der* ›Zivilisation‹ (im Singular) gedacht – ein Begriff, der an eine lineare Geschichtsauffassung gekoppelt ist, derzufolge bestimmte Weltregionen einen höheren Grad an Zivilisiertheit erlangt haben als andere und mit diesem Titel nicht nur das Recht, sondern auch die humanitäre Pflicht einhergeht, die anderen Völker aus ihrem untergeordneten Zustand herauszuführen. Kurz gesagt, die Welt zerfällt in Zentrum und Peripherie, Zivilisierte und Barbaren, Kolonisatoren und Kolonisierte.

Bevor Theodore Roosevelt in seiner Friedensnobelpreisrede den Wunsch nach einer Weltpolizei äußert, die den Frieden garantieren kann, hält er fest, dass »natürlich Staaten [existieren], die in einem Maße rückständig sind, dass eine zivilisierte Gemeinschaft keinen Schiedsvertrag mit ihnen schließen sollte«[6]; und François Mallet erklärt, dass die Luftfahrt, da sie den Krieg in Europa unmöglich gemacht habe, ein Werkzeug des Weltfriedens darstelle, um dann fortzufahren:

> Aber was die schwarzen Rassen betrifft, so kann man sich fragen, ob diese Völker, deren intellektuelle und moralische Entwicklung hinter der der weißen Rasse ganz offensichtlich zurücksteht, nicht eigentlich dazu geschaffen sind, um dem Sieger das Bett zu bereiten. Könnte die in ihren Werken unerbittliche Natur zu dieser Entscheidung gekommen sein?[7]

Wie man sieht, verbindet die Luftfahrt in ganz harmonischer Weise Kosmopolitismus und Rassismus.

Schon vor dem Ersten Weltkrieg ist der Einsatz von Luftstreitkräften in den Kolonien ein wiederkehrendes Thema in den Traktaten über die Kriege der Zukunft, aber auch in der Science-Fiction-Literatur, sodass es bisweilen schwerfällt, beide Genres voneinander zu unterscheiden.[8] Fasziniert von den Möglichkeiten, aus der Luft zu bombardieren oder Maschinengewehre abzufeuern, neigen die Science-Fiction-Autoren naturgemäß zu Schauplätzen außerhalb Europas, also weit von der Lebenswelt ihrer Leser entfernt. Denn das hat unweigerlich den asymmetrischen Effekt, dass die Europäer sich nie in der Rolle der Opfer vorstellen. Und wenn sie sich gegen die »minderwertigen Rassen« richten, erscheinen solche Praktiken gleich noch besser gerechtfertigt. Beispielsweise in dem Band *Berlin–Bagdad. Das deutsche Weltreich im Zeitalter der Luftschiffahrt* von 1907, worin die Luftfahrt als unabdingliches Werkzeug der imperialistischen Träume Deutschlands dargestellt wird;[9] und in *Au-dessus du continent noir [Über dem Schwarzen Kontinent]* malt sich der Franzose Émile Driant Lufteinsätze zur Bestrafung dieser Barbaren aus, die gegen die Zivilisation aufbegehren, nachdem sie doch glücklicherweise von der Französischen Republik nach Afrika gebracht worden ist.[10] In England erläutert R. P. Hearne 1910, dass

> die moralische Wirkung einer solchen Kriegswaffe geradezu fantastisch ist. Eine solche Expedition würde wenig kosten und unglaublich schnell durchzuführen sein; die herkömmliche Strafexpedition ist mit enormen Kosten an Leben und Geld verbunden und zieht sich über Monate hin. [...] Die verborgensten Täler und sichersten Rückzugsräume des Feindes würden sich unter der Maschine auftun, und ganz ohne Aufwand könnten Granaten auf Ziele abgeworfen werden, die

> andernfalls unerreichbar bleiben. Das Auftauchen des Flugzeugs würde die Stämme in Angst und Schrecken versetzen. [...] Es würde ermöglichen, die Expedition mit atemberaubender Geschwindigkeit durchzuführen und die einschüchterndste Wirkung auf die wilden Rassen ausüben; zugleich ließe sich die mit dieser Art Expedition einhergehende schreckliche Vergeudung an Menschenleben unter den weißen Soldaten vermeiden und eine beträchtliche Kostenreduzierung erreichen.[11]

Wenn der Luftfahrt aufgegeben ist, der Welt den ewigen Frieden zu bringen, dann beschreibt der Ausdruck ›Welt‹ hier nichts anderes als die globalen Machtzentren in Europa und Nordamerika. In der kolonisierten Peripherie wird sie hingegen mit einer gänzlich anderen Mission betraut, die der ersten entgegengesetzt scheint, sie in Wahrheit aber ergänzt: Bomben und Gewehrsalven zur Unterdrückung jeglicher antikolonialer Revolte. Inwiefern verhalten sich die beiden Missionen komplementär zueinander? Dadurch, dass der ewige Frieden von der Zivilisation abhängt und allein die Ausmerzung aller Widerstände gegen diese Zivilisation die Welt zu befrieden vermag. Tatsächlich darf man den emphatischen Begriff des Friedens nicht mit der schlichten Abwesenheit von Krieg verwechseln: Der wahre Frieden, der von Dauer ist und nicht nur eine mehr oder weniger vorübergehende Gefechtspause darstellt, lässt sich nur innerhalb einer Gemeinschaft von Vernunft, Moralität und Verantwortung denken, einer Gemeinschaft, die ihrerseits vom modernen Individualitätsverständnis nicht zu trennen ist. Da den kolonisierten »Kindern der Natur« all diese Charakterzüge fehlen – weshalb sie gerade der Zivilisation ermangeln –, nimmt das dort herrschende Friedensregime eine deutlich andere Form an als unter den zivilisierten Nationen.[12]

Die Entwicklung der Luftfahrt ist daher mit einer rassistischen Weltauffassung innig verknüpft: Den weißen Völkern bringt sie Frieden, den kolonisierten Völkern Bomben. Doch in Wahrheit verfehlt es die Sache, eine solche Unterscheidung zwischen Frieden auf der einen und Krieg auf der anderen Seite festzuhalten. Gewiss, in Europa steht beides in Gegensatz zueinander. Doch das gilt für die anderen Weltregionen nicht, in denen die Bombardements Bedingung und zugleich Folge des Friedens sind. Der Dichter Rudyard Kipling hat diese Idee vielleicht am besten auf den Punkt gebracht: Zur »Bürde des Weißen Mannes« gehört die ständige Fortsetzung der Kriege, ja sogar der wilden Kriege, die dennoch »Kriege des Friedens« darstellen: »Ergreift die Bürde des Weißen Mannes –/ die wüsten Kriege des Friedens«. Eines ›Friedens‹, der ein Kreuzzug für die Zivilisation und zugleich ein Krieg gegen Hungersnot, Krankheit, Unwissenheit und Tyrannei ist.[13]

Der »wilde Krieg des Friedens« unterstellt natürlich einen Kampf gegen die Verantwortlichen für diese Plagen, sprich die Unzivilisierten in all ihren Spielarten: die Fanatiker, die Tyrannen, die heillos Unwissenden, kurz die Barbaren oder Wilden, die sich gegen die von den Kolonialmächten überbrachte Zivilisation auflehnen. Diese »Kriege des Friedens« und für die Zivilisation können extrem wilde Formen annehmen, und das umso mehr, als die in Europa gebräuchliche Unterscheidung zwischen Kämpfern und Nichtkämpfern in der Peripherie keine Geltung hat. In Europa fragt man sich während des Ersten Weltkriegs, ob es erlaubt ist, die Zivilbevölkerung anzugreifen; in Afrika und Asien stellt sich die Frage erst gar nicht. Der Einsatz der Luftflotte in den Kolonien fügt sich nahtlos ein in eine lange Geschichte unbeschränkter Gewalt in der Peripherie des Weltsystems.

Dazu kommt, dass sich die Spannungen zwischen Zentrum und Peripherie nach dem Ersten Weltkrieg in besonderem Maße verschärfen. Das liegt nicht zuletzt am weltumspannenden Charakter der Auseinandersetzung und stellt ein Erbe der in erster Linie von den Mittelmächten eingesetzten globalen Strategie dar. Aus Sicht der in der Entente zusammengeschlossenen Hegemonialmächte sollte der Weltkrieg den deutschen Rivalen im Zaum halten, ohne dabei die anderen Erdteile in Mitleidenschaft zu ziehen. Die Anglo-Japanische Allianz von 1902 bildet offensichtlich eine Ausnahme von dieser allgemeinen strategischen Ausrichtung. 1914 unterstützen die Japaner die Kriegsanstrengung der Entente, indem sie Deutschland den Krieg erklären und Tsingtau (Qingdao), den deutschen Flottenstützpunkt in China, besetzen – die erste Etappe der blitzschnellen japanischen Expansion auf dem asiatischen Kontinent in der ersten Hälfte des 20. Jahrhunderts.[14] Erst eine andere Kampagne strategischen Bombardements – dieses Mal unter Einsatz der Atombombe – wird dem 1914 begonnenen Vormarsch ein Ende setzen. Einstweilen sind es vorwiegend die in Europa geostrategisch eingeschlossenen Mittelmächte, die sich zu einer ›Globalisierung‹ des Konflikts entschließen. Das deutsch-türkische Bündnis vollzieht einen entscheidenden Schritt bei der Errichtung dieses Systems.

Die Osmanen suchen nach einem Weg, um ihr Reich gegen die wiederholten Angriffe der europäischen Mächte zu sichern: Die Franzosen haben 1881 Tunesien erobert, die Briten im darauf folgenden Jahr de facto von Ägypten Besitz ergriffen und die Italiener dann 1911 von Libyen. Dem ausgemergelten Osmanischen Reich, »de[m] kranke[n] Mann am Bosporus«, bleibt der Zugang zum »europäischen Konzert«[15] verwehrt. Aufgrund der geopolitischen Lage sind die Osmanen im Kaukasus und auf dem Balkan mit den Russen und im Nahen Osten mit den Briten konfrontiert. Nach der Logik, dass der Feind meines Feindes mein Freund sei, liegt ein deutsch-türkisches Bündnis auf der Hand.[16] Da der Sultan die Nachfolge des Kalifats beansprucht, setzt die türkische Strategie auf ideologischer Ebene auf ein panislamistisches Bündnis, um dem europäischen Imperialismus Einhalt zu gebieten.[17] Am 23. November 1914 erklärt Sultan Mehmed V. im Namen aller Moslems den Heiligen Krieg mit dem Ziel, die Russen an ihrer Südflanke anzugreifen, Ägypten zu erobern – um mit dem Suezkanal die wichtigste Handelsroute der Welt zu kontrollieren – und einen Aufstand im Maghreb anzuzetteln.[18]

Obwohl Briten und Franzosen diese Strategie erfolgreich abwehren können, besteht sie fort und bildet später eine der Wurzeln, aus denen mittelfristig der »Dritte-Welt-Nationalismus«[19] eng verbunden mit dem Selbstbestimmungsrecht der Völker hervorsprießt, das in dem »14-Punkte-Programm« von Präsident Woodrow Wilson bekräftigt wird.[20] Nachdem die Hoffnungen auf Entkolonialisierung durch die Friedenskonferenzen 1919 bitter enttäuscht wurden, dient der neue Völkerbund als Legitimationsinstanz des Kolonialismus: Eine seiner Aufgaben wird darin bestehen, die Beute in Form von »Mandaten« unter den Kriegsgewinnern zu verteilen. Unter diesen Bedingungen erstaunt es nicht, dass es im und unmittelbar nach dem Krieg zu einer Reihe von antikolonialen Revolten kommt, in deren Verlauf auch eine Bombe auf Mohammed Abdullah Hassans weißen Baldachin fällt.

Der Einsatz gegen die Derwische in Somalia ist ein durchschlagender Erfolg, infolgedessen die Royal Air Force einen festen Platz in den britischen Streitkräften einnehmen kann. Zur selben Zeit, 1919–1920, bricht ein anderer Aufstand an der »Nordwestgrenze Indiens«, wie die Region genannt wird, aus. Die Briten bezeichnen die Auflehnung als »Dritten Afghanischen Krieg«, die Afghanen nennen sie »Unabhängigkeitskrieg«.[21] Auch hier leistet die Luftwaffe ihren Beitrag zur

Aufstandsniederschlagung, allerdings wird schnell deutlich, dass sich die Bergregion sehr viel weniger für Lufteinsätze eignet. Mehrere Flugzeuge stürzen ab, was die Briten aber nicht daran hindert, das von den Rebellen eingenommene Kabul zu bombardieren.[22] Die Luftflotte wird erneut im Vizekönigreich Indien eingesetzt, insbesondere im Jahr 1925.

Auch in Afrika kommt sie zum Einsatz, zum Beispiel 1916 in Darfur, 1920 gegen die südsudanesisch-äthiopischen Nuer oder in den ägyptischen Aufständen von 1919. Ägypten nimmt eine strategische Position in der imperialen Architektur Großbritanniens ein, da ein großer Teil des Seeverkehrs zwischen Indien und Europa durch den Suezkanal läuft. Unterstützt von Hugh Trenchard, Chef des Luftwaffenstabes, ergreift der Luftfahrtminister Winston Churchill eine weitere Gelegenheit, die institutionelle Stellung der Royal Air Force zu stärken, da der Völkerbund das kürzlich vom Osmanischen Reich abgetrennte Gebiet Mesopotamien unter britische Mandatsgewalt stellt.[23] Die Verwaltung der Überseegebiete ist auf verschiedene Londoner Regierungsstellen verteilt. Dem Luftfahrtministerium gelingt es, sich die Kontrolle über mehrere Territorien, darunter den Irak, übertragen zu lassen. Im Gegenzug versprechen Churchill und Trenchard, bei geringeren Kosten dennoch dieselben Funktionen wie die Landstreitkräfte zu erfüllen: Gewährleistung einer »imperialen Polizei« und Niederschlagung der Revolten, die zu der Zeit die Kolonien erschüttern.

Das britische Mandat im Irak festigt spürbar das Kolonialgefüge, und dies auf unterschiedliche Weise. Zunächst einmal dient dieses Gebiet zur Sicherung einer Überlandroute zwischen Ägypten und Indien, die die Seeroute über Suez ergänzt. Dazu kommt ein für die Geschichte der Geostrategie im 20. Jahrhundert fundamentales Streitobjekt, dessen Bedeutung nur noch weiter zunimmt. Ab 1911 fahren die britischen

Kriegsschiffe nicht mehr mit Kohle, sondern mit Öl, was sie deutlich höhere Geschwindigkeiten erreichen lässt als ihre deutsche Konkurrenz.[24] Neben diesem militärischen Vorteil ist der Wechsel der Energiequelle auch von politischer Bedeutung. Bis zu diesem Zeitpunkt konnte ein Streik der britischen Minenarbeiter die Energieversorgung vollständig zum Erliegen bringen. Die Gewerkschaften hatten mit anderen Worten die Macht, die stärkste Marine der Welt, das unersetzliche Werkzeug der Herrschaft des britischen Imperiums, lahmzulegen.

Das Öl steigert die Handlungsfähigkeit der Regierung gegenüber der Arbeiterbewegung.[25] Die britische Militärmacht gewinnt so an Unabhängigkeit gegenüber den Klassenkonflikten, während der deutsche Rivale, dessen Schiffe weiterhin mit Kohle fahren und dementsprechend anfälliger sind, nicht umhinkommt, weitere Anstrengungen zur nationalen Einbindung der Arbeiterklasse zu unternehmen. Doch diese gesteigerte Unabhängigkeit gegenüber der Arbeitermacht in Großbritannien ist mit einer größeren geostrategischen Abhängigkeit von anderen Weltregionen erkauft. Da das Öl hauptsächlich aus dem Nahen Osten kommt, wird die imperiale Kontrolle über diese Region und über die Transportrouten zum absolut entscheidenden Faktor. Kurz gesagt, während dem *contender* nur der Weg über die gesellschaftliche Integration der Arbeiterklasse in die Nation offensteht, gelingt es dem Hegemon, eine ›Produktionsverlagerung‹ durchzusetzen, sprich die englische Kohle durch das Öl des Nahen Ostens zu ersetzen und die Gewerkschaften zu schwächen.

Diese Entwicklungen erklären, wieso der Nahe Osten in der Zwischenkriegszeit ins Zentrum der britischen Luftkontrolle rückt. Gemäß den Plänen des Führungsstabs der britischen Luftstreitkräfte wird Bagdad zum Knotenpunkt einer imperialen Luftroute, die England über Kairo und Karatschi mit Singapur verbindet.[26] Mit Unterstützung von lediglich 4000 britischen und 10 000 einheimischen, hauptsächlich indischen Soldaten genügen zehn in Bagdad stationierte Fliegerstaffeln, um ganz Mesopotamien zu kontrollieren – vorausgesetzt, die Bomber sind mit Giftgas ausgestattet.[27] Das Regime der »Luftkontrolle« wird im März 1921 auf einer Konferenz in Kairo verabschiedet. Vom 1. Oktober des folgenden Jahres an übernimmt die Royal Air Force die Kolonialverwaltung des Landes.[28] Die Luftwaffe hält ihre finanziellen Versprechen: Die britischen Militärausgaben im Irak fallen drastisch, von 23 Millionen Pfund zwischen 1921 und 1922 auf 7,1 Millionen Pfund im Jahr darauf und dann auf 3,9 Millionen im Zeitraum zwischen 1926 und 1927.[29] Wie kann die Luftwaffe eine ganze Region zu solchen Schleuderpreisen kontrollieren?

Ganz einfach dadurch, dass sie, wenn man von wenigen strategischen Knotenpunkten absieht, entgegen der langen Kolonialgeschichte von nun an auf Landnahme verzichtet. Anregungen liefert die Seestrategie, nach der es einer Kriegsmarine durch Einnahme einiger strategischer Basen möglich ist, die Meere zu beherrschen. Die Luftkontrolle überträgt diese Idee aufs Land. Entscheidend ist, dass die britischen Unternehmen das Öl fördern können und die Sicherheit der Truppen und der Kommunikation auf den Handelswegen sichergestellt wird. Alles Sonstige bleibt den Kolonien überlassen. Die Luftkontrolle stellt somit einen wesentlichen Schritt in Richtung der neokolonialen Herrschaft dar, die wir heute kennen.

Die Verwaltung per Luftflotte errichtet eine wahre Regierung des Himmels, ein »wohlwollendes«, aber aus der Ferne waltendes Regime, unter dem der Zorn der Herren nur auf diejenigen niederschlägt, die die Kolonialherrschaft offen herausfordern. In einer ersten Phase wird wie in Somalia noch die Methode angewandt, mit Maschinengewehr und Flugzeug auf Menschenjagd zu gehen.[30] Die Aufständischen lernen allerdings schnell, wie sie sich vor den Angriffen schützen können. Manchmal gelingt es ihnen, die Maschinen durch konzentriertes Gegenfeuer vom Himmel zu holen, meistens verstecken sie sich aber einfach. Daher kommen die Flieger recht bald von der direkten Jagd auf Rebellengruppen ab und wenden sich dem »indirekten Ansatz«[31] zu, wie ihn der Stratege Liddell Hart später genannt hat. Konkret bedeutet das, die Angriffe auf Landwirtschaft und Vieh zu lenken und die Klane von der für ihr Überleben notwendigen Umwelt fernzuhalten. Wie in Europa richtet man sich in den Kolonien also nicht direkt gegen den Feind, sondern gegen die Grundlagen seiner Macht. Und da diese Grundlagen der Macht immer gesellschaftlicher Natur sind, insofern die Kämpfer immer von einer sie versorgenden Bevölkerung abhängen,[32] greift man von nun an auch die Zivilisten an. Die Luftfahrt erlaubt auch die Verwirklichung des in Europa nur Idee gebliebenen alten Traums vom Panoptikum: »Am Boden hat jeder Dorfbewohner den Eindruck, dass ihn der Insasse eines Flugzeugs beobachtet, *ihn* [...], dass also auch die kleinste seiner Bewegungen überwacht und registriert wird.«[33] Kontrolle durch panoptischen Blick und ständige Bedrohung durch den Bombentod: Überfliegen und zerstören, würde Michel Foucault sagen.

Doch das Luftregime basiert auch und vor allem auf dem, was die Briten *police bombing* nennen, dem »Polizeibombardement«.[34] Laut Reglement müssen die Flugzeuge zunächst Flugblätter auf die aufständischen Dörfer abwerfen und mit Bombenangriffen mindestens 48 Stunden warten.[35] In Wirklichkeit erfolgen die Bombardements oft ohne Vorwarnung; und da die Navigationssysteme sehr unzuverlässig arbeiten, täuschen sich die Flieger häufig in den Zielen und bombardieren die falschen Dörfer.[36] Angeregt von der Seeblockade, die bei der Bezwingung der Mittelmächte im Ersten Weltkrieg eine wichtige Rolle gespielt hat, entwickelt die Royal Air Force das Konzept der »Luftblockade«. Man bombardiert Dörfer, um die gesamte Bevölkerung zu vertreiben. Auf eine erste Phase mit schweren Angriffen folgt eine Reihe regelmäßiger Attacken von geringerer Intensität, die dennoch ausreichen, um die aufständischen Klane von ihren Dörfern, Feldern, Weiden und Wasserstellen fernzuhalten. Das Ziel der Bombardements besteht darin, das soziale und ökonomische Leben der rebellierenden Bevölkerungen zum Erliegen zu bringen, ihre Häuser und Dörfer zu zerstören, ihr Vieh zu töten und die Ernte zu ruinieren, um das Milieu, in dem die Aufständischen ihren Kampf führen, »auszutrocknen«. Die Rebellen oder mutmaßlichen Unterstützer haben die Wahl zwischen Unterwerfung unter die Kolonialherrschaft und dem Hungertod.

Police bombing ist keinesfalls eine britische Spezialität. Alle Kolonialmächte greifen in den Zwanziger- und Dreißigerjahren darauf zurück. So auch die Franzosen, die in Syrien mit einer Praxis experimentieren, die der im Irak ähnelt. Trotz heftigen Widerstands vor Ort befinden sich Syrien und der Libanon unter französischer Mandatsverwaltung. Als 1925 eine Drusenrebellion ausbricht, setzt die französische »Armee der Levante« Bomber für autonome Missionen ein, wie sie auch die Briten auf der anderen Seite der Grenze fliegen. Anlässlich eines Aufstands in Hama im Oktober 1925 greift die Luftflotte die Stadt an, insbesondere die städtischen Gewerbeviertel, zerstört zwei Basare und 114 Geschäfte.[37] Im selben Jahr wird Damaskus bombardiert. Auch die Franzosen verschreiben sich einer Politik des Terrors. Gefragt, ob man vor der Bombardierung eines Dorfs nicht die Zivilbevölkerung warnen müsste, antwortet ein französischer

Offizier lakonisch: »Aber nein – man muss sie terrorisieren, diese Leute«. Der britische Konsul in Damaskus sieht darin eine »auf Schrecken gebaute Politik«, die zum Ziel hat, die Bevölkerung zu tyrannisieren und die Rebellen zur »absoluten Unterwerfung« zu zwingen.[38]

Das koloniale Bombardement im Maghreb weist hingegen andere Züge auf, was vor allem daran liegt, dass der Gegner besser organisiert ist. Die Rif-Republik hat 1922 ihre Unabhängigkeit erklärt und mit ihren Streitkräften, die ungefähr 25 000 Soldaten und 100 000 potenzielle Partisanen zählen, den Spaniern 1921 und den Franzosen im Jahr 1925 peinliche Niederlagen zugefügt.[39] Die französische Luftflotte fliegt weniger häufig autonome Missionen und greift hauptsächlich zur Unterstützung von Bodentruppen ein.[40] Das hindert die französischen Streitkräfte nicht daran, bei Bedarf auch die Zivilbevölkerung zu bombardieren, was ein britischer Militärbeobachter mit den Worten beschreibt: »brutaler geht es nicht«.[41] Die Spanier wiederum ordern ab 1923 Senfgas (Yperit) in Deutschland.[42]

Die Verfechter des *police bombing* geben ganz unbeschwert zu, dass die Politik der »Luftkontrolle« auf Terror beruht.[43] Daran ist nichts verwunderlich: Diese Praktiken entsprechen genau dem Konzept des »kleinen Kriegs« – die euphemistische Bezeichnung des Kolonialkriegs gegen Aufständische, Rebellen, Barbaren. Wie erklärt sich, dass der Terror gegen die Zivilbevölkerungen in den Kolonien zugleich notwendig und normal erscheint? Sicher spielt auch einfacher und purer Rassismus – das Leben eines Kolonisierten ist weniger wert als das eines Europäers – eine Rolle, doch diese Erklärung reicht nicht aus.

Um nur ein Beispiel zu geben: Zu den Verteidigern des *police bombing* gehört unter anderem der britische General John Bagot Glubb, der bezüglich des Kolonialbombardements noch 1960 zu Protokoll gab, dass diese Form »britischen Eingreifens nur Vorteile hatte. Sie rettete eine arme, einfache und kräftige Gemeinschaft vor dem Terror ständiger Massaker und stellte so einen Frieden her, der seither stabil geblieben ist.«[44] Gegen Ende seines Lebens, in den Achtzigerjahren, hielt er immer noch daran fest, dass »die Grundlage unserer Kontrolle über die Wüste nicht die Gewalt, sondern die Überzeugung und Liebe war«.[45] Dieser Arabophile arbeitet ab 1920 als britischer Nachrichtenoffizier im Irak. Seine Aufgabe besteht unter anderem in der Zielfestlegung für Luftschläge, bevor er der »arabischen Legion« beitritt, die er im israelisch-arabischen Krieg 1948 befehligt und dafür den Spitznamen »Pascha Glubb« erhält.[46] John Glubb, der die Araber verehrt, ist absolut kein Rassist im landläufigen Sinne.

Er verschreibt sich vielmehr einer romantischen Sicht des »edlen Wilden«, die im Nachrichtendienst des Britischen Reichs zu dieser Zeit vorherrscht. Das imaginäre »Morgenland« repräsentiert das perfekte Gegenteil der Dekadenz, die Europa ergriffen hat. Es ist ein Land des Abenteuers, in dem man noch stolze und edelmütige, wagemutige und gewitzte, freie und ihren Traditionen treu gebliebene Menschen vorfindet.[47] Für den »wohlmeinenden Imperialismus« der Briten geht es darum, diese Traditionen und Menschen, die ihre Freiheit über alles stellen, zu verstehen und zu achten.[48] Es geht darum, zu erkennen, was einen Araber antreibt. Er ist zunächst einmal Krieger, also das exakte Gegenteil eines Soldaten, wie ihn der Frontsoldat des gerade zu Ende gegangenen Kriegs verkörpert. Wenn Letzterer den Schlamm der Gräben verlässt, lässt er sich als durch und durch disziplinierter Soldat in einen auf industrieller Stufenleiter verabreichten anonymen Tod schicken. Wenn man ihm ein gewisses Maß an Heldentum zugestehen möchte, dann allein wegen seiner

Fähigkeit, unterwürfig den entmenschlichten Horror zu ertragen, während die verstümmelten Leiber der Veteranen und traumatisierten Seelen in einem Europa umherwandeln, das sich am Schauspiel seines eigenen Niedergangs berauscht.

Der arabische Krieger kann dagegen hassen und lieben. Für ihn können auf die großmütigsten Gesten Wutausbrüche folgen. Für ihn stellt sich der Krieg noch romantisch dar, als »Aufregung«, deren tragische Folgen er als eine Schicksalsfügung hinnimmt, wie sie das Leben mitbringt. Kurz, die Araber sind anders als wir, in einem Maße anders, dass »sie nichts dagegen einwenden, getötet zu werden«, wie Trenchard, Stabschef der Luftwaffe, den empfindsamen Gemütern im Londoner Parlament erklärt.[49] Die Araber lieben den Krieg, gerade weil er eine Konfrontation mit dem Tod bedeutet und weil sie im Gegensatz zu den verweichlichten Europäern auch nicht jene zimperliche Unterscheidung zwischen Kämpfern und Nichtkämpfern treffen. Wenn man es sich genau überlegt, hieße, sie nicht zu bombardieren, geradezu, ihre Werte zu verletzen.[50]

Außerdem eignet sich das Luftbombardement besonders gut im Einsatz gegen eine Bevölkerung, der »Fatalismus« ins religiöse und kulturelle Erbe eingeschrieben ist. Aufgrund ihres schicksalhaft unpersönlichen Wesens erscheint die vom Himmel fallende Bombe wie göttlicher Zorn. Die Bombe erwartet keine Antwort, sondern sofortige Unterwerfung. Das Leben eines Arabers besteht daher in einem permanenten Krieg, aber einem Krieg von gänzlich anderer Natur als jener, der Europa verwüstet hat. Der arabische Krieg hat die Ideen Ehre und Mut noch nicht aufgegeben. Der Mensch kämpft frei, stolz und für die eigene Unabhängigkeit. Der edele Wilde ist mehr als ein Krieger, er ist in Wahrheit sogar ein Wüstenritter: »Der Krieg in der Wüste besteht in permanentem Guerillakampf«, schreibt John Glubb.

Die Luftflotte passt am besten zur arabischen Kriegskunst, einfach weil der Luftkampf dieselben romantischen Züge aufweist, weil der Flieger als Ritter der Lüfte dem arabischen Ritter der Wüste gleicht. Von daher wird verständlich, dass »eine Art gegenseitige Sympathie zwischen diesen arabischen Nomaden und der Luftflotte« besteht, wie der Luftfahrtoffizier Robert Brooke-Popham bemerkt. Thomas Edward Lawrence, unter dem Namen »Lawrence von Arabien« bekannt, sieht in der »Kriegsform der Beduinen« sogar das Antidot gegen die anonymen Massaker des Ersten Weltkriegs: »Was gestern die Araber taten, werden morgen zweifellos die Luftstreitkräfte tun«.[51]

Es handelt sich keineswegs nur um einen historischen Zufall, wenn das imperiale *police bombing* auf den abgebrochenen Versuch einer strategischen Bombenoffensive gegen Deutschland am Ende des Ersten Weltkriegs folgt. Ganz im Gegenteil nähern sich die beiden vormals radikal getrennten Schauplätze, Europa und die kolonisierte Peripherie, einander unabwendbar an. Der Grund liegt in der Anpassung der Luftstreitkräfte an die seit jeher von den Arabern praktizierte »Guerilla«. Die Luftflotte bildet mit anderen Worten die privilegierte Waffe einer Kriegsform, die jenen staatlichen Horizont überschreitet, der über 350 Jahre lang den Krieg in Europa begrenzen konnte. Wenn General Foch, wie wir im vorangegangenen Kapitel gesehen haben, der Luftbombardement-Kampagne gegen Deutschland zunächst kritisch gegenüberstand, liegt das genau daran, dass er die unabhängige Luftflotte als »irreguläre Organisation«, als eine jenseits des Staates verortete Macht ansah.[52]

Das *police bombing* verändert die Beziehung zwischen den Widersachern radikal. In der klassischen Auffassung des Kriegs enden die militärischen Aktionen mit der Besatzung: Die Besatzungsmacht befriedet das Territorium, indem sie sich seiner vor Ort bemächtigt, und geht mit der Zivilbevölkerung eine Schutz- und Unterordnungsbeziehung ein. Die »Luftkontrolle« hebt dieses Verhältnis auf. Die Praxis des *police bombing* bedeutet also einen Umbruch in den Kolonialverhältnissen, der bereits von zeitgenössischen Kritikern hervorgehoben wird: »Die Luftkontrolle mag vieles bewirken, doch sie wird die Menschen niemals zivilisieren und ebenso wenig befrieden«, erklärt Lord Lloyd am 9. April 1930 vor dem Oberhaus.[53] Der Kolonialismus ohne zivilisatorischen Auftrag? Eine solche Entwicklung könnte das Selbstverständnis des Kolonialismus erschüttern, denn sie bringt ihre eigene Legitimationsbasis ins Wanken.

Wenn De Gaulle die Soldaten gemahnt, nicht zu vergessen, den Fuß auf dem besetzten Boden zu halten, nimmt er genau darauf Bezug: »Die Fliegerei vermag ebenso wie die Artillerie [...] nur zu zerstören. Erobern und besetzen kann sie nicht.«[54] Das ist das Paradox dieser Waffe, die überall Tod und Zerstörung sät, ohne doch dazu zu befähigen, das Territorium einzunehmen, es sich anzueignen und zu befrieden. Sie bedeutet außerdem eine komplette Umkehr der Konzeptionen von Krieg und Frieden. Nach der klassischen Theorie müssen mit dem Frieden alle Kriegshandlungen enden: Man führt Krieg, um einen Frieden zu erreichen. Nur wie soll das möglich sein mit einer Waffe, die ihrem Wesen nach gar nicht zum Befrieden taugt?

Zivilisation, Kosmopolitismus und Demokratie

Aufgewachsen als Sohn eines Kolonialbeamten in Indien, hat er immer davon geträumt, einmal wieder unter der Sonne leben zu können. Nachdem ihn sein Vater nach der Rückkehr nach England in eine Soldatenlaufbahn drängen will, läuft er mit 16 Jahren von zu Hause fort und schifft sich nach Rhodesien ein. Als der Krieg ausbricht, verschafft ihm einer seiner Onkel, ein Generalstabsoffizier, eine Position im Fliegerkorps, dem Royal Flying Corps. Arthur Harris wird durch Vetternwirtschaft zum Flieger. »Für mich war es nicht mehr als ein Zwischenspiel: Ich wartete darauf, dass die *Krauts* erledigt wären und ich nach Afrika zurückkehren könnte«[1], erinnerte er sich später. »Nach dem Krieg bin ich eher aus Zufall bei der RAF geblieben; ich hatte diesen Job schon so lange, dass ich mir sagte, wenn ich schon einmal dabei bin, kann ich auch einfach weitermachen.«[2] Der Beruf bringt für dieses schwarze Schaf mit sehr durchwachsenen Schulleistungen einige Vorteile mit sich, unter anderem kann er sich für den Dienst in den Kolonien bewerben und so der europäischen Tristesse entfliehen. Doch der Krieg kommt seinen Lebensplänen abermals in die Quere, und 1939 sieht er sich gezwungen, in jenes Europa zurückzukehren, das immer tiefer in Dunkelheit versinkt und endgültig jeden Halt verloren zu haben scheint. Die fliegenden Orientalisten des Empire sind überzeugt, dass ihnen die Aufgabe zufällt, dieses alte, verbrauchte Europa mit neuer Kraft zu beleben, indem sie es mit der ritterlichen Kühnheit und freien Individualität erfüllen, die Araber und Flieger gleichermaßen auszeichnet. Dieser Wiederbelebung wird sich Arthur Harris verschreiben. Als Befehlshaber des *bomber command* der Royal Air Force wird er zum Initiator der »Feuerstürme«, die Hamburg und Dresden verwüsten werden.

1918 jedoch scheint die Ordnung auf dem alten Kontinent wieder einzukehren, jedenfalls auf den ersten Blick: Der Waffenstillstand wird am 11. November im Wald von Compiègne unterzeichnet. Doch bei genauerem Hinsehen zeigt sich, dass der Krieg noch lange nicht vorbei ist. Die Streitkräfte der Entente erhalten die Seeblockade gegen Deutschland bis zur Unterzeichnung des Vertrags von Versailles im Juni 1919 aufrecht. Die deutsche Regierung schätzt die zivilen Opfer durch die Blockade auf 763 000 Personen; auch wenn diese Zahl wahrscheinlich übertrieben ist, waren und bleiben die Folgen der Blockade verheerend, insbesondere in der Zeit nach dem 11. November 1918.[3] In Osteuropa streiten paramilitärische Einheiten allerorten um die Grenzverläufe; die Kämpfe werden oft außerordentlich brutal geführt.[4] Von 1919 bis 1921 führen die Sowjetunion und Polen einen Krieg um ihre gemeinsame Grenze.[5] Die Westmächte haben auf die Oktoberrevolution mit militärischen Interventionen in den russischen Bürgerkrieg reagiert, der bis 1923 tobt. Nicht selten kommt es in dieser Phase zur Deportation ganzer Bevölkerungsgruppen wie im Elsass und in Lothringen, wo die französische Militärverwaltung die Bevölkerung nach »ethnischer« Abstammung in vier Kategorien einteilt und die Deutschen, Besitzer von »D-Ausweisen«, vertreibt. Die brutale Unterdrückung der kommunistischen Aufstände endet oft um ein Haar im Bürgerkrieg wie etwa der Spartakusaufstand in Deutschland oder das *biennio rosso* in Italien.[6] Zu diesen bürgerkriegsähnlichen Zuständen und Aufständen in Europa kommen antikoloniale Revolten in Afrika und Asien, als dort in direkter Nachwirkung des Kriegs Formen von »Dritt-Welt-Internationalismus« entstehen, die häufig panislamistisch inspiriert sind. 1927, gerade einmal vier Jahre nach Ende des russischen Bürgerkriegs, beginnt der kommunistische Aufstand in China. Am 11. November 1918 endet ein Krieg, doch der »Weltbürgerkrieg« fängt gerade erst an: ein Krieg mit vielen Fronten, an denen politische Gebilde und Bewegungen aller Art aufeinandertreffen: liberale Demokratien, autoritäre Republiken, Bolschewismen, Faschismen, militaristische Monarchien, »nationale Befreiungsbewegungen«, Supranationalismen verschiedener Provenienz wie Panislamismen, Panslavismen, Panafrikanismen usw.

Für die Luftstrategie endet der Erste Weltkrieg mit einem Paradox: Die Westmächte wenden sich gegen Ende des Konflikts dem strategischen Bombardement zu, obwohl dessen Ergebnisse weit hinter den Erwartungen zurückblieben. Ein Einwohner von Vicenza in Italien berichtet in seinen Kriegserinnerungen, dass sich die Bevölkerung mehr um die Granaten der Luftabwehrkanonen sorgte als um Fliegerbomben.[7] Die Frage bleibt also bestehen: Wie kam man unter Missachtung jedes gesunden Menschenverstands dazu, auf eine Militärstrategie zu setzen, die nach allem, was man weiß, wirkungslos ist? Die Antwort hat eine erkenntnistheoretische und eine politische Facette.

Die Verfechter des Bombardements streiten nicht ab, dass die vier Kriegsjahre »objektiv« die militärische Nutzlosigkeit des strategischen Bombardements demonstrierten. Ihr Argument setzt auf einer anderen Ebene an: Sie stellen die Grundlage dieser »Objektivität« selbst infrage. Fakten in Hinblick auf die Beurteilung einer politischen Entscheidung zu versammeln setzt in der Tat voraus, dass man die zu beurteilende Praxis als ein »Objekt«, einen gegebenen und nicht mehr veränderlichen Gegenstand ansieht. Doch so verhält es sich in diesem Fall genau genommen gar nicht. Für die Fürsprecher dieser Kriegsmethode erklären sich die mageren Resultate aus einer nur unzureichenden Umsetzung. Wie lässt sich eine strategische Option beurteilen, die man noch nicht vollständig ausgeschöpft und geprüft hat? Die empirischen Fakten hängen mit anderen Worten selbst von der strategischen Wahl ab, und wenn sich das Bombardement als nutzlos erweist, dann einfach deshalb, weil man es nicht weitreichend genug eingesetzt hat.

Die im Verlauf des Kriegs gesammelten Daten scheinen auch noch aus einem anderen Grund ungültig, wie ein kurzer Blick auf die Chronologie beweist. Der erste Flug, über 37 Meter, fand 1903 statt. Sechs Jahre später flog Louis Blériot zum ersten Mal über den Ärmelkanal, und zwar mit einem Flugzeugtyp, den die französische Armee auch zu Beginn des Ersten Weltkriegs einsetzte. Die aus Holz konstruierte Maschine hat beim Abflug ein Maximalgewicht von 320 Kilogramm und eine Geschwindigkeit von 73 Stundenkilometern. Die dreimotorigen Metallflugzeuge, die 1918, also fünfzehn Jahre nach dem ersten Flug, zur Verfügung stehen, wiegen bei Abflug 4600 Kilogramm, haben eine Reichweite von 600 Kilometern und erreichen 160 Stundenkilometer. Wer kann schon, so die Vertreter des Luftbombardements, angesichts der fulminanten Entwicklung technischer Möglichkeiten Voraussagen treffen? Die Erfahrung des Kriegs besitzt nur sehr begrenzte Aussagekraft, denn einerseits entwickelt sich die Situation mit atemberaubender Geschwindigkeit, und andererseits steht die Richtung dieser Entwicklung nicht schon vorweg fest, sondern hängt von politischen Entscheidungen ab.

Zu diesem erkenntnistheoretischen Argument kommt eine weitere, stärker politische Erwägung hinzu. Wenn sich aus dem Ersten Weltkrieg eine Lehre ziehen lässt, dann, dass er ein »nationaler« Krieg gewesen ist wie kein Krieg vor ihm. Nicht mehr Staaten und ihre Militärapparate liefern sich Schlachten, sondern ganze Nationen. In ganz Kontinentaleuropa wird die Wehrpflicht eingeführt, die Mobilmachung bringt 60 Millionen Europäer an die Waffen. Das gesamte gesellschaftliche Leben sieht sich militärischen Bedürfnissen untergeordnet: Die ihrerseits vollständig militarisierte Industrieproduktion bildet von da an den Grundpfeiler für den Erfolg auf dem Schlachtfeld.

Diese neue Situation hat weitreichende politische Folgen auf allen Ebenen. Die Regierung zieht das Netz ihrer Kontrolle über das soziale und wirtschaftliche Leben immer enger zusammen, auch in Ländern, in denen der »Locke'sche« Liberalismus eine lange Tradition hat. Gleichzeitig bietet diese Lage auch den Führern der Arbeiterbewegung eine glänzende Gelegenheit, aus ihrem Pariastatus herauszutreten. Doch diese Gelegenheit hat bekanntlich ihren Preis: Man muss dem Pazifismus entsagen und den Krieg unterstützen. Mittelfristig findet sich der Internationalismus, Eckpfeiler der gesamten modernen Idee der Emanzipation, grundlegend verändert oder sogar vollkommen entstellt. Was davon bleibt, gliedert sich von da an in die neue Souveränitätsform des nationalisierten Sozialstaats ein: An die Stelle eines transnationalen Kampfs der unterdrückten Klassen tritt eine Kompromisspolitik, in der das Soziale nur noch in nationaler Form existiert. Dieser »Internationalismus« schreibt sich nicht nur in die Gesellschaft eines jeden »national-sozialen Staates«[8] ein, sondern zugleich in deren jeweils eigene Zeitlichkeit. Man bejaht auch weiterhin, dass sich die Proletarier aller Länder vereinigen sollen, sicher, nur wird es dafür wenn nicht eines Wunders, so doch zumindest einer »List der Vernunft« bedürfen. Und diese zeigt sich erst am Ende eines imaginären historischen Prozesses, wenn die in den mannigfachen national-sozialen Entitäten herrschenden Prinzipien universal werden. Nun bildet diese Verallgemeinerung der Prinzipien, wie wir sehen werden, aber einen integralen Bestandteil des Dispositivs des Krieges. Das heißt, der Rahmen, in dem die Emanzipation erfolgen soll, fällt nun streng mit dem nationalen Rahmen der Krieg führenden Staaten zusammen, sodass die nationalisierte Arbeiteremanzipation nun integraler Teil des Kriegsdispositivs sein kann. Dass der Erste Weltkrieg ein »nationaler« Krieg ist, bedeutet, dass er von einer Mehrheit der Bevölkerung und insbesondere dem entscheidenden Bevölkerungssegment, den Arbeitern, unterstützt wird. Wenn sich tatsächlich Nationen gegenüberstehen, liegt die Idee, auch jeweils die gesamte Nation anzugreifen, auf der Hand. »Von jetzt an tritt das Ziel des Kriegs in seiner ganzen Reichweite und brutalen Klarheit hervor; es ist nicht mehr die Vernichtung einer Armee, sondern einer Nation.«[9] Dafür bildet die national gewendete Emanzipation der Arbeiter ein essentielles Element, so paradox es auch erscheinen mag.

Genau in Bezug auf diese Perspektive findet die Politik, die in der Planung einer großen Luftoffensive gegen Deutschland am Ende des Ersten Weltkriegs begonnen wurde, in den Bombardements in den Kolonien ihre Fortsetzung. In einem britischen Regierungsmemorandum von 1921 heißt es: »So weitreichend die Entwicklung der Luftwaffe im Krieg an der Westfront auch gewesen sein mag, sie hat sich im Allgemeinen auf Lufteinsätze gegen feindliche Maschinen und die Kooperation mit anderen Einheiten bei Operationen, in denen die Luftflotte Land- oder Seestreitkräften untergeordnet war, beschränkt. An ferneren Schauplätzen wie Palästina, Mesopotamien oder Ostafrika hat der Krieg hingegen bewiesen, dass die Luft eine eigene Qualität hat.«[10]

Wenn Arthur Harris auch nur dank Nepotismus zum Flieger wurde, diese geostrategische Ausrichtung verhilft ihm zu seinem Glück: Er kann erneut Europa den Rücken kehren. So verschlägt es ihn nach Indien an die Nordwestgrenze und in die wilden Regionen Wasiristans, dann in den Irak, wo er am »schrecklichen Klima« und »ekelhaftem Essen« leidet, bevor er sich nach Palästina begibt, wo er ein Jahr damit zubringt, »der britischen Armee die Vorteile und den Rebellen die Wirksamkeit der Luftwaffe zu lehren«.[11] Doch dieses koloniale Fliegerglück ist nicht von Dauer. Der Waffenstillstand von 1918 war nur eine Illusion. Und so wird Arthur Harris nach Europa zurückbeordert. Mit ihm kehrt die Technik des Bombardierens, die so fröhlich unter dem blauen Himmel Afrikas und Asiens praktiziert worden ist, ins triste Grau Nordeuropas zurück; mit Harris gelangt die kolonisierte Peripherie wieder ins europäische Zentrum.

Eine der Lehren, die sich dem britischen Strategen Basil Liddell Hart zufolge aus dem Ersten Weltkrieg ziehen lassen, besagt, dass sich der Krieg nicht mehr auf einen Kampf zwischen »bezahlten Gladiatoren« beschränkt, sondern Nationen, Länder, ganze Bevölkerungen einbezieht.[12] Der italienische General Giulio Douhet, der zum wichtigsten Theoretiker des strategischen Bombardements werden wird, fügt dem hinzu, dass »die Unterscheidung zwischen Kämpfern und Nichtkombattanten nun keinen Bestand mehr hat, da alle für den Krieg arbeiten und der Verlust eines Arbeiters vielleicht sogar schwerer wiegt als der Verlust eines Soldaten«.[13]

Daher ist es widersinnig, nur auf diejenigen zu zielen, die die Waffen bedienen, und diejenigen zu verschonen, die deren Verwendbarkeit durch ihre täglich Arbeit ermöglichen. Auf militärethischer Ebene folgt, dass der Imperativ nicht mehr lauten kann, zivile Opfer nach Kräften zu minimieren, sondern möglichst die Zahl der Opfer schlechthin zu reduzieren. Wenn es effizienter ist, Arbeiter zu töten, als auf die feindlichen Gräben zu schießen, wieso sollte man sich dieses

Instruments berauben, das eine schnellere Lösung des Konflikts in Aussicht stellt? Hat nicht außerdem die Seeblockade des Ersten Weltkriegs gezeigt, dass sich die Kämpfer von der Zivilbevölkerung unmöglich unterscheiden lassen? Inwiefern sollte es »menschlicher« sein, die Zivilisten Hungers sterben zu lassen, als sie mit Bomben zu töten?

So kann die aus den Kolonialkriegen stammende Praxis, die Zivilbevölkerung ins Visier zu nehmen, von nun an auch in Europa und auf Völker Anwendung finden, die vormals »Immunität« genossen. Wie ist diese Ausweitung der Kolonialpraktiken auf die gesamte Weltbevölkerung zu begreifen? Ein Vergleich der Luftstrategien in der Kolonialperipherie und in Europa liefert eine ebenso offensichtliche wie beunruhigende Antwort: Der Krieg ist in beiden Fällen eine Angelegenheit des gesamten Volks und betrifft nicht einfach nur den Staat als den Bürgern enthobene Struktur. Der Krieg wird, kurz gesagt, »demokratisch«. Doch vorläufig empfiehlt der britische Führungsstab, »den Anschein zu wahren, indem wir Bombenangriffe offiziell strikt auf militärische Ziele beschränken, und möglichst die Tatsache zu verschweigen, dass der Luftkrieg diese Art von Einschränkungen obsolet und unmöglich gemacht hat«.[14] Der enge Horizont des zwischenstaatlichen Kriegs existiert nicht mehr, jetzt sind es ganze Völker, die sich bekriegen und gleichzeitig zum direkten und indirekten Ziel werden. So »demokratisiert« sich auch die zweifelhafte Ehre, im Krieg zu fallen. Von nun an kann jeder in die Schusslinie geraten.

Diese nationale Integration in Europa führt so zu dem paradoxen Ergebnis, dass die moderne europäische Politikform in diesem Punkt exakt der tribalen Vergesellschaftungsform gleicht, die man im Irak angegriffen hatte. In beiden Fällen handelt es sich um einen Krieg, in dem das Leben der Bevölkerung wichtiger ist als der Staat: einen Krieg, der in

Europa auf die Gesellschaft jenseits der Staatsstrukturen zielt und sich in den Kolonien gegen eine Gesellschaft richtet, die bei Staatsstrukturen noch nicht angekommen ist. Was Foucault moderne Biopolitik genannt hat, hängt so direkt mit einer »Thanatopolitik« zusammen, deren sichtbarster Ausdruck die Luftwaffe ist. Dialektisch miteinander verbunden, zielen Biopolitik und Thanatopolitik auf dasselbe Objekt: Was die Biopolitik schafft, sucht die Thanatopolitik zu zerstören. Dabei zieht dieser direkte Zugriff auf das Leben und den Tod eines Volks eine wichtige Veränderung dessen, was man gewöhnlich »Souveränität« nennt, nach sich. Die europäische »Volkssouveränität« wird zunehmend an die Integrationsformen der in den Kolonien unter Beschuss genommenen Stämme angeglichen.

Auf ebendiese Weise erklärt auch der Brite John Glubb den seiner Meinung nach für das Verständnis des arabischen Krieges entscheidenden Unterschied zwischen »Regierenden« (*rulers*) und »Anführern« (*chiefs*) – denn nur ein von Regierenden geführter Krieg ist dem Verständnis der Europäer zugänglich. Ein »Regierender« befindet sich an der Spitze einer politischen Struktur, die die in einem »Volk« versammelten Einzelpersonen *transzendiert*[15]; ein »Anführer« hingegen ist seiner Gemeinschaft *immanent*: Bei ihm handelt es sich nicht um einen Repräsentanten, sondern er geht gewissermaßen direkt aus seinem Stamm hervor. Aus diesem Grund hat die Doktrin des Kolonialkriegs immer die Notwendigkeit betont, »alle widerspenstigen Subjekte«[16] zu unterwerfen und zu bestrafen. Der Kolonialkrieg ist kein Krieg gegen eine transzendente Struktur namens »Regierung«, sondern ein Krieg gegen alle und jeden. Der Kolonialkrieg richtet sich nicht gegen eine Transzendenz, er stellt sich in die absolute Immanenz der Politik.

Genau diese Eigenschaft des Kolonialkriegs bildet die historische Matrix für die Weiterentwicklung des Kriegs zunächst im europäischen Zentrum und später auch global; und aufgrund dieser Eigenschaft war die Rückkehr von Arthur Harris ein Menetekel. In Europa hatte man sich den Krieg gewöhnlich als Beziehung zwischen Staaten gedacht, woraus sich die Immunität der Zivilbevölkerung ableitete. Doch nachdem die Revolutionen am Ende des 18. Jahrhunderts das souveräne Volk ins Zentrum der Politik erhoben hatten, führen die widersprüchlichen Prinzipien der Immunität und der Souveränität zu notwendigen Spannungen, wie anhand des »Lieber Codes« deutlich wird. In dieser Perspektive bildet der Erste Weltkrieg einen Umschlagpunkt: Jetzt setzt sich die Idee durch, dass der Krieg im Grunde eine Beziehung zwischen Nationen ist und der Staat nur einen Ausdruck dieses zur Nation vereinten Volkes darstellt. »Im Volke liegt der Schwerpunkt« des modernen Krieges, sagt Erich Ludendorff, deutscher Generalmajor im Ersten Weltkrieg.[17] Daher wäre es doppelt unlogisch, Zivilisten zu verschonen: Sie zählen nicht nur hinsichtlich der Kriegsanstrengung genauso viel wie die Soldaten, sondern sie bilden auch gemeinsam den Souverän, gegen den der Krieg geführt wird.

Robert Brooke-Popham, der neben Harris in der kolonialen Luftflotte im Irak diente, bevor er zum ersten Kommandeur des Ausbildungszentrums der britischen Luftwaffe in Andover ernannt wurde, erklärt in einem Kurs für Piloten der Royal Air Force: »Heute muss man die Willenskraft der feindlichen Nation brechen. Darin liegt das Ziel jeder Krieg führenden Nation.«[18] Der Bombenangriff aus der Luft ist daher die »demokratische« Waffe schlechthin: Sie trifft nicht mehr nur die bewaffneten Einheiten eines Staates, jene »bezahlten Gladiatoren«, von denen Liddell Hart sprach, sondern den Souverän selbst. Anders gesagt, der Angriff auf die »Nation«, die Zivilbevölkerung, die Heimatfront bedeutet nicht nur den Angriff auf das schwächste Glied im System des Gegners. Das Volk angreifen heißt auf das politische Herz des Widersachers zielen. Dadurch zielt man auf den wahren Feind statt auf jenes Epiphänomen, das der Militärapparat des Staates darstellt.

Das Bombardement wird auch noch in einem anderen Sinn »demokratisch«. In einer Demokratie nimmt das Volk an der Kriegsanstrengung nicht einfach teil; es zeichnet verantwortlich für die Handlungen der Regierung. Daraus erklärt sich die empirische Tatsache, dass vor allem die politischen Körper, die wir heute als »demokratisch« beschreiben, und besonders die der repräsentativen Demokratie das strategische Bombardement praktizieren. Das Volk anzugreifen ist nicht nur effektiver, sondern auch »gerechter«. Hier verblüffen erneut die Parallelen zwischen der Entwicklung des Kriegs in Europa und in den Kolonien. Insbesondere die arabische Bevölkerung sei stolz, edel, unabhängig und frei und lebe in einer Art »ursprünglicher Demokratie«, in der jedes Individuum ganz natürlich Verantwortung für die ganze Gemeinschaft übernehme, so die Meinung der Kriegsstrategen.[19] Undifferenziert eine ganze Bevölkerung zu bombardieren stellt aus dieser Perspektive eine Respektbekundung gegenüber der einheimischen Kultur dar.

Wenn das Luftbombardement zu einer »demokratischen« Form des Kriegs gehört, stellt sich die Frage, mit welchem Demokratiebegriff wir es hier zu tun haben. In diesem Kontext kann es sich nicht um ein Regime repräsentativer Demokratie handeln – ganz im Gegenteil. Die Strategie des *police bombing* bezeichnet die irakischen und afghanischen Stämme als *»demokratisch«, gerade weil sie keine Repräsentation kennen.* Jede Einzelperson fügt sich organisch in die Gemeinschaft ein. Wie Rousseau behandeln die Doktrinen des Bombardements die Souveränität als nicht auf Repräsentation reduzierbar. So wurde auch mit Deutschland verfahren, das 1918 Ziel einer Bombenoffensive werden sollte und im Zweiten Weltkrieg tatsächlich bombardiert wurde, auch wenn das Land schwerlich als Demokratie zu bezeichnen war.

Grundsätzlich ist unbestritten, dass die Strategie des Luftbombardements auf dem »Volk« als entscheidender politischer Kategorie beruht. Trenchard hat diese Idee vielleicht am deutlichsten zum Ausdruck gebracht. Seiner vertrackten Formulierung folgend besteht das Ziel des Luftbombardements darin, »gewissermaßen zu bewirken, dass die feindliche Regierung unter dem Druck der Bevölkerung um Frieden bittet, genauso wie die Hungersnot durch eine Blockade die Regierung zwingt, um Frieden zu bitten«.[20] Doch wenn die Bombenangriffe in Europa darauf zielen, eine Regierung zur Kapitulation zu zwingen, so präzisieren diese Strategien doch nicht, mit welchen Mitteln sie dieses Ergebnis zu erreichen gedenken. Wird die feindliche Regierung etwa auf die Friedenswünsche ihrer Bevölkerung hören? Wird sie aus Furcht vor einer Revolte kapitulieren? Wird man auf eine Revolution warten müssen, die eine neue Regierung an die Stelle der alten setzt, bevor das Land kapituliert? Trenchard sagt es uns genauso wenig, wie er erklärt, wie er sich das Verhältnis zwischen Regierenden und Regierten oder zwischen Volk und Staat denkt.

Wir stehen hier vor einem terminologischen Problem: Uns fehlt ein brauchbarer und nicht normativ konnotierter Oberbegriff (wie der der Demokratie), unter dem sich die verschiedenen Spielarten politischer Integration subsumieren lassen, und der revolutionäre, parlamentarisch-demokratische, plebiszitär-totalitäre, tribale oder andere Formen mit einbezieht.[21] Wie der Blick auf die strategischen Doktrinen zeigt, gehen diese dennoch stets aus der Vorstellung hervor, dass die durch eine strategische Bombenoffensive »beeinflusste«

Volksmeinung am Ende immer die politische Entscheidung zur Kapitulation nach sich ziehen wird. Diese Vorstellung ruht, wie sich unschwer übersehen lässt, auf einer Theorie, in der die großen Begriffe der politischen Philosophie zum Tragen kommen. Um die Realität der Kriegsdoktrinen durchmessen zu können, ist es also geboten, die politische Philosophie auch zum Luftbombardement zu befragen: Welche politischen Konzepte liegen ihm zugrunde? Auf welcher Idee des »Volkes« beruht es? Und welchen Begriff der Demokratie impliziert es?

Die Strategien des Luftbombardements geben unzweideutig zu verstehen, dass alle diese Formen politischer Integration grundsätzlich eines gemeinsam haben: Sie sind alle »demokratisch« im Sinne der Mindestanforderung, dass die Zustimmung des Volks letzten Endes die Quelle jeder Politik ist. »Demokratie« wird dadurch zu einer Art politischem Apriori: Selbst Herrschaftsformen, die keine demokratische Form aufweisen (wie die arabischen Stämme oder der Nationalsozialismus) sind in dieser Perspektive ihrem Wesen nach demokratisch. Somit muss man zwei Demokratiebegriffe unterscheiden: die Demokratie als *Form* und die Demokratie als *Wesen*.

Wenn die Strategie des Luftbombardements auch alle Gesellschaftsformationen, gegen die sie sich richtet, als dem Wesen nach demokratisch darstellt, so bedeutet das offensichtlich nicht, dass sie alle demokratische Form haben. In diesen Fällen besteht ein Widerspruch zwischen Wesen und Form. Daraus folgt entweder eine spekulative Teleologie, derzufolge der »normale« Weg der Gesellschaften in einem langen und schmerzhaften Prozess zur Demokratie führe, oder eine praktische Forderung für die Weltpolitik: Sie müsse bewirken, dass sich die Formen, soweit möglich, dem Wesen annähern und die verschiedenen politischen Regime immer mehr ihrem demokratischen Wesen entsprechen. Damit bringt die politische Immanenz eine neue transzendente, diesmal globale Instanz hervor, deren Zeitlichkeit auf einer linearen Teleologie beruht.

Nachdem diese auf den ersten Blick kontraintuitive Verwendung des Begriffs »Demokratie« etabliert ist, der auf dem Feld der Politik und mithin auch im Bereich des Krieges eine entscheidende Bedeutung angenommen hat, ist eine Erläuterung seiner Bedeutungsgeschichte angebracht. »Demokratie« war lange Zeit ein abwertender Begriff, der nur von einer kleinen Minderheit revolutionärer Kräfte für sich in Anspruch genommen wurde.[22] Die Väter der amerikanischen Verfassung lehnten ihn noch ab, weshalb die Vereinigten Staaten dann auch nicht zu einer Demokratie, sondern zu einer »konstitutionellen Republik« wurden. Erst im Lauf des 19. und 20. Jahrhunderts erlangt der Begriff diesen Status als politisches Apriori, den er bis heute bewahrt hat. Der Erste Weltkrieg bildet auch hierfür den Umschlagpunkt. Ein ganzes Lager, das der Entente, interpretiert seinen Kampf schließlich als Kampf für *die* Demokratie.

Fügen wir dem gleich hinzu, dass der Begriff lange Zeit reichlich unbestimmt bleibt. Beispielsweise steht »Demokratie« noch zu Beginn des 20. Jahrhunderts nicht unbedingt im Gegensatz zur »Diktatur«, beide Ausdrücke können sogar jeweils den anderen mit einschließen. So bekämpfen militärische Kreise in Frankreich, die doch zunehmend für die republikanische Sache gewonnen werden,[23] erbittert die »verbreitete und unselige Legende *der revolutionären Tradition*« und unterstützen offen eine mit quasidiktatorischer Macht ausgestattete Militärregierung. Henri Mordacq, Kabinettschef unter Clemenceau und später Kriegsminister, schreibt 1912: »Bedarf es nun *eines Generalissimus*? Selbstverständlich! In einer Demokratie, viel mehr noch als in einer Monarchie, muss man in Friedenszeiten für die Einheit der Kriegsvorbereitung und in Kriegszeiten für die Einheit der Befehlsgewalt Sorge tragen«.[24] Dieser Demokratiebegriff, der diktatorische Formen und Befugnisse zum Ausnahmezustand nicht ausschließt, mag heute vollkommen unstimmig erscheinen, da wir es gewohnt sind, ihn dem »Totalitarismus« diametral gegenüberzustellen. Historisch jedenfalls ist dieser Gegensatz keine Selbstverständlichkeit. Um nur ein Beispiel zu nennen: Für eine ganze konterrevolutionäre Tradition seit Edmund Burke und François-René de Chateaubriand ist der »Despotismus« eine logische und unausweichliche Folge der »Demokratie«.

Wenn die »Demokratie« zu Beginn des 20. Jahrhunderts auch mitunter in die Nähe »totalitärer« Formen rückt, steht sie hingegen immer im Gegensatz zur Monarchie. Auch wenn es heute außer Frage steht, dass es sich bei Belgien oder Spanien um Demokratien handelt, bereitet es zu jener Zeit noch Schwierigkeiten, sich eine Demokratie im Rahmen einer Monarchie vorzustellen. Daher ziehen es die Briten, ihrerseits Untertanen eines Königs, vor, den Krieg als Kampf für »Recht, Gerechtigkeit, Verantwortung, Freiheit und Bürgerrecht« darzustellen, alles »Attribute, die nicht einer bestimmten Rasse oder Nation, sondern der gesamten zivilisierten Menschheit zugehören«.[25] 1914 sind die Begriffe »Freiheit«, »Recht«, »Gerechtigkeit«, »Parlamentarismus« und »Staatsbürgerschaft« also noch nicht in einem Begriff der Demokratie verschmolzen, der sie alle umfasst. Leitbegriff ist noch nicht die Demokratie, sondern die »Zivilisation«.

In Frankreich gemahnt das zerbrechliche Bündnis zwischen Republikanern und Katholiken zu einer gewissen Vorsicht in der Begriffswahl. Henri Bergson zum Beispiel, einer der führenden Ideologen des Kriegs, bietet das ganze Arsenal klassischer Gegensätze auf (Zivilisation/Barbarei, Recht/Gewalt, Freiheit/Mechanismus, Spiritualität/Materialität, moralische Kraft/materielle Kraft, Menschlichkeit/Militarismus usw.), vermeidet aber gewissenhaft das Wort »Demokratie«.[26] Ein 1915 von Professoren aus Oxford veröffentlichter Band mit dem Titel *The War and Democracy* spricht paradoxerweise fast ausschließlich von »Zivilisation« und kaum von Demokratie und erklärt, dass »die Demokratie nicht einfach eine Regierungsform ist. Sie hängt nicht von Urnen, nicht vom Wahlrecht, nicht von irgendeinem Verfassungsmechanismus ab. Diese bilden lediglich ihre Attribute. Die Demokratie ist ein bestimmter Geist, eine Atmosphäre, deren Wesen im Vertrauen auf die moralischen Instinkte des Volks liegt«.[27] Wir haben es also mit einem weit gefassten und sehr vagen Demokratiebegriff zu tun. 1914 bleibt die Zivilisation der wahre Schlüsselbegriff. Sie wird von der weltweiten »Demokratie« erst zwischen den Weltkriegen entthront, als man die zu deutlich kolonialen Konnotationen peinlich zu finden beginnt. Dieselbe begriffliche Verschiebung findet im Bereich der Luftwaffe statt: Der Bomber, die Waffe der Zivilisation, wird zur Waffe der Demokratie.

Diese beileibe nicht allgemein geteilten politischen Werte ordnen sich den verschiedenen geopolitischen Positionen zu. Die »Geopolitik der Werte« folgt der globalen Machtverteilung auf dem Fuße. Vor allem die Hegemonialmächte berufen sich auf die Zivilisation und dann zunehmend auf die Demokratie. Die *contenders* lehnen sie hingegen häufig ab oder versuchen zumindest, sie mittels Bedeutungsverschiebung anzupassen. Zwei deutliche Beispiele für die zweite Strategie seien hier erwähnt: Während des Kalten Krieges versucht der sowjetische Rivale den Gegensatz von Demokratie und Totalitarismus zu untergraben, indem er zwischen »realer Demokratie« und »formaler Demokratie« unterscheidet; im Ersten Weltkrieg lehnt der deutsche Rivale den Begriff der Zivilisation ab und setzt den der Kultur an seine Stelle.[28] Für diese Abweichungen lassen sich verschiedene Gründe finden. Doch statt sie in längst vergangener Geschichte, in Besonderheiten der europäischen »Kulturnationen« oder in irgendeinem Sonderweg zu suchen, empfiehlt es sich, zunächst einmal den offensichtlichsten Zusammenhang zu betonen: die Position der verschiedenen Länder im Weltsystem.

Auch wenn jede Nation ein Bild von sich selbst und eine Vorstellung von ihrem Kampf und ihren Unterschieden zu feindlichen Nationen entwickelt, bedeutet das natürlich nicht, dass der Krieg nur ein Zusammenprall nationaler Egoismen wäre, die im Grunde einander gleichen. Ganz im Gegenteil beansprucht jede Nation eine universelle Geltung der Anliegen, für die sie den Krieg führt.[29] Die Universalisierung dieser Anliegen spielt sogar eine Schlüsselrolle in der Totalisierung des Krieges: Man kämpft nicht mehr für begrenzte politische Ziele, sondern für eine an sich gerechte Sache, die den Nationen einen Auftrag auferlegt, der größer ist als sie selbst, einen Auftrag für die Menschheit, einen universellen Auftrag. Von da an besteht nicht mehr das Recht, einen Krieg zu verlieren; man hat die moralische Pflicht, im Namen der Menschheit die universellen, von der eigenen Nation verkörperten Werte zu schützen.

Dem Universalismus des »Locke'schen« Hegemons zufolge ist der Krieg ein Kampf der Demokratie, des Liberalismus, des Völkerrechts und letztendlich der Zivilisation gegen Militarismus, das Recht des Stärkeren, Kollektivismus und Staatsverherrlichung.[30] Anfangs unterscheidet sich die deutsche Kriegsideologie nicht sonderlich von der der Franzosen oder Briten. Deutschland kämpft gegen Despotie und Barbarei, die beide traditionell mit dem von Russland verkörperten »asiatischen Charakter« verbunden werden. Der schwedische Sozialist Gustaf Steffen rechtfertigt den deutschen

Kriegseintritt folgendermaßen: »Die Religion des moskowitischen Imperiums ist primitiv mittelalterlich, buchstäblich halbbarbarisch [...]. Nicht nur die Rechtsanschauungen, sondern auch alle Moral und alles soziale Gefühl gehören primitiv west- und mittelasiatischem Typus an, nicht europäischem.«[31]

Das Bündnis der Westmächte mit Russland zwingt die Mittelmächte, ihr ideologisches Werkzeug zu verfeinern und die typisch »Hobbes'sche« Perspektive der Rivalen stärker zu betonen. Man macht die seitens des Hegemons gepriesenen demokratischen und liberalen Ideale als ideologische Verbrämung des kapitalistischen Egoismus, der kolonialen Ausbeutung und des Imperialismus in allen seinen Formen verächtlich. So kann Gustaf Steffen schreiben, dass »Frankreichs und Großbritanniens Bündnis mit Rußland gegen Deutschland und Österreich-Ungarn [...] ein Bündnis [...] gegen die in unzertrennlicher Weise *gemeinsamen* Lebensinteressen ganz Europas«[32] ist. Extrem vereinfacht kann man sagen, dass die strukturierende Dichotomie (»Zivilisation«/»Kultur«) einen Gegensatz zwischen dem »einheitlichen« Universalismus des Hegemons und dem »kulturalistischen« Universalismus des *contender* reflektiert, der sich bis heute auch in zahlreichen anderen Kontexten findet: Es gibt nur eine Zivilisation, sie bemisst sich in Fortschrittlich und Rückschrittlich. Die Kulturen dagegen unterscheiden sich in ihrem Wesen, und so muss es auch in Zukunft bleiben.

Der Erste Weltkrieg markiert einen Durchbruch dieser Sichtweise. Anfänglich haben die Begriffe Zivilisation und Kultur dieselbe Bedeutung. Sie bezeichnen die Geschichtlichkeit des menschlichen Handelns. Der erste Begriff ist im französisch- und englischsprachigen Raum dominant, der zweite im deutschsprachigen Raum. Diese in der zweiten Hälfte des 18. Jahrhunderts entstandenen Wörter werden zunächst nur im Singular gebraucht.[33] Der Plural drängt sich zuerst im deutschsprachigen Raum auf, und zwar als Reaktion auf das Bedürfnis, die Besonderheit der deutschen Kultur im Gegensatz zur dominanten Kultur Frankreichs herauszustellen. Da umgekehrt Frankreich den fortschrittlicheren Grad *der* Zivilisation (im Singular) repräsentiert, stellt sich die Frage nach der Besonderheit seiner Kultur schlechtweg nicht.

Mit dem Ersten Weltkrieg nehmen diese bis dato synonymen Ausdrücke plötzlich gegensätzliche Bedeutungen an, die nun eifrig ausgepinselt wurden. So schreibt der Journalist Jacques Bainville, der der Action française nahesteht, »die deutsche *Kultur* ist nur eine Form der Barbarei«. Obwohl die Begriffe der Kultur und der Zivilisation beide einen linearen Geschichtsprozess unterstellen, werden durch ihre Trennung nun historische Rückfälle denkbar: Das ist offensichtlich in Russland nach der Oktoberrevolution der Fall, aber auch in Deutschland, das von der Zivilisation in die Barbarei zurückfällt.[34] Der Grund liegt den Kulturtheoretikern zufolge darin, dass ein Teil der deutschen Kultur – der schlechte, »hegelianische« Teil – gegenüber dem von Kant verkörperten guten Teil die Oberhand gewinnt.[35] Der Luftkrieg liefert ein schlagendes Beispiel. Als Kolonialflieger im Irak erklärt Arthur Harris, dass die wilden Araber und Kurden »jetzt wissen, was ein richtiges Bombardement ist, sie kennen die menschlichen Verluste und materiellen Schäden, die es verursachen kann; sie wissen jetzt, dass innerhalb einer Dreiviertelstunde ein ganzes Dorf [...] buchstäblich von der Landkarte radiert werden kann, dass ein Drittel der Einwohner getötet oder verletzt werden und dafür drei oder vier Maschinen genügen, die ihnen weder wirkliche Ziele bieten noch die Möglichkeit, ihre Tapferkeit unter Beweis zu stellen oder zu entkommen«.[36] Nachdem er im Zweiten Weltkrieg die »Feuerstürme« des *bomber command* koordiniert hat, kommt er auf seine Erfahrung mit dem Kolonialbombardement zurück: »wie bei all den zahlreichen Einsätzen der RAF über *unzivilisierten Ländern, Deutschland eingeschlossen*, fürchteten wir uns am meisten davor, dass einige unserer Soldaten von den Einheimischen gefangengenommen werden könnten«.[37]

Erneut sind diese Ideologien nicht von der geostrategischen Lage, der unterschiedlichen strategischen Ausrichtung und deren Entwicklung im Laufe des Krieges zu trennen. Der germanische »Kulturalismus« entspricht der deutschen Strategie auf globaler Ebene, den Konflikt über den ganzen Erdball zu verallgemeinern und auf antikoloniale Revolten zu setzen, insbesondere auf die panislamistischen Bewegungen, aber auch auf Nationalismen aller Couleur (jüdisch, irisch, polnisch, finnisch, estnisch, litauisch, ukrainisch, georgisch), um dem Gegner seine imperialen Ressourcen zu entziehen.[38] Diese Unterstützung für diverse nationalistische und revolutionäre Bewegungen muss nicht unbedingt auf eine deutsche Herrschaft zielen und kann sogar vollkommen aufrichtig gemeint sein.[39] Der Kaiser schreibt in einem Brief: »Es war von jeher ... mein Wunsch, die muhammedanischen Nationen unabhängig zu wissen und ihren Staaten möglichst freie Kraftentfaltung zu gewähren. So liegt es Mir nicht nur für den Augenblick am Herzen, den muhammedanischen Völkern in ihrem Kampf um die Selbstständigkeit zu helfen, sondern Ich werde sie mit Meiner Kaiserlichen Regierung in Zukunft stützen ... Die heute schon bestehende Interessengemeinschaft zwischen dem deutschen Volke und den Muhammedanern wird auch nach Beendigung des Krieges weiterbestehen bleiben.«[40] Auch ruft er deutsche Diplomaten und Vertreter auf, England müsse »öffentlich die Maske christlicher Friedfertigkeit schroff abgerissen werden [...]. Und unsere Consuln in der Türkei und Indien, Agenten etc. müssen die ganze Mohammed. Welt gegen dieses verhaßte, verlogene, gewissenlose Krämervolk zum wilden Aufstand entflammen«.[41]

Da die antikoloniale Ideologie zur deutschen Strategie dazugehört, kommt es nicht überraschend, dass Erich Ludendorff den Kolonialkrieg mit dem von ihm heraufbeschworenen »totalen Krieg« ausdrücklich parallelisiert.

> Die Zeiten der Kabinettskriege und der Kriege mit beschränkten politischen Zielen sind vorüber. Sie waren oft mehr Raubzüge als ein Ringen von tief sittlicher Berechtigung, wie es der totale Krieg um die Lebenserhaltung des Volkes ist. »Kolonialkriege«, in denen ein Volk oder ein Stamm nur um sein Leben zu ringen hat, der Gegner diese einfach zermalmen kann, tragen für jenes Volk oder jenen Stamm den Charakter des totalen Krieges und werden von ihnen aus sittlichen Gründen geführt. Im übrigen sind sie die unsittlichsten Handlungen, die die erhabene und ernste Bezeichnung: Krieg, nicht verdienen.[42]

Die geostrategisch-ideologischen Entwicklungen während des Ersten Weltkriegs erklären zum großen Teil, wieso die Idee einer Luftfahrt mit kosmopolitischer Vision eher von den Westmächten, den Siegern des Ersten Weltkriegs, aufgegriffen wird als in anderen Teilen der Welt. Dazu kommt eine Klausel aus dem Versailler Vertrag, die das immer noch mächtige, aber ernsthaft geschwächte Deutschland dazu verpflichtet, vollständig auf militärische Luftfahrt zu verzichten. Allerdings wird dieser Passus nicht zur Gänze eingehalten, da den Deutschen vom neuen sowjetischen Rivalen der Flugplatz Lipezk für geheime Pilotenschulung zur Verfügung gestellt wird.[43] Die Sowjetunion selbst, obwohl bereits im Begriff, in den Rang des neuen *contender* nachzurücken, ist noch damit beschäftigt, ihre Macht im Inneren zu festigen und den Status einer Agrarökonomie hinter sich zu lassen. So fällt den Westmächten ganz natürlich die Aufgabe zu, für die Sicherung der Weltordnung zu sorgen. In diesem Kontext erhält die Umsetzung einer kosmopolitischen Luftfahrt unerhörte Dringlichkeit: Europa selbst entwickelt sich gerade zum Schauplatz einer Auseinandersetzung zwischen Kräften des Guten und des Bösen, in deren Zuge einige Nationen ihren »zivilisierten« Status einbüßen können. In dieser Situation vermag es keine andere Technologie, die neue transzendente Instanz auf Weltebene zu verkörpern und zu ihrem Exekutivorgan, ihrer Vergeltungsmacht, ihrem waltenden Recht zu werden.

So kommt es, dass in Frankreich der Verfasser einer politikwissenschaftlichen Dissertation den kosmopolitischen Aspekt der Luftfahrt und den Einsatz der Luftwaffe im Ersten Weltkrieg verteidigt, nachdem er die »Notwendigkeit einer Anpassung der alten Regeln seitens aller zivilisierten Staaten« gezeigt hat, »indem sie als Mitglieder einer einzigen Union Einigkeit erzielen und sich für die Sicherstellung ihrer Einhaltung einsetzen«.[44] Während außer Frage steht, dass die in den Kolonien bombardierten Aufständischen keinesfalls mit dazugehören, lässt der Verfasser doch offen, welche Staaten er unter die »zivilisierten« zählt. In Großbritannien bringt einer der wichtigsten Theoretiker des Luftkriegs, der hohe Beamte James Molony Spaight, bemerkenswert ähnliche Argumente vor: »Man muss sich die Luftstreitkraft als Entwaffnungs- und Präventionsmittel denken, als eine Macht zur Beendigung des Krieges statt zur Kriegsführung. Aus diesem Grund ist sie das perfekte Werkzeug für die ›Sanktionskriege‹ der Zukunft [...] wie eine internationale Feuerwehr«.

Die Luftfahrt markiert damit das Ende der »Privatkriege«, jener Kategorie, der auch alle klassischen zwischenstaatlichen

Kriege angehören. Der Luftkrieg dagegen kündigt das Zeitalter des Weltfriedens an. »Der Privatkrieg ist außer im Falle der Selbstverteidigung als gesetzwidrig erklärt worden. Der nächste Schritt wird der Aufbau eines Verfahrens und eines Apparats zur Durchsetzung dieses Verbots.«[45] Die Zukunft, von der Spaight spricht, wird also ein Zeitalter des Weltfriedens, eines wirklichen Friedens sein, der organisiert und verteidigt wird. Als Realist erkennt der britische Beamte sofort an, dass die internationale Ordnung nie vollkommen sein kann, selbst wenn sie die föderale Form der »Vereinigten Staaten von Europa« annähme. Niemand kann ausschließen, »dass ein Staat oder ein Staatenbündnis seine Verpflichtungen vernachlässigt oder sich weigert, ihnen nachzukommen«. Daher müssen auch Zwangsmittel bereitgestellt werden, um den Willen möglicher Rivalen auf globaler Ebene zu beugen.

Vielleicht noch mehr überrascht, dass sich auch der den »revolutionären Rechten« nahestehende Ernest Seillière, Philosoph, Akademiemitglied und Imperialismustheoretiker, zum Apologeten dieser Art von kosmopolitischem Pazifismus macht, als er 1925 erklärt, dass die durch den Luftkrieg eröffneten Möglichkeiten »die Bildung einer mit präventiven wie auch repressiven Aufgaben betrauten stehenden internationalen Gendarmerie [notwendig machen], deren Ausstattung von den zivilisiertesten Nationen übernommen wird, während die Kosten so weit möglich denjenigen auferlegt werden, die ihren Einsatz provozieren«.[46] In den Vereinigten Staaten vertritt Clifford Harmon, Präsident der International League of Aviators, ähnliche Ansätze, die den Aufbau einer internationalen Luftflotte unter der Ägide des Völkerbunds empfehlen.[47] Unter dem Namen »Silberne Schwingen des Friedens« (*Silver Wings of Peace*) sollte diese internationale Luftwaffe mit den besten Piloten der Welt bestückt sein, Männern wie Frauen. Im Fall einer internationalen Krise würden ihre Maschinen über den betroffenen Ländern Flugblätter abwerfen, bevor sie mit den Bombardements beginnen.[48] Wie man sieht, stimmen diese pazifistischen Fantasien bis in die kleinsten Details mit den Regeln der Royal Air Force für ihr *police bombing* im Irak und in Afghanistan überein.

Das Volk und der Pöbel

Seit Weihnachten fühlt er sich erschöpft, freudlos, leer, sodass ihm sein Arzt nachdrücklich empfiehlt, einen Monat Urlaub zu nehmen. Doch wichtige Angelegenheiten erfordern seine Aufmerksamkeit; er trägt Verantwortung, und die Situation ist schwer, sogar sehr schwer in den Griff zu bekommen. Jeden Morgen treiben ihn sein Verantwortungsgefühl und die Hoffnung auf eine Besserung der Lage ins Büro, doch jeden Abend muss er sich aufs Neue unweigerlich eingestehen, dass seine Bemühungen mit neuen Niederlagen vergolten werden. Geschlagen nimmt er seine Feder und schreibt einer Freundin in London, der Feministin Alice Clark, einen seiner kurzen, »wie eine Engelserscheinung« erhellenden Brief, um ihr von dem Unglück zu erzählen, das ihn befällt.[1]

Jan Smuts steht im Begriff, Premierminister Südafrikas zu werden. Der im Zweiten Burenkrieg erprobte Kommandeur der Unabhängigkeitskämpfer hatte den Briten unter Einsatz großer Brutalität mit einer perfektionierten *Hit-and-run*-Taktik zugesetzt, musste sich dann aber doch ergeben und in Friedensverhandlungen treten, denn »mehr als 20 000 Frauen und Kinder [waren] in den Konzentrationslagern des Feindes bereits umgekommen«.[2] Er zählt zu den Vätern der südafrikanischen Einheit von 1910 und leitet gleichzeitig das Innen-, das Minen- und das Verteidigungsministerium, bevor er im Ersten Weltkrieg die afrikanischen Streitkräfte gegen die deutschen Kolonien Südwestafrika (heute Namibia) und Ostafrika (heute Burundi, Ruanda und Teile Tansanias) führt.

Ins »imperiale Kriegskabinett« in London berufen, legt er 1917 seinen berühmten Bericht über die »Organisation der Luftwaffe und die Lenkung von Luftoperationen« vor, der als Magna Carta der Luftstreitkräfte gilt. Das Ergebnis ist die Gründung der Royal Air Force, der ersten unabhängigen Luftwaffe der Welt, die zum Schutz der britischen Territorien dienen soll, wenn in naher Zukunft »Operationen, die zur Verwüstung feindlicher Gebiete und zur großflächigen Zerstörung industrieller und dicht besiedelter Zentren führen, zu den Hauptoperationen des Kriegs werden«.[3] Smuts gehört also zu den wichtigsten institutionellen Architekten des Luftbombardements der Zukunft.

Dennoch ist er der Überzeugung, dass es vorzuziehen wäre, wenn sich ein erneuter Krieg vermeiden ließe. Das beste Mittel dafür sieht er in der Versöhnung mit Deutschland: Auf der Pariser Friedenskonferenz wendet er sich mit aller Kraft gegen die französische Delegation, die seiner Auffassung ganz und gar nicht folgen möchte.[4] Als Kosmopolit kämpft er für die Schaffung eines am Commonwealth orientierten Völkerbunds, damit der Frieden »auf ein menschliches Ideal, auf die Prinzipien der Freiheit und Gleichheit gegründet werde«.[5] Wer diesen Frieden zukünftig stört, soll die traditionell mit dem Krieg verbundenen Rechte verlieren und »als Verbrecher des gemeinen Rechts, der er ist, behandelt« werden.[6] Als Wegbereiter des strategischen Bombardements bei den britischen Streitkräften und als Unterstützer einer Annäherung der Völker im Rahmen des Völkerbunds ist Smuts der perfekte Repräsentant des sich allmählich durchsetzenden Kosmopolitismus der Bomber.

Nach der Rückkehr in sein Geburtsland Südafrika warten andere Herausforderungen auf ihn. Bereits 1914 hat er angesichts eines Generalstreiks ohne Zögern das Kriegsrecht verhängt und die Minenarbeiter ohne jedes Rechtsverfahren ausgewiesen, was gelinde gesagt etwas außerhalb der Legalität lag. Nach dem Ersten Weltkrieg spitzt sich die Situation noch weiter zu: Von antikolonialen und kommunistischen Revolten ermutigt, schließen sich die schwarzen Arbeiter zu einer »Arbeitervereinigung« innerhalb der African People's Organisation zusammen. Die Lage ist ernst. Smuts erklärt vor dem Parlament, dass es in Südafrika, einer »kleinen weißen Kolonie auf einem schwarzen Kontinent«, entscheidend darauf ankommt, dass »die Weißen immer wachsam und klug, straff organisiert und bereit sind, alle [Umsturz-]Versuche mit eiserner Faust zu zerquetschen«.[7] Angesichts dieser doppelten Bedrohung, die von der »Rasse« sowie von der Klasse ausgeht, fordert er von London, ihm in Form eines Militärflugzeugs samt Piloten zu Hilfe zu kommen, nicht ohne der Imperialverwaltung zu versichern, dass »die Maschine nicht gegen die weiße Bevölkerung von Johannesburg zum Einsatz kommt, sondern ausschließlich zur Einschüchterung, also zugunsten des moralischen Effekts, sollten die Ureinwohner unkontrollierbar werden«.[8]

Trotz dieser Entschlossenheit verschlimmert sich die Lage weiter. Ist es nicht weiterhin überraschend, dass die Schwarzen, diese »Kinder der Natur«, zum gewaltsamen Aufstand neigen, so erfasst der grassierende Wahnsinn nun allerdings auch das Milieu der weißen Arbeiter: 1921 wird in Südafrika eine Kommunistische Partei gegründet; zur gleichen Zeit eskaliert ein Streik (weißer) Minenarbeiter und beschwört die ernsthafte Gefahr einer Revolution herauf.[9] Höchst widerwillig sieht sich Smuts gezwungen, sein Versprechen von 1919 zu brechen und seinen Willen zur »Rassensegregation« aufzugeben. Er ordnet den Einsatz der Luftwaffe gegen die Streikenden an.[10] Letztere mögen noch so sehr Kommunisten sein, sie sind doch Weiße. Smuts hat einfach kein Glück.

Er, der »gegenüber den Arbeitern« von nichts als von

»Menschlichkeit und warmen Gefühlen« angetrieben ist, sieht sich als »Schlächter und Henker« hingestellt von jenen weißen Aufständischen, die, ihrerseits zutiefst rassistisch, außerdem den Vorwurf gegen ihn erheben, die Sache des »weißen Südafrika« zu verraten.[11] Daraus erklärt sich, wieso Jan Smuts in diesem März 1922 in Depression versinkt. Einige Zeit später zieht er sich aus dem politischen Leben zurück, um sich der Lehrtätigkeit, der Philosophie und der Abfassung seines Hauptwerks *Holisms and Evolution* zu widmen, das 1926 erscheint. Für den Augenblick findet er sich damit ab und hält sich an der Überzeugung fest, dass ihm die Notwendigkeit sein Handeln diktiert und es keine andere Wahl gegeben habe:

> Damit die Gesellschaft nicht zerfällt, muss sie sich gewiss sein, dass die Gewalt zum Einsatz kommen wird. So wird es bleiben, solange die menschliche Natur keinen tiefen Wandel erfährt. In Russland und anderswo besteht die Gefahr, die langwierigen Errungenschaften ganzer Zeitalter des Fortschritts in kürzester Zeit vernichtet zu sehen.[12]

Der »Weltbürgerkrieg«, der nach dem Ersten Weltkrieg begann, pulverisierte die alte Trennung der Welt in ein Zentrum, in dem die Gewalt vom Staat begrenzt wurde, und eine Peripherie, in der sie ein totales Ausmaß annehmen konnte. Wie wir gesehen haben, rechtfertigte man die Bombardierung der Zivilbevölkerung in der Peripherie durch die fehlende Zivilisiertheit der Kolonisierten. Dieses Argument wird von nun an auch auf gewisse Kategorien von Europäern anwendbar. Durch Ermöglichung einer strategischen Luftoffensive gegen Deutschland 1918, die von der »zivilisatorischen« Kriegsrechtfertigung nicht zu trennen ist, hat Smuts die Tür zu einer solchen Entwicklung mit aufgestoßen. Da Deutschland trotz allem zu den europäischen Nationalstaaten gehört, behält der Gedanke an den Einsatz der Luftwaffe in diesem Fall etwas Unbequemes. Und die durch die Oktoberrevolution geschaffene neue Weltlage fügt noch eine weitere Dimension hinzu: Die Bedrohung der Zivilisation muss von nun an nicht mehr notwendigerweise von außen kommen.

Bereits im Dezember 1917 – also unmittelbar nach der bolschewistischen Revolution – setzen die britischen Behörden die Luftflotte zur Einschüchterung der Streikenden in Coventry ein und gemahnen sie mittels abgeworfener Flugblätter, die Arbeit wieder aufzunehmen. Die Streiks in Kriegszeiten erzeugen in der Regierung große Unruhe: Wird die Bevölkerung trotz der Einschränkungen durchhalten? Kommt es zu einer Massenpanik, die das Land lähmt? Und die wichtigste Frage: Werden die Arbeiter dem russischen Beispiel folgen? Werden sie sich die Situation zunutze machen, um die politische und soziale Ordnung umzustürzen? Man sorgt sich schließlich sogar mehr vor der revolutionären Gefahr als vor der Auseinandersetzung in den Schlachtgräben. In den *Kriegsmemoiren* des britischen Premierministers David Lloyd George findet sich eine erstaunliche Passage: »Die Zufriedenheit und Kooperation des Arbeitnehmers war für uns ein lebenswichtiges Anliegen, denn die Agitation der Industriearbeiter beeinträchtigte unsere Fähigkeit, den Krieg fortzuführen, und unsere Siegchancen stärker noch als die militärische Macht Deutschlands.«[13]

Zweifelsohne ist Großbritannien direkt nach dem Krieg einer Revolution näher als jemals in seiner jüngeren Geschichte. Die in die Armee Eingezogenen aus der Arbeiterklasse, die das Grauen der Grabenkämpfe überlebt haben, sind weit weniger bereit, sich das Elend oder die Arbeitslosigkeit, die sie bei ihrer Rückkehr erwarten, gefallen zu lassen.

Der Zusammenbruch hundertjähriger Reiche am Ende des Ersten Weltkriegs zeigt, dass radikaler Wandel möglich ist. Eine Welle von Revolutionen – von Petrograd über Turin bis Berlin – erschüttert ganz Europa. Statt den Krieg bis zur Kapitulation der Deutschen weiterzuführen, ziehen die westlichen Regierungen einen schnellen Waffenstillstand vor. Am 9. November 1918 notiert der Generalstabschef des Britischen Reichs, Henry Wilson, folgende Szene in sein Tagebuch:

> Treffen des Kabinetts, 18:30–22 h. Lloyd George las zwei Telegramme des Tigers [Clemenceau], die von Zusammentreffen des Marschall Fochs mit den Boches berichten. Der Tiger fürchtet, dass Deutschland zusammenbricht und vom Bolschewismus eingenommen wird. Lloyd George fragte mich, ob das mein Wunsch sei oder ob ich einen Waffenstillstand vorzöge: Habe mich ohne Zögern für die zweite Lösung ausgesprochen. Das gesamte Kabinett stimmte zu [...]. Während der Sitzung trafen Kabel ein, dass Kaiser und Kronprinz nach Holland geflohen sind und die deutschen Städte sich in der Hand der Revolutionäre befanden.[14]

Clemenceau fürchtet einen Zusammenbruch Deutschlands? Offenbar gibt es einen noch fürchterlicheren Feind: »Von jetzt an ist die wahre Gefahr nicht mehr der Boche, sondern der Bolschewismus«, fasst General Wilson zusammen.[15]

Am 10. November 1918 zieht Churchill die Konsequenzen aus der neuen Situation: »Möglicherweise werden wir die deutsche Armee stärken müssen, denn der Schrecken einer Ausbreitung des Bolschewismus macht es erforderlich, dass Deutschland wieder auf die Füße kommt.[16] Der französische Oberbefehlshaber Ferdinand Foch entwirft sogar Pläne für eine gemeinsame Offensive französischer, amerikanischer und deutscher Truppen gegen die Bolschewiken. Das Bündnis der Sozialdemokratie unter Friedrich Ebert und Gustav Noske mit den Resten des deutschen Militärapparats reicht hin, um nicht nur den Spartakusaufstand niederzuschlagen, sondern um einen guten Teil der sozialdemokratischen Basis selbst gleich mit auszuschalten.[17] Diese entscheidende Schwächung der deutschen Arbeiterbewegung wird auch einen Teil zum Aufstieg des Nationalsozialismus beitragen. Umgekehrt sieht man sich zu einer Intervention in Russland gezwungen, dem neuen globalen Zentrum der kommunistischen Bedrohung, wo sich die Revolution zunehmend durchsetzt.

Die Alliierten beginnen 1918 unter Beteiligung von 14 Ländern in den russischen Bürgerkrieg einzugreifen.[18] Obwohl der deutsche Einsatz von Giftgas ab 1915 Entrüstung seitens der Westmächte hervorgerufen hat, werfen die Briten ohne zu zögern chemische Bomben auf Russland ab. Churchill hat sich bereits »nachdrücklich für den Einsatz von Giftgas gegen Barbarenstämme« ausgesprochen.[19] Zudem sind chemische Waffen eine sehr »gute Medizin für die Bolschewiken«.[20] Die Rote Armee hält sich beim Einsatz dieser Waffenart ebenso wenig zurück, so etwa 1921 gegen den Bauernaufstand von Tambow.[21] Die »Barbaren«, also jene, die man legitimerweise aus der Luft bombardieren, abschießen und mit Giftgas attackieren kann, sind nicht mehr unbedingt »gute Wilde«, die in exotischen und entlegenen Regionen leben. Die Gefahr nimmt bedrohlichere Ausmaße an: hinterhältig, mit weißem Gesicht, nähert sie sich dem Zentrum, um es sich einzuverleiben.

Die kommunistische Bedrohung rückt vor, und auch der antikoloniale Kampf kommt näher. Im Januar 1919 bricht der Unabhängigkeitskrieg in Irland aus, wo die Aufständischen die britische Armee durch eine Guerillataktik in Bedrängnis bringen. Der »Vizekönig« Lord French setzt auf die Luftkontrolle, die man in den außereuropäischen Kolonien entwickelt: Die mit Bomben und Maschinengewehren bestückten Flugzeuge stehen bereit, um »diesen jungen Schelmen von Sinn Féin etwas Gottesfurcht einzuimpfen«. In London predigt man Zurückhaltung und betont »das große Risiko, dass Unschuldige getötet oder verletzt werden, aufgrund der besonderen Schwierigkeit, von einem Flugzeug aus zwischen Unschuldigen und Schuldigen zu unterscheiden«.[22] General Nevil Macready, Befehlshaber der britischen Truppen in Irland, verlangt dennoch weiterhin die Erlaubnis zum Bombeneinsatz für den Fall, dass die Rebellen »deutlich zu erkennen« seien. Denn die offensichtliche Lösung für das Problem, das die Beweglichkeit der Guerillakämpfer erzeugt, liegt in der Allgegenwart des Flugzeugs, das hier einen entscheidenden Vorteil liefert. Die Regierung gibt schließlich nach: Im März 1921 autorisiert sie den Einsatz der Luftwaffe, aber nur in ländlichen Gebieten und gegen Einheiten, die aktiv an Kampfhandlungen beteiligt sind oder sich darauf vorbereiten.[23] Doch wie schon 1918 kommt die Entscheidung zu spät. Der im Juli erklärte Waffenstillstand verhindert, dass die Luftwaffe ihr ganzes Potenzial zur Entfaltung bringen kann.

Die »keltische Peripherie« der Britischen Inseln hat jedoch nie denselben Status genossen wie das wahre Zentrum England. Daher ist sehr viel bedeutsamer, dass auch das englische Territorium zum Ziel der konterrevolutionären Luftwaffe werden konnte. 1920 kommt das Transportministerium zu der Einschätzung, dass auf englischem Boden unmittelbar eine Revolution droht; daher macht sich Royal-Air-Force-Kommandeur Hugh Trenchard in einem Strategiepapier zur Aufstandsbekämpfung daran, die Rolle zu definieren, die der Luftflotte in der Niederschlagung des kommenden Bürgerkriegs zukommen soll. Obwohl Flugzeuge »zur Zeit eine ungenaue Waffe darstellen«, deren Einsatz in urbanen Gebieten beträchtliche Risiken mit sich bringt, empfiehlt er »in kleinen Dosen Bombenangiffe und Maschinengewehrbeschuss« gegen die von den Rebellen eingenommenen Städte, »in denen die Mehrzahl der Einwohner [dem politischen System] hoffnungslos feindlich gegenübersteht«.[24]

Aus Furcht, dass dies einen öffentlichen Aufschrei auslösen könnte, befiehlt Churchill, in der schriftlichen Kommunikation jeden Bezug auf England zu tilgen. Dennoch segnet er eine letzte Version dieses Textes ab, die Lufteinsätze in Großbritannien nur im Krieg oder in dem unwahrscheinlichen Fall befürwortet, dass Aufständische selbst Flugzeuge benutzen. In Übereinstimmung mit dieser Regelung sorgt die Royal Air Force beim Generalstreik 1926 in allen Städten Großbritanniens für die Verbreitung konservativer Zeitungen und transportiert Streikbrecher in die Betriebe, kümmert sich um die Infrastruktur und nimmt »kommunistische Rädelsführer« fest. England, im alten Weltsystem noch als Hort des Friedens wahrgenommen, wird selbst zum potenziellen Schauplatz einer Form von Gewalt, die sich einst auf die Peripherie beschränkte. Von nun an werden die Aufständischen, die Rebellen, die Kommunisten, alle Elemente, die der Destabilisierung der bürgerlichen und imperialistischen Gesellschaftsordnung verdächtig sind, den Barbaren zugeschlagen, die man ganz legitim mit Luftbombardements bekämpft. Zugleich verwischt zunehmend die alte räumliche Trennung zwischen Zentrum (Ort des Friedens und des Rechts) und Peripherie (Ort des Kriegs und der Gewalt). Die Grenze zwischen Innen und Außen hat aufgehört, zwingend eine geografische zu sein.

Dadurch gewinnt der »demokratische« Charakter der Luftwaffe eine zusätzliche Dimension, wobei umgekehrt bestimmte Aspekte nationaler Integration in den europäischen Ländern deutlich werden. In seinen Kursen am britischen Luftwaffenschulungszentrum in Andover benennt Robert Brooke-Popham die *Demokratisierung*, die *Industrialisierung* und die *Gewerkschaftsbewegung* als die drei entscheidenden Faktoren, die im Krieg zu einer stärkeren Einbindung des Volks geführt haben. De facto sei die Unterscheidung zwischen Kämpfern und Nichtkämpfern bereits hinfällig.[25] Doch auch wenn mittlerweile das ganze Volk bombardiert werden kann, so gilt zugleich, dass, frei nach Orwells Formulierung, »manche mehr zum Volk gehören als andere«. Der Klassenunterschied gehört zu den Grundpfeilern der Luftstrategie. Vielleicht hat man damit auch den roten Faden an der Hand, der sich von da an durch die europäischen Luftkriegsstrategien zieht. Wenn auch jeder zum Ziel werden kann, so trifft es doch in erster Linie die Arbeiter. Der Grund liegt darin, dass die Arbeiterbevölkerung die drei Faktoren in sich vereint, die laut Brooke-Popham das Volk mit dem modernen Krieg verbindet: Als Bürger »demokratischer« Staaten halten sie die Industrie nicht nur in Gang, sondern besitzen auch die Möglichkeit, die Produktion durch Streik oder Revolte zu unterbrechen.

Aufgrund der von ihnen verkörperten revolutionären Bedrohung befindet sich die Arbeiterbevölkerung logischerweise genau in der Schusslinie der Bomber. Sie wird sogar von zwei Seiten ins Visier genommen: von der konterrevolutionären Luftflotte der eigenen Regierung und von der bombardierenden Luftwaffe der »feindlichen Nation«. In Europa wird die Arbeiterklasse somit zum Angelpunkt der Bombardierungsstrategie. Dem liegt die Idee zugrunde, dass diese Arbeiterklasse das für die Kriegsanstrengung entscheidende Segment und zugleich der politisch am wenigsten eingebundene Teil der Bevölkerung ist. Die Industrialisierung, auf der die Stärke der europäischen Nationen beruht, hängt von der Existenz einer Arbeiterklasse ab, die aber gleichzeitig eine ständige Bedrohung für die gesellschaftliche Ordnung darstellt.

Der Luftkrieg ist demokratischer Natur, insofern für ihn das »Volk« die grundlegende politische Größe bildet. Doch wenn der Krieg zur Angelegenheit des »Volks« wird, dann deckt die Tatsache, dass die Arbeiter ins Fadenkreuz geraten, eine fundamentale Zweideutigkeit auf: Welches »Volk« gilt es zu bombardieren? Den kollektiven Souverän oder doch den »Pöbel«? Diese Uneindeutigkeit allein ist vielsagend.

Diese Doppelnatur des »Volks« wird am frappierendsten vielleicht von H. G. Wells in seinem Roman *Der Luftkrieg* veranschaulicht, der seit seinem Erscheinen 1908 einen tiefen Einfluss auf die westliche Öffentlichkeit ausgeübt hat, nicht zuletzt auf die Militärtheoretiker, die ihn immer wieder zitieren.[26] Die Geschichte ist kurz zusammengefasst folgende: Im Verlauf eines Kriegs mit den Vereinigten Staaten bombardieren deutsche Luftstreitkräfte mit Zeppelinen New York, bevor sie von chinesisch-japanischen Flugzeugen abgeschossen werden. In der Folge kommt es zum wirtschaftlichen Crash, einem weltweiten muslimischen Aufstand und dem völligen Zusammenbruch eines in organisierten Bahnen verlaufenden gesellschaftlichen Lebens.

Im bombardierten New York aus Wells' Roman »zertrümmerten [die Luftschiffe] die Stadt, etwa wie ein Kind seine Städte aus Bausteinen und Karten umwirft. Hinter sich ließen sie Ruinen und lodernde Feuersbrünste und aufgehäufte und umhergestreute Tote: Männer, Weiber und Kinder – alles durcheinander, als wären sie nichts weiter als Neger, Zulus oder Chinesen«.[27] Was haben die New Yorker mit diesen »Wilden« gemein? Sicher die Tatsache, dass man sie bombardieren und ihre Leichen aufschichten kann. Aber auch und vor allem, dass sie dazu verleitet werden, gegen die Obrigkeit aufzubegehren, nachdem das Luftbombardement die Staatsmacht außer Gefecht gesetzt hat: Als die amerikanische Regierung nach den deutschen Bombenangriffen die Kapitulation beschließt, stürzt sich das Volk in einen Kampf für nationale Unabhängigkeit. Trotz ihrer enormen Zerstörungskraft ist die Luftflotte nicht in der Lage, das Territorium zu kontrollieren: »Die Deutschen hatten nach dem Haupt gezielt – und das Haupt war besiegt und betäubt –, aber nur, um dem Körper umso mehr Freiheit zu lassen. New York war ein kopfloses, keiner Gesamtunterordnung mehr fähiges Ungeheuer geworden.«[28]

Das Bombardement macht somit das demokratische Paradoxon des Missverhältnisses zwischen verfasster Gewalt und verfassungsgebender Gewalt deutlich.[29] Mit bewundernswerter Weitsicht lässt Wells uns ab 1908 bereits erahnen, dass das Verhältnis zwischen Demokratie und modernem Krieg, das im Luftbombardement seinen symptomatischen Ausdruck findet, deutlich komplexer ist, als es die Theoretiker des »demokratischen Friedens« von heute glauben wollen. Das politische »Haupt«, die verfasste Gewalt, erkennt zwar die Notwendigkeit, unter den Bombenangriffen zu kapitulieren, doch der von blinden Regungen getriebene »Körper« der Gesellschaft wirft sich in eine nationale Volkswiderstandsbewegung, in einen Volkskrieg, wie Clausewitz es nannte. Wells zufolge liegt das Grundparadoxon der Epoche genau im Widerspruch zwischen den technischen Erfordernissen des Kriegs auf der einen und der demokratischen Teilhabe auf der anderen Seite: »Die militärische Stärke einer Nation lag jetzt nicht mehr in den Händen der vielen, sondern in denen weniger, ging vom allgemeinen über zum einzelnen. Die Tage, in denen kampfbegeisterte Infanterie noch Schlachten entschieden hatte, waren für immer vorüber. Heute war der

Krieg ein komplizierter Mechanismus, der auf einer Ausbildung und Geschicklichkeit einzelner in Einzelheiten allerverwickeltster Art beruhte. Er war undemokratisch geworden.«[30]

Unfähig, den Volksaufstand einzudämmen, bringen die Luftstreitkräfte dieses politische Paradoxon dazu, offen aufzubrechen:

> Die Hauptwirkungen des Luftkriegs waren alle derart, daß sie, nachdem er einmal angefangen hatte, fast unvermeidlich auf soziale Auflösung losdrängen mußten. [...] die ungeheure Zerstörungsgewalt, die ein Luftschiff über alles hat, was *unter* ihm ist, und seine verhältnismäßige Unfähigkeit, einen besiegten Punkt zu besetzen, zu bewachen und zu halten. Natürlich führte dies angesichts der im Zustand ökonomischer Auflösung begriffenen, ergrimmten und hungernden städtischen Bevölkerungen zu gewaltsamen und gefährlichen Kollisionen. Und auch da, wo die Luftschiffe untätig oben schwebten, gab es unten Bürgerkonflikte und leidenschaftliche Tumulte. Nichts, was diesem Zustand der Dinge zu vergleichen wäre, ist aus der früheren Kriegsgeschichte bekannt, es wären denn vielleicht die Fälle, in denen Kriegsschiffe des neunzehnten Jahrhunderts große Eingeborenenlager angriffen oder eines der Küstenbombardements, wie sie die Geschichte Großbritanniens am Ende des achtzehnten Jahrhunderts belasten. Dabei allerdings waren Grausamkeiten und Verheerungen vorgekommen, die eine schwache Ahnung von den Schrecken des Krieges in der Luft geben. Außerdem besaß vor dem zwanzigsten Jahrhundert die Welt – in der Kommunistenerhebung von Paris im Jahr 1871 – nur ein einziges, und zwar verhältnismäßig leichtes Beispiel der

> Möglichkeiten, denen eine moderne städtische Bevölkerung unter dem Druck des Krieges ausgesetzt ist.[31]

Die fortschrittlichste Waffe ihrer Zeit untergräbt so die Bedingungen ihrer eigenen Überlegenheit: Sie versetzt die moderne, komplexe und hoch differenzierte Gesellschaft in den »wilden oder barbarischen« Zustand zurück, in dem sich die Kolonien befinden und in dem uns durch die kommunistischen Aufstände zusätzlich der gesellschaftliche Rückschritt droht. Sobald der Staat einmal durch die Bomben ausgelöscht und unfähig geworden ist, die bürgerliche Gesellschaftsordnung aufrechtzuerhalten, verwandeln sich die New Yorker in »Wilde«, vergleichbar den Barbaren in den Kolonien. Hier finden die zwei Bedeutungen des Ausdrucks »Volk« wieder zusammen: Exakt der wilde »Pöbel« ist es, der sich auf den Ruinen des Staats und der bürgerlichen Zivilgesellschaft der Souveränität bemächtigt.

Heute lässt sich deutlicher erkennen, an welcher Stelle die Bombe das politische Gefüge eigentlich treffen soll. Ihr Ziel ist, die ohnehin zarten Bande zu zertrennen, die einen »Pöbel«, für den stellvertretend gewöhnlich das städtische Proletariat steht, zu einem vereinten »Volk« machen, das seinerseits die Grundlage der Staatsmacht bildet. Man bombardiert das feindliche Volk, um seine Einheit zu zerstören und die unterschwelligen Kräfte der Anarchie und Revolte freizusetzen, ohne sich hingegen die von Wells schon 1908 aufgeworfen Frage zu stellen, welche Konsequenzen eine solche Strategie für die Beendigung des Krieges nach sich zieht. In Europa wird das Volk wesentlich in seiner Beziehung zum Staat, seine politische Organisationsform, gedacht. Das Volk zu bombardieren bedeutet, den Staat zu schwächen, oder genauer, das Volk gewissermaßen dazu zu bringen, sich gegen den Staat aufzulehnen. Indem die Luftoffensive auf die Nichtübereinstimmung von Volk und Staat setzt, versucht sie den Zusammenhalt des politischen Gefüges aufzutrennen und es in den Zustand des »Pöbels« zurückzuversetzen. Daraus muss gefolgert werden, dass der Nationalkrieg genau genommen nie existiert hat: Seit seiner Erfindung in den Revolutionskriegen vom Ende des 18. Jahrhunderts kaschiert der Krieg zwischen Nationen einen Klassenkrieg. Die Unsicherheit hinsichtlich der Natur des zu bombardierenden »Volks« – kollektiver Souverän oder Pöbel – entspricht exakt diesem latenten Krieg, der im Innern der Nationen schwelt.

Militärstrategen und politische Führer sind sich dessen bewusst. Nicht von ungefähr geht die Totalisierung des Kriegs in der ersten Hälfte des 20. Jahrhunderts mit einer Reihe von Maßnahmen einher, die den politischen und moralischen Zusammenhalt der Bevölkerung sicherstellen sollen. In der Offensive geht es darum, die Einheit zwischen Volk und Staat auszuhebeln, in der Defensive soll hingegen aktiv ein Zusammenhalt im Volk hergestellt werden, der in Kriegszeiten einer durch Blockade bewirkten Hungersnot genauso standhält wie Luftbombardements. In der Praxis erfordert das eine ganze Reihe von infrastrukturellen und sozialpolitischen Maßnahmen. Doch wieso geht von der Arbeiterbevölkerung eine Gefahr aus, vor allem im Kriegsfall? Den Grund liefert das »Manifest der Kommunistischen Partei«: Die Proletarier haben nichts zu verlieren als ihre Ketten. Um die damit einhergehende Gefahr einzudämmen, muss man daher dafür sorgen, dass sie gewissermaßen etwas zu verlieren haben. Kurz, die Weltkriegserfahrung und Aussicht eines Luftkriegs machen nicht nur den Bau von Luftschutzbunkern notwendig, sondern auch eine Sozialpolitik, die die Einbindung der Arbeiterklasse fördert. Der Nationalstaat, wie er sich vom 19. Jahrhundert an bildet, entwickelt sich zunehmend in Richtung eines national-*sozialen* Staates. Dadurch schafft es der Staat, die Klassenauseinandersetzung selbst in die Hand zu nehmen und sich unterzuordnen.

Die Spitzen der Arbeiterbewegung der verschiedenen europäischen Länder ergreifen daher 1914 die Gelegenheit, die der Krieg ihnen bietet, und erlangen im Austausch gegen eine Ruhepause im Klassenkampf eine mehr oder weniger wichtige Position innerhalb der Machtoligarchien. Das heißt nicht, dass der offen ausgetragene soziale Konflikt verschwindet. Doch die Zuspitzung zu einem binären Gegensatz macht fragmentierteren Formen Platz. Der britische Premierminister Lloyd George widmet in seinen Memoiren einige höchst lehrreiche Seiten der Auseinandersetzung zwischen »kooperativen« Führern und der radikaleren »Basis«.[32] In der europäischen Geschichte der zweiten Hälfte des 20. Jahrhunderts wird es zu einer ganzen Reihe von Konflikten zwischen der institutionalisieren Arbeiterbewegung und der »Autonomie« kommen.[33] Wenn der Burgfrieden in der Arbeiterbewegung auch nicht einhellig begrüßt wird, so vergrößert er doch zweifellos den Einfluss des Staats auf die Zivilgesellschaft. Selbst in Großbritannien – ganz zu schweigen von den etatistischeren »Hobbes'schen« Ländern auf dem europäischen Kontinent – schwingt sich der Staat zum Hauptakteur in Sachen Wirtschaft und »Soziales« auf, das er im Sinne des *welfare* neu definiert und unter seine Schirmherrschaft stellt.[34]

Um beim britischen Beispiel zu bleiben: Dem Liberalen Lloyd George zufolge impliziert der »Kriegssozialismus«, dass »die Produktions- und Distributionsmittel in privater Hand verbleiben, insofern die Eigentümer sich den Forderungen und Anordnungen des Staates fügen. Dieses System ist weder das Stalins noch das Roosevelts. Es liegt unterhalb der Ideen des Ersteren, aber oberhalb der des Zweiten«.[35] Kurz, der Krieg ist nur »national«, insofern die »soziale Frage« in die nationale aufgehoben wird. Zu diesem Zweck muss der

Staat gestärkt und zu direkteren Eingriffen in die gesellschaftlichen Fragen veranlasst werden. Man muss einen national-sozialen Staat schaffen, um jenes Nation gewordene »Volk« hervorzubringen, das bereitwillig nicht nur Hungersnot und Bomben erträgt, sondern auch gegen andere, gleichermaßen zur Nation geformte Völker in die Schlacht zieht.

Der Nationenkrieg, der am Luftbombardement seinen deutlichsten Ausdruck findet, ist von der Schaffung eines neuen »Volks« nicht zu trennen. Der »Pöbel« wird von nun an in eine Gemeinschaft eingebunden, die, von einer staatlichen Klammer zusammengehalten, zugleich national, sozial und »demokratisch« ist. Das Nationale, das Soziale und das Demokratische bilden in anderen Worten die Kehrseite der europäischen Kriege des 20. Jahrhunderts: Das Bombardement ist die Hölle einer Welt, die ihr Paradies in der sozialen Sicherheit hat.

Philosophie der Bombe

Der Zug rattert durch die Ebenen Veneziens. Im Wagon herrscht eine Hitze, dass sich selbst der vornehme sechzigjährige Herr im Abteil seines Paletots entledigt hat. In seinen Bann gezogen, beobachtet ihn der Mitreisende mit zurückhaltender Neugier. Einige Minuten vor Ankunft in Treviso erhebt sich der Unbekannte, faltet sorgfältig seinen Mantel und legt ihn auf den Sitz, bevor er sich zu den Toiletten begibt. Als der Zug in den Bahnhof einfährt, kehrt er eilig zurück, holt seinen Koffer aus dem Gepäcknetz und hebt seinen Mantel auf, der durch eine ruckartige Bremsung auf den Boden gerutscht ist. Schnellen Schritts verlässt er den Zug, nachdem er sich mit einem Nicken von seinem Mitreisenden verabschiedet hat. Der Zug setzt sich wieder in Bewegung, als der nun allein im Abteil Zurückgebliebene auf dem Boden den großen gelben Umschlag entdeckt, der seinem Reisegefährten aus der Tasche geglitten sein muss. Von Neugier angetrieben schlägt der reisende Geschäftsmann das Kuvert auf und entdeckt ein Konvolut wichtig wirkender Papiere. Als er den mit Schreibmaschine auf das Deckblatt geschriebenen Titel liest, beginnt sein Herz zu pochen: »Untersuchung der Folgen der Besetzung Gorizias/Görz' im Hinblick auf eine zukünftige Kriegserklärung gegen Deutschland«. Fieberhaft überfliegt er den Text und versenkt sich in die handgezeichneten Karten, auf denen die Stellungen der österreichischen und italienischen Truppen im Abschnitt Trient verzeichnet sind. Es kann keinen Zweifel geben, dass es sich um ein militärisches Memorandum handelt, das wahrscheinlich vertrauliche Informationen enthält. Ist der Unbekannte aus dem Zug ein Spion? Der arglose Passagier sieht sich schon des Verrats beschuldigt und vor Gericht gestellt. Auf der Stelle begibt er sich zur Generalintendantur, um sich dieses delikaten Umschlags zu entledigen.

Die Militärleitung leitet umgehend eine Untersuchung ein, um in Erfahrung zu bringen, woher diese nicht unterzeichneten Papiere stammen und wer sie im Zug hat liegen lassen. Außer Informationen über die militärischen Stellungen an der Front enthält das Memorandum eine scharfe Kritik der vom Oberkommando verfolgten Strategie und bezichtigt General Cadorna implizit der militärischen Inkompetenz. Obwohl man die kürzliche Einnahme der Stadt Gorizia als großen Sieg für die italienische Armee begrüße, befinde sich diese in Wahrheit in einer kritischen Lage: »ohne Reserve und ausreichend Munition [sind] alle unsere Kräfte in einer Offensive gebunden, die bereits zum Stillstand gekommen ist, [während] unser Hinterland von alten und neuen Feinden bedroht wird [Es kann] jederzeit angegriffen und in kürzester Zeitspanne besiegt werden«.

Unnötig zu betonen, dass das Oberkommando diese Art von Kritik in Zeiten des Krieges ganz und gar nicht schätzt. Daher werden alle Hebel in Bewegung gesetzt, um den Urheber solcher zersetzenden Äußerungen dingfest zu machen. Die Militärbürokratie kommt in Gang, die Nachforschungen führen nach Rom und liefern eine erste erfolgversprechende Spur: Der Sechzigjährige aus dem Zug ist kein anderer als Gaetano Mosca, Professor für Verfassungsrecht an der Universität Turin, herausragender Politikwissenschaftler, Elitentheoretiker und kürzlich ernannter Unterstaatssekretär für die Kolonien. Bei einer Befragung gesteht er, wer ihm diese Papiere übergeben hat. Es handelt sich um Oberst Giulio Douhet.

Douhet ist für den Apparat kein Unbekannter. Geistreich und gelegentlich als Schriftsteller und Journalist tätig, gilt er als arroganter Nörgler und Querulant. Anfang 1915 – Italien wird Österreich erst am 23. Mai 1915 den Krieg erklären – wird er aufs Abstellgleis gestellt beziehungsweise nach Edolo in den Alpen geschickt. Aus Langeweile und Frustration über seine erzwungene Untätigkeit bombardiert er seine Vorgesetzten mit Berichten, die gegenüber dem Oberkommando einen immer kritischeren Ton anschlagen und schließlich für einen kompletten Strategiewechsel plädieren. Wie zu erwarten, verschwinden diese Papiere in den Mühlen der Bürokratie. Eine Gelegenheit, den Dienstweg zu umgehen, bietet sich, als Gaetano Mosca seinen einberufenen Sohn an der Nordostfront besucht. Der Untersekretär nutzt diese Reise, um einige hochrangige Militärs zu treffen, darunter der General, der ihm seinen Untergebenen Douhet vorstellt. Die beiden Männer führen mehrere Gespräche, dann steckt Mosca den gelben Umschlag mit dem aktuellsten Memorandum in seine Manteltasche und verspricht, es in einflussreichen Kreisen in Rom zirkulieren zu lassen.

Am 16. September 1916 wird Oberst Douhet verhaftet, unverzüglich seiner Funktionen entbunden und einem Militärgericht überstellt. Ihm wird vorgeworfen, ein gutes halbes Dutzend Anordnungen und Regeln der Dienstordnung verletzt zu haben. Eine davon, die vom 29. Juli 1915 datiert war, untersagte ausdrücklich jede Stellungnahme zur Kriegssituation, die den vom Oberkommando veröffentlichten Informationen zuwiderlief. Seine Schuld in diesem Punkt lässt sich kaum anzweifeln. Douhet verteidigt sich mit Berufung auf ein höheres Recht:

> Abschließend erkläre ich mit allem Nachdruck, ein reines Gewissen zu haben. Denn ich habe nichts getan, als

> einem höheren Gesetz zu folgen, das unserem Herzen tief eingegraben ist; ein Gesetz, das uns aufgibt, nicht zu zögern, wenn uns die Pflicht ruft, für das Gemeinwohl zu handeln [...]. Gewiss gibt es kein geschriebenes Gesetz, das einem übergeordneten Naturgesetz widersprechen könnte. Ich behaupte mit größter Zuversicht, dass kein Mensch mit Herz oder Gewissen einen Sohn maßregeln kann, der schreit, um die Mutter der Familie zu retten.[1]

Am 15. Oktober 1916 spricht ihn das Militärgericht schuldig. Oberst Douhet wird zu einem Jahr Gefängnis in der Festung Fenestrelle und einer Geldstrafe von 170 Lira verurteilt. Diese Erniedrigung beendet eine Militärlaufbahn, die einmal höchst aussichtsreich begonnen hatte.

In Wahrheit ist seine Karriere damit allerdings noch nicht am Ende, sie nimmt nur einen anderen Verlauf. Seine Freilassung im Oktober 1917 fällt mit der Zwölften Isonzoschlacht zusammen, dem größten militärischen Debakel Italiens im ganzen Ersten Weltkrieg. Nach dem Krieg kommt ein Untersuchungsausschuss zu dem Schluss, dass dieses Desaster hätte vermieden werden können, wenn man 1916 manchen Empfehlungen aus dem inkriminierten Memorandum gefolgt wäre. Douhet ergreift diese Gelegenheit, um seinen Fall neu aufrollen zu lassen. Im November 1920 wird er rehabilitiert und zum General befördert. Nachdem er seinen Dienst quittiert hat, widmet er sich der Schriftstellerei und dem Journalismus. Politisch dem Faschismus nahestehend, nimmt er 1922 am Marsch auf Rom teil und versucht, eine »faschistische Luftflotte«[2] aufzubauen. Seine Bemühungen, in den aktiven Dienst zurückzukehren, scheitern am Widerstand der Militärführung.

Die Nachwelt wird sich seiner vor allem als avanciertestem Theoretiker des strategischen Bombardements erinnern.

Sein Hauptwerk *Die Luftherrschaft* – erstmals 1921 erschienen und beträchtlich erweitert 1926 neu aufgelegt – nimmt bis heute eine zentrale Stellung in militärischen Debatten ein. Seine Stärke liegt in der systematischen Argumentation für die Überlegenheit der Luftstreitkräfte über die Land- und Seestreitkräfte. Für Douhet kann die Luftflotte allein einen Krieg gewinnen. Daher empfiehlt er, auf schwere Bomber zu setzen und sie bereits zu Beginn der Kampfhandlungen gegen Infrastruktur, Industrie und die Städte des Feindlandes einzusetzen. Mit Spreng- und Brandbomben sowie Giftgas bestückt sollen die Flugzeuge den Gegner paralysieren und so dem Krieg ein schnelles Ende setzen. Zwar würde ein auf diese Weise ausgetragener Konflikt Gewalt von unerhörtem Ausmaß entfesseln, doch er wäre zeitlich begrenzt. Dabei würde er zweifellos einige Zehntausende zivile Opfer fordern, aber gleichzeitig – wenn man überholte Konzepte wie die Unterscheidung zwischen Kämpfern und Zivilisten über Bord wirft – Millionen von Soldaten schonen. Kritiker Douhets haben in seinem Plädoyer für einen erbarmungslosen Angriff auf Zivilisten eine logische Folge seines Engagements für den Faschismus gesehen.[3] Denn passt die Strategie, die Zivilbevölkerung ins Visier zu nehmen, nicht zu der Menschenverachtung, die den Faschismus charakterisiert?

So verlockend diese Deutung auch sein mag, sie stößt auf eine ernste Schwierigkeit: Douhet ist nicht immer ein Parteigänger des Bombardements gewesen. Im Gegenteil, seine militärischen Überlegungen fügen sich ein in eine kosmopolitische, ja sogar pazifistische Denktradition.

In seinen ersten Schriften zur Luftfahrt, die 1910 erschienen, erklärt er kategorisch:

> Kein Bombardement hat sich jemals als entscheidend erwiesen, außer wenn es Feiglinge traf. [...] Von einem

Zeppelin aus Bomben auf eine Stadt abzuwerfen, wäre ein unnützer und barbarischer Akt. [...] Mit dem Gewissen eines Menschen meines Jahrhunderts weiß ich, dass es Verfahren gibt, die man unmöglich auf ehrenhafte Weise einsetzen kann, den Kriegsfall mit eingeschlossen. [...] Wir dürfen nicht einmal erwägen, eine Operation gegen wehrlose Städte durchzuführen. Es würde sich um einen derart barbarischen Akt handeln, dass es das Gewissen der zivilisierten Welt empörte und seinen Urhebern mehr Schaden zufügte als seinen Opfern.[4]

In seinen 1914 bis 1915 an der Volksuniversität Turin gehaltenen Kursen, die 1915 unter dem Titel *L'arte della guerra (Die Kunst des Krieges)* erschienen, schließt er ebenfalls jeden Einsatz der Luftwaffe gegen Städte aus.[5]

Am 3. Juli desselben Jahres äußert er sich allerdings vorteilhaft über den Bau von Bombern. In einem Artikel, in dem er auch auf die Ideen von H. G. Wells Bezug nimmt, erinnert er daran, dass kürzlich ein deutsches Flugzeug einen Abstecher in den französischen Luftraum unternommen habe. Einige Monate später, am 20. November, spricht er sich offen für strategisches Bombardement urbaner Zentren aus.[6] Wie und warum konnte es im Zeitraum weniger Monate zu einem solchen Meinungsumschwung kommen? Wie wir sehen werden, hängt diese Strategieentscheidung nicht mit seinen faschistischen Ansichten, sondern eng mit den Antinomien des liberalen Pazifismus zusammen. Bevor wir dieser Spur weiter folgen, empfiehlt es sich, einige Worte über diesen umtriebigen Mann zu verlieren, der nach Machiavelli wohl als berühmtester italienischer Stratege zu gelten hat.[7]

Giulio Douhet wurde am 30. Mai 1869 in Caserta, einer Stadt nördlich von Neapel, in eine aus Nizza stammende Soldatenfamilie geboren, die seit Generationen im Dienste des Hauses Savoyen stand. Als Nizza von Italien an Frankreich abgetreten wird, lässt sie sich in Turin nieder. Der junge Giulio folgt der Familientradition und schreibt sich in die Artillerieakademie ein. Er schließt als Bester seines Jahrgangs ab und widmet sich dann einem Ingenieurstudium, zuerst an der Technischen Hochschule Turin, später dann an der Kriegsakademie. Nach einigen Stellen, die er nur kurz bekleidet, wird er 31-jährig zum Hauptmann befördert und in den Generalstab berufen.

In einer Reihe von Lehrgängen behandelt er die Mechanisierung der Streitkräfte durch Verbindung technischer, taktischer und logistischer Erwägungen, spricht aber nicht über gepanzerte Fahrzeuge, wie es andere Militärdenker seiner Zeit tun.[8] Dass er Panzer, d. h. Möglichkeiten des Positionswechsels auf dem Schlachtfeld nach dem Ersten Weltkrieg aus seinen Überlegungen ausspart, bleibt eine der Konstanten seines militärischen Denkens.[9] Eine weitere Konstante ist seine Überzeugung, dass technische und wissenschaftliche Innovation die Voraussetzung für Wirtschaftswachstum und Erhöhung der militärischen Schlagkraft bilden, insbesondere für ein Land wie Italien, das kleinste der europäischen Großmächte.[10] 1905 wird er zum Kommandeur einer Einheit von *Bersaglieri*, einer motorisierten Elitetruppe, ernannt.

Ab 1904 macht er als Journalist mit dem Pseudonym »Capitano x« von sich reden, unter dem er in der Genueser Tageszeitung *Caffaro* eine Artikelreihe über den Russisch-Japanischen Krieg veröffentlicht. 1910 publiziert er in der Fachpresse Aufsätze über die Luftfahrt, außerdem eine Reihe militärischer Arbeiten, bevor er zwei Jahre später zum Kommandeur des Fliegerbataillons der italienischen Armee ernannt wird. Gegen die Mehrheitsposition in den Streitkräften, eher auf Zeppeline statt auf Flugzeuge zu setzen,[11] befiehlt er, ohne Autorisierung seiner Vorgesetzten, seinem Freund, dem Ingenieur Giovanni Battista »Gianni« Caproni, schwere Bomber zu entwickeln.[12] Infolgedessen wird er vom Fliegerbataillon abberufen und in die Garnison von Edolo in den Alpen versetzt.[13]

Er nimmt seine journalistische Tätigkeit wieder auf, indem er diesmal unter dem Pseudonym »Spectator« in einer Serie von 156 Artikeln für die Turiner Tageszeitung *La gazzetta del popolo* die ersten acht Monate des Ersten Weltkriegs kommentiert.[14] Da ihm im März 1915 das Publizieren untersagt wird, begibt er sich an ein *Kritisches Kriegstagebuch*, das 1921 und 1922 in zwei Bänden veröffentlicht wird.[15] In der Überzeugung, dass das Oberkommando irreversible Fehler begeht, beginnt er frenetisch mit der Niederschrift von Memoranden wie jenem, das Gaetano Mosca im Zug vergessen wird.[16] Erst einmal im Ruhestand, pendelt er zwischen Rom und seinem Landhaus in Porto Potenza Picena an der Adriaküste und betätigt sich als Schriftsteller und Journalist. Außer militärtheoretischen Abhandlungen verfasst er einige Theaterstücke und zwei nie umgesetzte Drehbücher, doch keines dieser Werke ist uns erhalten geblieben: Die Ironie des Schicksals hat die Manuskripte des Luftbombardement-Theoretikers wahrscheinlich Opfer eines Brands werden lassen, der im Zweiten Weltkrieg von einem Luftangriff entfacht wurde und das Mailänder Risorgimento-Museum beschädigte.

Wie dem auch sei, ab 1910 profiliert sich Douhet als einer der wenigen italienischen Luftfahrtspezialisten. Zunächst bleibt er skeptisch gegenüber den militärischen Möglichkeiten, die die Luftfahrt bieten soll: Aus seiner Sicht taugen Flugzeuge lediglich für Aufklärungseinsätze.[17] Bombenangriffe schließt er rigoros aus.[18] Stattdessen spricht er sich für eine internationale Übereinkunft aus, damit es überhaupt nicht erst zu einer Militarisierung der Lüfte kommt.[19] Neben dieser pazifistischen Position arbeitet er in derselben Artikelserie den zentralen Begriff der »Luftherrschaft« aus, der später seinem bekanntesten Werk den Titel geben wird.

Als die Luftfahrt atemberaubende technische Fortschritte macht, investieren alle Armeen in diese neue Waffe, ohne jedoch Einsatzdoktrinen für sie entwickelt zu haben. Douhets theoretisches Vorgehen besteht in einer Übertragung von Alfred Thayer Mahans Theorie der »Seeherrschaft« auf die Lüfte: Oberstes Ziel der Luftstreitkräfte ist die Kontrolle der Lüfte, so wie das der Seestreitkräfte die Kontrolle der See ist. In beiden Fällen geht es darum, dem Gegner die Navigationsfreiheit zu nehmen. Im Krieg muss die Marine die feindlichen Seestreitkräfte niederringen und die Luftwaffe über die gegnerische Luftflotte triumphieren, um die »Beherrschung« der jeweiligen Sphäre zu erringen. Douhet kommt folglich zu der Einschätzung, dass der Luftkrieg sich in erster Linie *in* den Lüften abspielen wird, statt *aus* der Luft geführt zu werden.

Mit diesen Positionen stellt er sich gegen Militärtheoretiker, die zu einer strategischen, nicht taktischen Anwendung der Luftfahrt raten und die daher stärker auf Zeppeline statt auf Flugzeuge setzen.[20] Aus dieser Perspektive würde es darum gehen, schnelle und gewaltsame Einfälle, Überraschungsangriffe durchzuführen. Sich zur Erlangung der Luftherrschaft in der Luft zu bekämpfen, hätte wenig Sinn, da es sich ohnehin nur um eine Vorbereitung für Angriffe auf Bodenziele handele.[21] Die ersten Verfechter des strategischen Bombardements stützen sich gleichfalls auf die Seestrategie; allerdings folgen sie im Unterschied zu Douhet nicht Mahan, sondern der französischen »Jeune École« und ihrer Theorie des Küstenbombardements.

Diese scheinbar sehr abstrakten Strategiediskussionen sind durchaus nicht beliebig: Sie entscheiden im Gegenteil über Doktrinen und damit auch über die technologische Ausrichtung. Zum Beispiel würde eine Luftwaffe, die sich an Douhets Prinzipien von 1910 orientierte, eher kleine und wendige Jagdflugzeuge bauen, während eine Luftwaffe, die auf Bombardements setzte, in schwere Bomber investieren und die Manövrierfähigkeit der Bombenlast opfern würde. In anderen Worten wären Luftstreitkräfte, die sich an Douhets Vorschlägen von 1910 ausrichteten, nicht in der Lage, ganze Städte in Flammen aufgehen zu lassen.

Wie kommt es nur dazu, dass diese pazifistische Strategie am Ende in die vollendetste Theorie des Luftangriffs auf die Zivilbevölkerung mündet? Um sich begreiflich zu machen, wie sich diese strategischen Prinzipien in ihr Gegenteil verkehren konnten, muss man ihre begrifflichen Voraussetzungen einer genaueren Untersuchung unterziehen – in der Strategie ist nämlich implizit eine ganze politische Philosophie enthalten. Zu begrifflichen Verkehrungen dieser Art kommt es umso leichter, je weniger die zugrunde liegende Philosophie explizit wird. Die Überzeugung, dass der Krieg »national« geworden ist, gehört zu den Konstanten im Denken Douhets: Nicht die Launen der hohen Herren stürzen die Nationen in den Krieg, sondern ökonomische Notwendigkeiten. Daher sind die Hauptakteure des Kriegs nicht mehr einfache Armeen, sondern komplexe Organisationen wie die Nationen.[22]

> Hinter jeder kämpfenden Streitmacht steht ein ganzes Volk mit allen Tugenden seiner Rasse, das zunehmend seine ganze Energie auf die Frontlinie konzentriert, wissend, dass es einen Kampf um Leben und Tod austrägt, bei dem man keine halben Sachen macht, ein Kampf ums Dasein. [...] Es handelt sich um eine Auseinandersetzung zwischen Nationen, und eine Nation ist erst besiegt, wenn sie die Niederlage anerkennt. [...]

Eine Armee kann man besiegen, eine Hauptstadt kann man einnehmen, aber man kann ein Volk nicht zerstören, solange es sich den Glauben und die Hoffnung bewahrt.[23]

Ist der Krieg nationaler Natur, dann muss man, um zu triumphieren, die Moral der feindlichen Nation zerstören.[24] Im Grunde liegt die Stärke einer Armee allein in der Stärke der Nation in ihrer Gesamtheit.[25]

Und diese Stärke der Nation beruht wiederum auf zwei Faktoren: einerseits auf der industriellen Leistungsfähigkeit und andererseits auf dem politischen, sozialen und »moralischen« Zusammenhalt. Diese Verbindung zwischen einem ökonomischen und einem politisch-»moralischen« Element stellt sich offensichtlich als ein Problem dar, das direkt an den Grundfesten des Liberalismus rüttelt. Douhets Gebrauch des Nationenbegriffs ähnelt tatsächlich in verschiedener Hinsicht dem von Denkern wie Adam Smith oder Emmanuel Sieyès: In allen diesen Fällen geht es um eine Verknüpfung der Ökonomie mit einer zugrunde liegenden politischen Bindekraft. Anders gewendet stellt sich dieser Begriff der Nation weniger »nationalistisch« (im modernen Wortsinn) als politisch dar: Er bezeichnet entweder die Gemeinschaft der Bürger und ihre Bindung an die gemeinschaftliche Sache – was von einer demokratischen Definition der Nation sicherlich nicht weit entfernt liegt[26] – oder ähnelt dem Begriff der »Zivilgesellschaft«, der ebenfalls ökonomische Bestimmungen mit einer »öffentlichen Meinung« verknüpft.[27] Jedenfalls lässt sich der von Douhet in Anschlag gebrachte Nationenbegriff nicht als »totalitär« bezeichnen, insofern er die Betonung auf die selbsttätige Bindung der Bürger an die Gemeinschaft und ihre Werte legt.[28]

Aus einem anderen Blickwinkel betrachtet, spielen in

Douhets politischem Denken auch das Regierungshandeln und die politische Stabilität keine geringe Rolle: Das »Volk« bildet nicht nur die Grundlage jeden politischen Zusammenhalts, es stellt zugleich einen Destabilisierungsfaktor dar. Die politische Macht ist daher genötigt, es in Schach zu halten, um Ordnung herzustellen. In dieser Perspektive befindet sich der Begriff der »Nation«, der im Zentrum von Douhets Überlegungen über den Krieg steht, weitgehend in Übereinstimmung mit dem republikanischen und sogar mit dem modernen demokratischen Denken. Als Quelle sowohl der politischen Einheit als auch der Destabilisierung ist die Nation nicht nur Hauptakteur des modernen Kriegs, sondern zugleich auch dessen Zielobjekt.[29] Wenn nun aber »der Glaube und die Hoffnung« über den Ausgang eines Kriegs entscheiden, liegt es auf der Hand, die moralische Verfassung der feindlichen Nation anzugreifen.

Die »Nation« besitzt bei Douhet noch eine andere Bestimmung, die sich von der Bedeutung unterscheidet, die der Begriff seit Ende des 19. Jahrhunderts angenommen hat: Sie definiert sich nicht durch den Gegensatz zu anderen Nationen, sodass der »Nationalismus« eine kosmopolitische Dimension keineswegs ausschließt. Douhet ruft damit eine ältere politische Semantik wach, derzufolge die Nationen, um Eric Hobsbawm zu zitieren, »weniger wünschenswert seien als eine einheitliche Welt«.[30] So gesehen erborgt sich Douhet aus dem Erbe der Aufklärung die Idee einer »europäischen Zivilgesellschaft«, die mit einer übernationalen Öffentlichkeit verknüpft ist, und erklärt, dass »die zivilisierten Nationen die öffentliche Meinung herstellen, die mit ihren eigenen Augen sieht und entsprechend ihrer eigenen Denkungsart urteilt; sie bilden eine Form von Öffentlichkeit, die mehr auf die Empfindung als auf kalte Logik gestützt urteilt«.[31]

Die Nation gründet sich auf die »Gesellschaft«, und beide

Begriffe sind transnationaler Natur. Die ebenfalls übernationale öffentliche Meinung entscheidet über gerecht und ungerecht nach Art eines Gerichtshofs der praktischen Vernunft. Wenig überraschend entspricht im Kontext des Ersten Weltkriegs diese »internationale öffentliche Meinung«, die für die Gesellschaft und die Zivilisation steht, der öffentlichen Meinung der Länder der Entente – sprich der Armee, der Douhet angehört. Den von den Mittelmächten verkörperten Feind bezichtigt er des »Militarismus«: Ihre »Machtpolitik ist nicht immer tragbar; bei einer Nation wie bei einer Person genügt es nicht, Furcht zu erzeugen, man muss sie einen auch lieben lassen. Der Mensch besitzt nicht Muskeln allein, er hat auch Herz und Geist [...]. Brutales und ungerechtes Handeln ruft noch brutalere, weil gerechte Reaktionen hervor«.[32]

Douhet verallgemeinert nicht nur die öffentliche Meinung einer der Kriegsparteien, indem er ihr das Recht überträgt, über Gerechtigkeit oder Ungerechtigkeit der Kriegshandlungen zu entscheiden. Darüber hinaus legitimiert die Gerechtigkeit ihres Kampfes für ihn auch zum Einsatz noch gewaltsamerer Mittel. Dem schließt sich eine in sich vollkommen logische Überlegung an: Gewalt, an sich tadelnswert, lässt sich nur durch eine gerechte Sache rechtfertigen. Allerdings kann nun aber nur eine Konfliktpartei auf Seiten der Gerechtigkeit stehen, was in der Praxis zu einem Problem führt: Da keine legitime Entscheidungsinstanz besteht, um über gerecht und ungerecht zu urteilen, präsentiert sich jede Seite selbstverständlich als Statthalter der Gerechtigkeit. Folglich muss das Ganze am ehesten in der Empirie entschieden werden: Wer siegt, hat einen gerechten Kampf geführt, wer verliert, einen ungerechten. Genau aus diesem Grund hatte das klassische Völkerrecht diese Frage ausgeklammert und jedem Staat ein gleiches Recht zum Krieg zugesprochen: Da der Kampf für »die Gerechtigkeit« alle Risiken zu einer Totalisierung des Kriegs in sich birgt, ist es besser, für politische, notwendig begrenzte Ziele zu kämpfen.

Doch das ist nicht alles. Einigermaßen überraschend für einen Karrieresoldaten, bezeichnet Douhet den Krieg als widernatürlich.

> Der Krieg stellt für die menschliche Gesellschaft eine Ausnahmesituation dar. Gewiss, die Tatsache, dass die Menschheit dieser Art anormaler Krise in fast regelmäßigen Abständen ausgesetzt ist, zeigt, dass noch ein langer Entwicklungsweg vor ihr liegt, dass die menschliche Gesellschaft noch lange nicht vollkommen ist und dass rechtschaffene Menschen sich unter dem Banner einer heiligen Pflicht versammeln müssen: der Pflicht, die Menschheit, an der sie teilhaben, zu verbessern; die menschliche Gesellschaft zu vervollkommnen, sie von diesem andauernden Alptraum zu befreien, der sie in fürchterlicher Unterwerfung hält, von dieser Art kollektiver Epilepsie, die das Antlitz der Menschheit verzerrt und entstellt.[33]

Diese 1915 veröffentlichten Zeilen stehen dem Pazifismus näher als dem Faschismus. Der Kriegszustand ist abnormal, er steht im Widerspruch zum Menschlichen, dem friedlichen Zusammenleben in Gesellschaft. Kriege gibt es, weil die Menschheitsgeschichte noch nicht an ihrem Ende, der friedlichen Vereinigung aller Völker, angelangt ist. Die »menschliche Natur«, für die Douhet im Ersten Weltkrieg begeistert in die Schlacht ziehen will, kommt erst allmählich in einem teleologischen Geschichtsverlauf zu sich selbst. Daraus ergeben sich zwei moralische Imperative: Man muss den Lauf der Geschichte beschleunigen und diejenigen bekämpfen, die die Menschheit auf ihrem Pfad der Gerechtigkeit und des

Friedens zurückhalten. Das Endziel dieses Geschichtsprozesses denkt Douhet mithilfe einer »*domestic analogy*«, wie es in der Theorie der Internationalen Beziehung heißt, sprich indem er sich eine supranationale Macht nach dem Modell der Staatsmacht vorstellt[34]: »bis zu diesem Tag gibt es, um die Nationen zur Ordnung zu rufen, weder Gesetz noch Sanktion, und so bleibt den Nationen als letztes Mittel, um Streitigkeiten zu regeln, nur die Gewalt«.[35]

Die Menschen haben eine nationale, mit staatlichen Zwangsmitteln gesicherte »Gesellschaft« eingerichtet und damit Brüderlichkeit und Gemeinschaftssinn erzeugt; doch da diese Bindungen auf internationaler Ebene fehlen oder nicht ausreichend entwickelt sind, stellen sich die Völker gegeneinander. Die Menschheit hat daher die heilige Pflicht, sich für ihre eigene Vervollkommnung einzusetzen, was nichts anderes bedeutet als für die Vervollkommnung einer transnationalen »Gesellschaft« zu streiten. Auf welche Weise soll das geschehen? Die Antwort Douhets speist sich ganz unzweideutig direkt aus einer pazifistischen Tradition, für die der Frieden nur durch eine supranationale Macht institutionalisiert und dauerhaft gesichert werden kann, die fähig ist, Unruhestiftern auf globaler Stufenleiter Einhalt zu gebieten:

> Ein Abkommen zwischen allen Nationen, um allgemein durchzusetzen, dass Verträge und Völkerrecht respektiert werden, würde in die Beziehungen zwischen den Nationen dasselbe Prinzip einführen, auf dem die Gerechtigkeit beruht, die im Verhältnis zwischen Personen waltet: Niemand hat Anspruch darauf, sich auf eigene Faust Recht zu verschaffen. […] Daher besteht die Notwendigkeit, im internationalen Rahmen jene Sanktionen und zu deren Durchsetzung erforder-

> liche Mittel einzuführen, die innerhalb nationaler Grenzen bereits verfügbar sind.[36]

Das Wort »Recht« taucht erneut auf – allerdings nicht in einem substanziellen, sondern in einem juridischen Sinn: Keine Nation hat Anspruch darauf, sich alleine Recht zu verschaffen, das »Recht« kann nur von einer internationalen Instanz her kommen. Douhet plädiert deshalb für die Schaffung eines »internationalen Gerichtshofs« auf Grundlage einer globalen »Magna Carta«:

> Alle Nationen müssen sich auf die Anerkennung der Magna Carta und der durch den internationalen Gerichtshof gefällten Urteile einigen; was natürlich den Aufbau einer internationalen Gendarmerie voraussetzte, die solche Maßnahmen durchsetzen kann. Diese internationale Gendarmerie würde die heutigen Heere und Seestreitkräfte ersetzen [...]. Der internationale Gerichtshof würde sich aus den erlauchtesten Persönlichkeiten aller Nationen zusammensetzen, und jede Nation erhielte Stimmen entsprechend ihrer Einwohnerzahl, da alle Menschen auf der Welt gleich sind: Die Urteile dieses obersten Gerichtshofs würden, wenn nötig, mit militärischen Mitteln vollstreckt. [...] Die Koexistenz der Nationen würde aus dem Zustand der Anarchie in ein ziviles Zusammenleben übergehen. Dies würde dem Machtmissbrauch, autoritärem Handeln und brutaler Gewalt zur Unterdrückung allen Rechts ein Ende setzen; dies würde dem Krieg ein Ende setzen, allenfalls käme es gelegentlich zu Scharmützeln zwischen Gendarmen und Missetätern.[37]

Die Einrichtung einer internationalen Macht, die ihre Beschlüsse notfalls gewaltsam durchsetzen kann, würde es erlauben, den Krieg als Beziehung zwischen Staaten zugunsten von internationalen »Polizei«-Einsätzen abzuschaffen. Die internationale Anarchie würde durch eine Weltrepublik der Zivilisation ersetzt. Es versteht sich von selbst, dass mit dieser Perspektive auch eine radikale Verwandlung des Feindbilds einhergeht: Schematisch lässt sich sagen, dass zwischen dem Dreißigjährigen Krieg und dem Ersten Weltkrieg der (europäische) Feind als »gerecht« anerkannt wird – unter der Voraussetzung, dass er eine legitime Macht darstellt (Legitimität *ad bellum*) und die Grundregeln des Kriegs (*in bello*) respektiert. Wenn er diese beiden Bedingungen erfüllte, konnte der Feind kein Verbrecher sein. Um den Ersten Weltkrieg herum wird der Krieg asymmetrisch: Es stehen einander nicht mehr zwei gleichermaßen respektable Widersacher gegenüber, der Krieg wird zum Polizeieinsatz gegen Kriminelle. Bemerkenswerterweise bezog sich der »asymmetrische« Charakter des Kriegs, von dem heutzutage so viel die Rede ist, ursprünglich auf eine moralische Asymmetrie, bevor diese auf die Ebene der Bewaffnung und Taktik übertragen wurde. Eine moralische Asymmetrie, die sich in eine teleologische Geschichtsphilosophie einschreibt.

Das Recht gehört zu den Begriffen, die Douhet aus der europäischen Aufklärung übernimmt. Traditionell dient dieses Attribut dazu, die legitime Macht, der man sich unterwerfen muss, von der unrechtmäßigen Macht abzugrenzen, der man sich widersetzen muss. Das Recht ist integraler Bestandteil des Friedens, insofern es zwischen echtem Frieden und Unterdrückung zu unterscheiden erlaubt. Augustinus beispielsweise bestimmt den Frieden als »Ruhe der Ordnung« und die Ordnung – gemäß der Gerechtigkeitsdefinition in der platonischen Tradition – als Verteilung der Dinge, jedes an seinen Platz.[38] Zunächst als göttliche Emanation gedacht, wird Gerechtigkeit in der Aufklärung zu einer durchweg menschlichen Eigenschaft. So widerfährt den Menschen Gerechtigkeit in einem »menschlich« gestalteten institutionellen und politischen Rahmen, der im Laufe einer zur Vollendung der Menschheit zustrebenden Geschichte zu einer Höherentwicklung fähig ist. Genau in diesem Sinn fasst Douhet Krieg und Frieden auf: Frieden, Recht und Menschlichkeit stehen am Ende des Gangs der Geschichte. Entsprechend sind Krieg, Unrecht und Unmenschlichkeit Relikte eines barbarischen Zeitalters.

Doch jede Argumentation, die sich auf die »Menschheit« beruft, läuft Gefahr, den Feind zu entmenschlichen. Wenn die Gerechtigkeit ein Attribut der Menschheit darstellt, dann wird Unrecht logischerweise von Unmenschen begangen. Der amerikanische Philosoph William Ernest Hocking erklärt in diesem Sinne 1918, dass die Einheit von Armee und Nation überall dazu führe, dass die Bevölkerung von einem »Kampfgeist« ergriffen sei.

> Was die Menschheit ausmacht, ist das Vermögen des Menschen, sich für eine Idee oder ein Prinzip einzusetzen und sie zu verteidigen, sodass die Auseinandersetzung über die Prinzipien zu einer Auseinandersetzung zwischen den sie verteidigenden Menschen wird. Mein Feind ist der Mensch, der ein Prinzip verteidigt, das ich als schlecht ansehen muss [...]. Diese falsche Idee an ihrer Verwirklichung in der Welt hindern, dieses schlechte Prinzip ausschließen bedeutet kraft der Wahl dieses Menschen, *ihn* auszuschließen. [...] Im Krieg geht es nicht darum, diese Personen aus der Welt auszustoßen: Es geht darum, ihre schlechten Prinzipien daran zu hindern, den Strom der Geschichte

> zu verpesten, von dem das Leben unserer Nachkommen abhängt – und deren Nachkommen.[39]

Die Karten liegen offen auf dem Tisch: Das Ziel des Kriegs besteht im Ausschluss der Verfechter schlechter Prinzipien, damit sie die Welt und die Geschichte nicht damit verseuchen. Für Douhet heißt das »schlechte Prinzip«, das es auszurotten gilt, »Militarismus«.

> Der Mensch, der sich bewaffnet, um die Rechte eines anderen zu verletzen, begeht ein Verbrechen: Ganz genauso kriminell ist die Nation, die sich bewaffnet, um den Nationen, unter denen sie lebt, ihren Willen aufzuzwingen. Der so verstandene Militarismus ist ein barbarisches und unzivilisiertes Faktum, das die Völker um mehrere Jahrhunderte zurückwirft; auf den entwickelten Menschen wirkt er abstoßend, das Gleichheits- und Gerechtigkeitsgefühl empört er. [...] Gegen diesen Militarismus, Synonym internationalen Banditentums, müssen die Welt und ebenso die Bevölkerung des Landes, das ihn hervorgebracht hat, aufbegehren: Niemand darf sich der Komplizenschaft mit einem Verbrechen schuldig machen.[40]

Jeder Mensch ist aufgerufen, die »schlechten Prinzipien« zu bekämpfen, selbst wenn die Regierung des eigenen Landes sie vertritt. Wieder stellt sich die Analyse in einen »demokratischen« Rahmen: Die Bürger sind sowohl kollektiv als auch individuell für die Handlungen der Regierenden verantwortlich. Man sollte sich also davor hüten, »den Faschismus« als Erklärung für die strategischen Optionen heranzuziehen, für die Douhet einige Jahre später votieren wird; im Gegenteil, der bewusste Angriff auf Zivilbevölkerungen steckt als Möglichkeit in der modernen »demokratischen« Einbindung in das politische Gemeinwesen, ebenso wie der Faschismus eine historische Möglichkeit der Institutionalisierung der Volkssouveränität unter anderen darstellt.[41]

Aus diesen Überlegungen zieht Douhet einen wenig überraschenden Schluss. Als absolute, zur absoluten Zerstörung fähige Waffe kann das Luftbombardement legitimerweise nur mit Blick auf einen absoluten Zweck eingesetzt werden: die Menschheit. Folglich ist es nur logisch, dass der Stratege diese Waffe der Kontrolle einer kosmopolitischen Macht unterstellen möchte, und zwar als Mittel zur Durchsetzung ihrer Beschlüsse.[42] Dieses Gedankenkonstrukt stößt offensichtlich auf eine konkrete Schwierigkeit: Eine supranationale Macht, die das internationale Recht verkörpern würde, existiert nicht. Deshalb müssen in der Praxis bestimmte Nationen das universalistische Recht in die Hand nehmen. Aus dieser Perspektive erscheinen die Luftkriegsdoktrinen, die in der Zwischenkriegszeit entwickelt werden, als direkte Verlängerung des Ersten Weltkriegs: Die verschiedenen »Kriegsziele« werden nicht mehr alleine durch die Realpolitik bestimmter Staaten diktiert, sondern bringen ein universalistisches Bestreben zum Ausdruck. Seitens der Westmächte wird die »Zivilisation« als Parole durch die »Demokratie« ersetzt, während der deutsche Rivale den expansionistischen Kulturalismus in Form des Nationalsozialismus radikalisiert. Mit der Sowjetunion taucht ein neuer *contender* am Horizont auf, der für eine andere Form von Universalismus steht, nämlich für einen internationalen Klassenkampf unter Regie der Bürokratenelite des Kreml.

Wenn Douhet zum wichtigsten Theoretiker des Luftkriegs geworden ist und seinen Arbeiten nach wie vor entscheidende Bedeutung zukommt, dann liegt das vor allem daran, dass *Die Luftherrschaft* den Fliegern überall auf der Welt eine kohärente Rechtfertigung für die Schlagkraft ihrer Waffe geliefert hat. Resümierend lässt sich sagen, dass sich das große Interesse an seinem Werk, insbesondere unter den Fliegern der angelsächsischen Welt, nicht so sehr der Neuheit seiner strategischen Prinzipien verdankt, sondern der Kohärenz, mit der sie formuliert werden. Umso erstaunlicher, dass die politisch-philosophischen Grundlagen seiner militärischen Argumentation[43] weitgehend ignoriert wurden.[44]

Der Douhetismus lässt sich durch drei Strategiethesen definieren. Zunächst bildet die Luftüberlegenheit (die Luftherrschaft) einen Hauptfaktor des Krieges, und jede Flächenoperation, ob auf dem Lande oder zu Wasser, setzt eine Beherrschung der Lüfte voraus. Zweitens lässt sich die Luftwaffe am besten autonom, das heißt als unabhängige strategische Waffe einsetzen, statt als bloße Stütze von Marine oder Heer. Daraus folgt, dass die Luftstreitkräfte institutionell unabhängig sein müssen statt den Land- oder Seestreitkräften untergeordnet. Gleichermaßen ergibt sich daraus, dass die Luftwaffe den Feind ohne Rückgriff auf andere Teile der Armee bezwingen kann. Drittens stellt die Luftflotte vordringlich eine Offensivwaffe dar. Clausewitz' Idee, dass die Verteidigung kräftesparender sei als der Angriff, trifft auf die Luftwaffe nicht zu, da die Verteidigung des Luftraums gegen das Eindringen feindlicher Flieger mit größten Schwierigkeiten verbunden ist. Die Luftflotte ist eine reine Angriffswaffe. Durch ihr nahezu unbegrenztes Zerstörungspotenzial kann sie im Alleingang über den Ausgang eines Kriegs entscheiden. Sobald sich der Feind geschlagen gibt, reichen Polizeikräfte, um sein Territorium zu besetzen. Deshalb empfehlen Douhetisten, auf Luftbewaffnung zu setzen, die komplettiert wird durch chemische Waffen und später zudem Atombomben und Interkontinentalraketen. Der Douhetismus wird in den zukünftigen Konflikten des 20. Jahrhunderts, beginnend mit dem Zweiten Weltkrieg, zur zentralen strategischen Option.

Es lässt sich unmöglich ergründen, wie der 1930 verstorbene Douhet den Konflikt analysiert hätte, in dem sein Land, Italien, aufseiten des deutschen *contenders* kämpfen sollte und nicht wie noch im Ersten Weltkrieg aufseiten der Westmächte für die Zivilisation, die Demokratie und gegen den Militarismus. Im Zweiten Weltkrieg jedenfalls schlägt seine Stunde, und seine Ideen werden zum ersten Mal im großen Maßstab in die Praxis umgesetzt: Seine Doktrinen liefern nichts weniger als das Skript für die strategische Bombardierung Deutschlands und Japans.

Erschaffung und Zerstörung eines Volkes

Viele finden an diesem Abend Schutz im engen und düsteren Keller, den man zum Luftschutzbunker ausgebaut hat. Die meisten sind der kleinen Gemeinde, die hier schon seit Jahren beim Heulen der Sirenen zusammenkommt, unbekannt. Ilse Graßmann mustert sie und versucht zu erraten, wer sie sind und woher sie kommen. Der kleine Rucksack, der alles zum Überleben Notwendige enthält, spricht Bände über den Charakter seines Besitzers, Gleiches gilt für den eleganten Koffer jener Dame, die in diesem heißen Julimonat Pelzmantel trägt. Einige, dem Erscheinungsbild nach deutlich weniger bürgerlich, haben in aller Eile ihre Habe zusammengepackt. Wieder andere mussten ihr Gepäck in einem anderen Keller oder am Rande eines Gehsteigs zurücklassen; retten konnten sie nur ihr Leben und die Kleider, die sie am Leib trugen. In einer Ecke entdeckt Ilse Graßmann eine mit Verband umhüllte Frau. Ihr Blick ist leer, die Hände vergewissern sich mechanisch der Anwesenheit beider Kinder: Ob sie an die zwei anderen Kinder denkt, die sie auf der Flucht im Rauch und den Flammen verloren hat?

Plötzlich hageln Bomben nieder. Eine Explosion nach der anderen, ohne Pause. Das Gebäude schwankt, Bodenerschütterungen laufen durch den Beton. Starr vor Angst beobachten die Insassen des Kellers, wie sich in der Decke Risse bilden und Tragpfeiler aus der Verankerung reißen. Jede Granate erzeugt ohrenbetäubenden Lärm, gefolgt von wenigen Sekunden beängstigender Stille. Ein Einschlag ganz in der Nähe bricht die Eisentür auf; Rauch und Staub dringen in den Keller. Bei einem weiteren Treffer erlischt das Licht. Panik erfasst die Gesichter. Der Bunkerwart berichtet, dass mehrere Gebäude der Straße bereits Feuer gefangen haben. Sie müssen den Keller schnellstmöglich verlassen, um nicht bei lebendigem Leibe zu verbrennen oder unter den Trümmern des einstürzenden Gebäudes begraben zu werden. Draußen bietet sich ein unbeschreibliches Bild: Wie überdimensionierte Fackeln heben sich zwei Häuser am Kopf der Straße gegen den schwarzen Himmel ab. Überall schießen die Flammen auf, die Luft kracht, schwirrt, tost. Die Dächer scheinen in den Himmel aufzufliegen, bevor das Feuer Stockwerk für Stockwerk hinabsteigt.[1]

Die im Juli 1943 durchgeführte »Operation Gomorrha«, »Feuersturm« genannt, ist der bis dato größte Erfolg, den das Luftbombardement verbuchen kann. Der Befehl, den Sir Arthur Harris, Befehlshaber des *bomber command*, am 27. Mai gab, könnte deutlicher nicht sein: »Ziel: Hamburg zerstören«. Das Stadtzentrum geht in einem gigantischen Feuer auf, die Temperatur steigt auf 800 Grad, und der Wind braust mit 240 Stundenkilometern durch die Straßen. Ungefähr 35 000 Menschen kommen in den Flammen ums Leben. Schätzungen über die Zahl der Verletzten schwanken zwischen 80 000 und 125 000 Personen.[2]

Die im Zweiten Weltkrieg gegen Deutschland und Japan geflogenen Luftoffensiven sind typische Beispiele für den »Douhetismus«.[3] Auch wenn der tatsächliche Einfluss Douhets unter Historikern umstritten bleibt,[4] so steht doch außer Frage, dass die von Großbritannien und den Vereinigten Staaten umgesetzten Luftstrategien den Lehren des italienischen Theoretikers sehr nahekommen.[5] Die alliierten Bomber werfen 1,3 Millionen Tonnen Bomben auf Deutschland ab, zerstören 40 Prozent des städtischen Raums in den siebzig größten

Städten und töten schätzungsweise 380 000 Personen.[6] Die nach dem Krieg von den amerikanischen Behörden durchgeführte Untersuchung (*United States Strategic Bombing Survey*) kommt zu der Einschätzung, dass durch die strategischen Bombardements eine halbe Million Menschen starben.[7] Die deutschen Behörden sprechen von 410 000 zivilen Opfern, 32 000 toten »Ausländern oder Kriegsgefangenen« und 23 000 ums Leben gekommenen Armee- oder Polizeiangehörigen.[8] Trotz der verheerenden Wirkung wird Deutschland erst kapitulieren, als die Hauptstadt in die Hände der gegnerischen Bodentruppen fällt, sodass dieses strategische Bombardement zugleich zum schlagendsten Beispiel für das Scheitern des Douhetismus wird.

In Japan stellt sich die Lage ein wenig anders dar: einerseits wegen des Fortschritts, den die Atombombe für den Douhetismus bedeutet, und andererseits weil Japan im Gegensatz zu Deutschland einen der seltenen Fälle darstellt, in denen eine Großmacht kapituliert hat, ohne dass ein bedeutender Teil ihres Territoriums besetzt wurde. Für Deutschland lässt sich festhalten, dass die Bombenstrategie militärisch wirkungslos blieb: Wenn diese Angriffe nicht stattgefunden hätten, wäre der Krieg auf dieselbe Weise und zu einem ähnlichen Zeitpunkt zu Ende gegangen.[9] Bezüglich Japans haben wir es mit einem komplexeren Sachverhalt zu tun, denn in diesem Fall wird die Kapitulation häufig als Folge der Atombombenabwürfe angesehen. Nun gibt es jedoch auch hier gute Gründe, anzunehmen, dass die Bombenangriffe, ob konventionell oder nuklear, in keiner Weise entscheidend waren.

In Deutschland entwickeln die Alliierten vier verschiedene Strategien, die alle grundlegend auf strategischem Luftwaffeneinsatz beruhen.[10] Die erste Luftdoktrin, die »Theorie des industriellen Netzwerks«, wird von den Vereinigten Staaten bei ihrem Kriegseintritt angewandt. Diese Doktrin konzentriert sich auf eine gewisse Anzahl von Schlüsselsektoren: Auch wenn sich die Prioritäten im Kriegsverlauf ändern, stehen hauptsächlich Stromnetz, Transportnetz (Eisenbahn, Schleusen, Autobahnen) und Mineralölinfrastruktur auf der Abschussliste. Nach dieser Theorie wird die Zerstörung dieser verwundbaren und eingegrenzten Ziele erst zum Zusammenbruch der Wirtschaft des Landes und dann zu einem Volksaufstand führen, der seinerseits den Sturz der nationalsozialistischen Regierung nach sich zieht. Aus diesem Grund empfiehlt diese Doktrin auch die Bombardierung der Stadtbevölkerung, insbesondere in der Hauptstadt, sobald die Zerstörung der industriellen Knotenpunkte erst einmal Früchte trägt.

Der amerikanische Ansatz plant somit, die Mission mit dem abzuschließen, was die britische Luftwaffe an den Anfang ihres Einsatzes stellt: das *morale bombing*, sprich den bewussten Angriff auf die dichtest besiedelten Städte mit dem Ziel, die »Moral« der Zivilbevölkerung zu schwächen, und zwar zunächst mit Explosivbomben und ab 1942 dann mithilfe von Brandbomben. Die Verantwortlichen in der Royal Air Force geben ein zweifaches Ziel aus: »Zuerst müssen wir die deutschen Städte physisch unbewohnbar machen, zweitens müssen wir in der Bevölkerung ein ständiges Gefühl persönlicher Gefährdung erzeugen. Das unmittelbare Ziel teilt sich also in zwei Momente, und zwar sind zu bewirken: I. die Zerstörung; und II. die Todesangst«.[11] Nach einem offiziellen Schriftsatz planen die Briten die Zerstörung von sechs Millionen Wohnungen. Die Folge wären 25 Millionen Obdachlose, 900 000 Tote und Millionen von Verletzten durch Abwurf von 1,25 Millionen Tonnen Bomben.

Die dritte Strategie, die ab 1943 die des »industriellen Netzwerks« ersetzt, lässt sich vielleicht als »strategische Abriegelung« beschreiben. Sie konzentriert sich auf Sektoren, die direkt mit der Schlagkraft der feindlichen Streitkräfte verbunden sind, während die Theorie des industriellen Netzwerks die Zerstörung von Zielen weiter oben in der industriellen Kette vorsieht. Diese strategische Neuausrichtung wird notwendig, nachdem ein mit der deutschen Wirtschaft befasster Ausschuss endgültig zu dem Ergebnis kommt, dass die Theorie des industriellen Netzwerks die Fähigkeit des Feindes, beschädigte Einrichtungen zu reparieren und zu ersetzen, unterschätzt hat. Ganz oben auf der Liste amerikanischer Ziele stehen nun nicht mehr Kraftwerke, sondern Produktionsstätten für Kugellager, die für Motoren, also für die Versorgung der Armee mit Fahrzeugen und insbesondere Panzern benötigt werden.

Die letzte Strategieoption, die sich ab 1943 abzeichnet, geht von der Überlegung aus, dass eine Invasion Deutschlands unvermeidlich ist. Damit wird das Scheitern des autonomen Bombardements anerkannt. Vor diesem Zeitpunkt folgten die Alliierten, vor allem Großbritannien, der Einschätzung, dass allein die Rote Armee über ausreichende militärische Kapazitäten verfügt, um die Wehrmacht am Boden zu schlagen. Der Beitrag der Westmächte musste sich daher auf den Luftkrieg beschränken. Somit wendet man in Europa an, was man mehr oder weniger erfolgreich seit einem Vierteljahrhundert in den Kolonien praktiziert hat: Siegen, ohne sich mit einer Besatzung des Territoriums zu belasten. Gründe für die Abkehr von dieser Strategie gibt es mehrere: Zunächst einmal drängen die Sowjets auf Eröffnung einer zweiten Front in Europa; außerdem zeichnet sich der Kalte Krieg bereits am Horizont ab: Die Westmächte, insbesondere die Amerikaner, möchten vermeiden, dass das gesamte deutsche Gebiet in die Hände der UdSSR fällt. Weniger als ein Jahr vor Ende des Konflikts, zu einem Zeitpunkt, als sich der Krieg vor allem an der Ostfront – ohne strategische Lufteinsätze – abspielt, landen die alliierten Kräfte in der Normandie. Lufteinsätze zur »operativen Abriegelung« unterstützen ihren Vormarsch durch Angriffe auf die Versorgungskette der deutschen Armee (Waffen, Munition, Verpflegung) sowie auf Eisenbahnen, Häfen und Straßen im Hinterland.

Gegen Japan sieht die Chronologie deutlich anders aus: Zu Beginn des Kriegs im Pazifik setzen die Amerikaner auf eine Seeblockade, da Japan aufgrund seiner Abhängigkeit vom Rohstoffimport auf diesem Wege besonders verwundbar ist. Diese Strategie braucht Zeit, doch schließlich zeigt sie entscheidende Wirkung: Im Juli 1945 sinken die japanischen Produktionskapazitäten quasi auf null.[12] Das Luftbombardement hingegen ist wegen der großen Entfernung der amerikanischen Basen technisch anspruchsvoll. Erst mit Einnahme der Marianen im Sommer 1944 kommt Japan in den Aktionsradius der amerikanischen Luftflotte. Bis zu diesem Datum hatte sich die Air Force damit begnügen müssen, die Abrieglungskampagne unter Führung der Marine zu unterstützen.

Die Neuorientierung 1945 erklärt sich teilweise aus der Rivalität zwischen den verschiedenen Teilstreitkräften. Die Marine kann behaupten, die wirtschaftliche Macht des Feindes gebrochen zu haben, und exakt die von ihr versenkte Tonnage angeben, während die Auswirkungen des Präzisionsbombardements sehr viel schwieriger zu quantifizieren sind – ein beträchtlicher Nachteil im Zahlenkrieg, der zwischen den Land-, See- und Luftstreitkräften entbrennt. Trotz Widerstand seitens der Air Force legt sich das amerikanische *Joint War Plans Committee* auf die Zielvorgabe einer Invasion Japans im Juli 1944 fest. Die Luftwaffe sieht sich nun hinsichtlich der Budgetzuteilung nach dem Krieg in Bedrängnis: Wie soll man die Luftflotte weiter als entscheidende Waffe darstellen können, wenn der Krieg sowohl in Europa als auch in Asien mit einer klassischen Invasion des feindlichen Territoriums endet? Die Air Force muss belegen können, dass sie es ist, die die Bedingungen für den Einmarsch geschaffen hat. Und sie muss nicht nur bezifferbare Ergebnisse liefern, sondern auch solche, deren Bilder die amerikanischen Kinos in ihren Nachrichtenprogrammen verbreiten können. Am besten wären spektakuläre Erfolge, die die Öffentlichkeit beeindrucken.

Und so nimmt man das mörderischste strategische Bombardement in Angriff, das es in der Geschichte je gegeben hat. Die Kampagne beginnt am 9. März 1945 mit Brandbombenangriff auf Tokio mit 84 000 bis 100 000 Toten. Da ein großer Teil der Wohnungen aus Holz besteht, geht zwischen einem Viertel und der Hälfte der Stadtfläche in Flammen auf. Im Verlauf der folgenden Monate greift die Luftflotte 66 weitere Städte an und zerstört jedes Mal um die 40 Prozent der Fläche. 22 Millionen Menschen, etwa 30 Prozent der japanischen Bevölkerung, werden obdachlos. Die Zahl der Toten durch diese Angriffe (900 000) liegt über der der getöteten Soldaten (780 000). Japan entgeht chemischen und biologischen Kampfstoffen nur dank eines Vetos durch Churchill, der glaubt, dass der Einsatz dieser Waffen gegen Japan nur Deutschland einen Vorwand liefern würde, sie seinerseits gegen Großbritannien einzusetzen. Atombomben dagegen werden am 6. und 9. August 1945, also nach der Kapitulation Deutschlands, über einem Land abgeworfen, das zu großen Teilen bereits durch konventionelle Brandbomben zerstört ist.

Japan kapituliert am 15. August 1945, zur großen Freude der Luftstrategen und Atombomben-Apologeten: Ist es nicht offensichtlich, dass Luftstreitkräfte und Nuklearwaffe das Kriegsende herbeigeführt haben? Dieses spektakuläre Ereignis überdeckt andere Faktoren, die gleichwohl entscheidend sind: Im August 1945 liegt ein großer Teil der Industrieproduktion danieder, die Ölreserven sind erschöpft, die japanische Armee erleidet in der Mandschurei eine herbe Niederlage gegen die Sowjets, und die Invasion der Amerikaner steht kurz bevor. Mit einem Wort, Japan hätte zu diesem Zeitpunkt in jedem Fall kapituliert. Die behauptete Wirksamkeit der Luftwaffe und selbst der Atombombe ist stark übertrieben.

Im Unterschied zur Bombardierung Japans, die keine sechs Monate dauert, zieht sich der Luftangriff auf Deutschland über fünf Jahre hin, allerdings mit stark variierendem Rhythmus. Zwischen Mai 1940 und Juli 1941 gibt die Royal Air Force die Doktrin des *morale bombing* zugunsten von operativen Abriegelungseinsätzen auf. Denn London, das sich (umso mehr nach der Besetzung Frankreichs) näher an der Front befindet als Berlin, fürchtet einerseits Vergeltungsmaßnahmen und will andererseits den deutschen Vormarsch bremsen, indem es zunächst die Ölversorgung und die von der Armee benutzten Rangierbahnhöfe angreift, um sich mit Beginn der Luftschlacht um England schließlich der Luftfahrtindustrie zuzuwenden. Ab 1942 kehrt die Royal Air Force zu ihrer eigentlichen Strategie, dem *morale bombing*, zurück, wobei sich gegen Ende des Kriegs auch die U. S. Air Force anschließt. Die Amerikaner ihrerseits setzen auf strategische Abriegelung, indem sie wiederholt Schweinfurt angreifen, wo die Hälfte der gesamten Kugellagerherstellung der Achsenmächte konzentriert ist. Trotz verursachter Schäden wird die Produktion lediglich kurzzeitig unterbrochen, und bei der Wehrmacht scheint es auch nicht zu Engpässen beim Nachschub an Radlagern zu kommen. Aus diesem Grund zeichnet sich mit Eröffnung der Westfront ein erneuter Strategiewechsel ab. Der Schwerpunkt wird von nun an auf Erdöleinrichtungen und Transporte gelegt.[13]

Diesem Schwanken und Verlagern der Prioritäten zum

Trotz geben die Alliierten nie ihre Angriffe auf dichter bevölkerte Orte auf, selbst als offensichtlich wird, dass das Reich nicht von innen her zusammenbrechen wird. Die Voraussage Trenchards, dass die feindliche Regierung unter dem Druck der bombardierten Bevölkerung um Frieden bitten wird, erfüllt sich nicht. Aber statt ihre Strategie zu ändern, greifen die Alliierten zunehmend auf zynische Rechtfertigungen zurück, wie etwa Winston Churchill im April 1941: »Es gibt weniger als 70 Millionen hasserfüllte Hunnen: Einige kann man heilen, andere töten«.[14] Doch wenn das Ziel darin besteht, die Bevölkerung zur Revolte aufzustacheln, sie zu »heilen« oder zu töten, dann muss man bald erkennen, dass sich die Aufgabe der Luftwaffe schwieriger gestaltet als angenommen. Schnell zeigt sich nämlich, dass die klassischen Explosivbombenangriffe im Allgemeinen weniger als tausend Menschenleben fordern, was nicht nur reichlich enttäuschend, sondern auch höchst ungenügend ist, um den gewünschten Heilungserfolg zu erzielen.

Schnell wird man sich darüber klar, dass Sprengstoffe allein eine ganze Stadt nicht zerstören können und ein spürbarer Effekt nur von einem Flächenbrand zu erwarten ist. Moderne Steingebäude, Brandwände und gut ausgebildete Feuerwehren stellen jedoch schwer zu überwindende Hindernisse dar. Dazu kommt die Ungenauigkeit der Luftschläge. Ein offizieller Bericht von 1941, der »Butt Report«, macht das Ausmaß der Erfolglosigkeit greifbar. Selbst wenn man einen Einschlag in einem 8-Kilometer-Radius um das Ziel als »Erfolg« definiert, gelingt nur einem von drei Bombern ein Treffer. Schlimmer noch, diese Zahlen beziehen sich auf *die Gesamtheit* aller Einsätze an allen Kriegsschauplätzen. Wenn man nur das deutsche Territorium im engeren Sinne betrachtet, fallen die Ergebnisse noch enttäuschender aus: Auf das ganze Land gerechnet, gelingt einer von vier Bombenangriffen, von den Abwürfen auf Industrieanlagen im Ruhrgebiet trifft einer von zehn und in Neumondnächten nur einer von fünfzehn.[15]

Doch die Verteidiger des *morale bombing* sind weit davon entfernt, klein beizugeben, und reagieren auf den »Butt Report« mit einer schlagend einfachen Replik: Wenn sich Präzisionsschläge als schwierig erweisen, muss man nur ein ausreichend großes Ziel auswählen, beispielsweise eine Stadt mit einem Radius größer als 8 Kilometer, und sie mit ausreichend vielen Flugzeugen angreifen. Wenn Explosivstoffe nicht ausreichend Schaden anrichten, gilt es auf Brandbomben umzustellen. Also wird eine ganze Armada von Experten mit der wissenschaftlichen Erforschung der Schwierigkeiten und der Entwicklung technischer Lösungen beauftragt. Mathematiker machen sich daran, die statistische Kollisionsgefahr im Inneren dieser gigantischen Luftgeschwader zu berechnen,[16] doch den wichtigsten Beitrag steuern Brandingenieure bei, die meist der Feuerwehr entstammen.[17] Auf die theoretischen Berechnungen folgt die praktische Erprobung. Im Bundesstaat Utah, 100 Kilometer südwestlich von Salt Lake City, baut der Architekt Erich Mendelsohn ein »deutsches Dorf«. Als Anhänger des Modernismus der Weimarer Zeit hatte sich Mendelsohn dem Ziel verschrieben, eine neue Wohnkultur zu schaffen. Nach seiner Flucht nach Großbritannien und später in die Vereinigten Staaten erhält er 1943 den Auftrag, deutsche Arbeiterquartiere so getreu wie möglich nachzubilden. Auf Anraten eines Experten an der Fakultät für Architektur in Harvard lässt man Holz aus Murmansk kommen und von Soldaten wässern, um einen mit Berlin vergleichbaren Feuchtigkeitsgrad zu erreichen. Bühnenbildner des Filmstudios RKO Pictures rekonstruieren mithilfe von Handwerkern, die bereits in Deutschland gearbeitet haben, detailgetreu das Interieur einer Berliner Arbeiterwohnung. Danach werden die Gebäude mit Brandbomben in Schutt und Asche gelegt, damit die Ingenieure die Ausbreitung des Feuers studieren können. Am Ende bauen Insassen des Staatsgefängnisses von Utah das Dorf wieder auf, und der Kreislauf beginnt von Neuem.[18]

Um bei der vom »Butt Report« bemängelten Trefferungenauigkeit Abhilfe zu schaffen, gründet die Royal Air Force 1942 eine auf Ziellokalisierung spezialisierte Einheit aus erfahrenen Piloten. Diese *pathfinders* fliegen am Kopf des Geschwaders und grenzen das zu bombardierende Gebiet mit Leuchtbomben ab. Der *master bomber*, mit Beinamen auch »Zeremonienmeister«, kreist über den anderen Maschinen und leitet ihren Flug per Funk an. In mehreren Wellen werfen die Bomber ihre Ladung in den markierten Umkreis ab. Der erste Angriff erfolgt mit Explosivstoffen. Schwere Bomben durchschlagen die Gebäude von oben nach unten, die Detonationen sprengen Türen und Fenster auf, was für die notwendige Luftzufuhr sorgt, und zerstören die Wasserleitungen, sodass die Feuerwehr zum hilflosen Zusehen verdammt ist. Leichtere Bomben reißen die Dächer auf und legen Gebälk und Dachböden frei – die entzündlichen Partien, die sich glücklicherweise gerade im oberen Bereich der Gebäude befinden. Nun sind die Voraussetzungen geschaffen, um mit Brandbomben den zweiten Teil des Angriffs einzuleiten, der eine enorme Feuersbrunst entfacht und eine ganze Stadt in ein Flammenmeer verwandelt.

Entgegen dem Bild der Allmacht, das die Luftwaffe transportiert, ist die Mortalitätsrate der Bomberbesatzungen außerordentlich hoch. Auf die 125 000 an Bord von Flugzeugen des britischen *bomber command* eingesetzten Männer zählt man 73 741 Verluste: Tote, Verletzte oder Kriegsgefangene. Daher wird niemand gezwungen, gegen seinen Willen auf den Bombern Dienst zu tun. Wer einmal vom *bomber com-*

mand rekrutiert worden ist, fliegt üblicherweise dreißig Einsätze. Bei einer Verlustrate von 3,3 Prozent pro Einsatz bleibt statistisch eine Überlebenschance von 36 Prozent. Beim ersten Angriff auf Berlin im August 1943 verliert die Royal Air Force 7,9 Prozent des beteiligten Personals; auch die U. S. Air Force bezahlt einen hohen Preis für die zeitweilige Zerstörung der Kugellagerfabriken am 17. August: Sie büßt ein Drittels der über Schweinfurt eingesetzten Flugzeuge ein. Nicht nur, dass die Bombardierung der Stadtbevölkerung dem im Ersten Weltkrieg kultivierten Ritterideal diametral entgegengesetzt ist, sondern der Dienst an Bord eines Bombers erweist sich auch buchstäblich als Himmelfahrtskommando.

Die strategischen Bombardements des Zweiten Weltkriegs lösen selbst heute noch so viel Unbehagen aus, dass es schwer scheint, die historische Analyse von einer normativen Bewertung zu trennen. Der Schriftsteller W. G. Sebald bemerkte 1999, dass es der deutschen Literatur nicht gelungen war, das durch die Bombardements verursachte Trauma hinreichend zu erfassen.[19] In der Tat blieb hinsichtlich des Luftkriegs einiger Spezialstudien zum Trotz eine seltsame Leerstelle in Geschichtsschreibung und kollektiver Erinnerung, bis im Jahr 2002 mit *Der Brand* das erste dem Leid der deutschen Zivilbevölkerung gewidmete Buch erschien. Der Verfasser, der Historiker Jörg Friedrich, hatte sich bereits mit einem Standardwerk über die nationalsozialistische Justiz[20] und einem Band über den Vernichtungskrieg der deutschen Armee in der Sowjetunion[21] einen Namen gemacht. Revisionistischer Tendenzen ist er daher unverdächtig. Dennoch hat sein Buch über den Luftkrieg heftige Polemik auf sich gezogen. Man hat ihm vorgeworfen, den Kontext der alliierten Bombardements, einen von Deutschland ausgehenden Krieg, ausgelassen zu haben: Ist es legitim, den bewussten Angriff auf die deutschen Zivilisten und das ihnen zugefügte Leid zum Gegenstand einer historischen Analyse zu machen?

Die deutsche Geschichtsschreibung pocht üblicherweise darauf, dass die ersten Städtebombardements des Zweiten Weltkriegs, nämlich die Angriffe auf Warschau, Rotterdam und Coventry, von der deutschen Luftwaffe verübt wurden, bevor es zur Bombardierung Hamburgs und Dresdens kam. Zwei Bemerkungen sind angebracht: Eine andere, hauptsächlich angelsächsische Geschichtstradition hat gezeigt, dass diese an sich unstrittige Chronologie nur bedingt Aussagekraft besitzt. Die lange Zeit von einem konservativen Offizierskorps dominierte deutsche Militärdoktrin empfiehlt am Ende des Ersten Weltkriegs einen taktischen und nicht einen strategischen Einsatz der Luftstreitkräfte. Der Blitzkriegstrategie folgend, greift die Fliegerei nur zur Heeresunterstützung ein: Wie bei einer Kontinentalmacht zu erwarten, besteht das vordringliche Ziel in der Gebietseroberung und nicht, wovon der strategische Einsatz der Luftwaffe träumt, dem Sieg ohne Besatzung. Überraschender mag schon sein, dass die 1936 (also unter nationalsozialistischer Herrschaft) eingeführte Luftdoktrin festhält: »*Der Angriff auf Städte zum Zweck des Terrors* gegen die Bevölkerung ist *grundsätzlich* abzulehnen«.[22] Das schließt natürlich nicht aus, dass von dieser Regel auch abgewichen werden kann, doch es steht dem Bau schwerer Bomber entgegen, die für die Durchführung einer umfassenden strategischen Kampagne unerlässlich sind.

Wenn es so schwerfiel, diesen Tatsachen Rechnung zu tragen, dann liegt es einfach daran, dass seit 1945 im Westen die Tendenz vorherrschte, die historische Erzählung auf den Gegensatz von liberaler Demokratie und Diktatur zu gründen und dabei häufig Faschismus und Kommunismus auf eine Stufe zu stellen. Erst seit jüngster Vergangenheit versucht man, den Nationalsozialismus nicht einfach als Pathologie zu begreifen, sondern als mögliche Verlaufsform der Krise der Moderne.[23] Dieser Ansatz ermöglicht außerdem, was lange Zeit als absolutes Tabu galt[24], Vergleiche zwischen den Demokratien und den faschistischen Regimen zu ziehen, nicht um sie auf eine Ebene zu stellen, sondern um etwaige Übereinstimmungen, potenzielle Widersprüche und die Unterschiede der industriellen und nationalstaatlichen Gesellschaften des 20. Jahrhunderts zu verstehen.[25]

Die Geschichtsdebatte scheint sich auf die Frage zu konzentrieren, ob die deutsche Zivilbevölkerung als Opfer des alliierten Luftkriegs angesehen werden kann oder ob die strategischen Bombardements eine brutale, aber notwendige Reaktion auf den deutschen Angriff waren. Die Frage, wer »angefangen« hat, Deutsche oder Briten, ist nicht nur kindisch, sondern verdeckt auch die wahren Probleme. Zunächst einmal wird die Frage in dieser Formulierung offensichtlich falsch gestellt, denn, wie wir gesehen haben, wurde die erste Bombe weder von einem deutschen noch von einem britischen Piloten, sondern von einem italienischen Flugzeug in Libyen abgeworfen. Zweitens wird so die historische Analyse über Bord geworfen und durch normative Anliegen ersetzt. Vielleicht brauchen wir statt Apologetik und Schuldzuweisungen Klarheit. Es geht nicht darum, über strategische Absurditäten zu lachen oder diejenigen zu betrauern, die bei lebendigem Leib verbrannt oder erstickt sind, sondern darum, die grundlegende politische Bedeutung dieser Art Kriegsführung zu begreifen. Wie alle strategischen Einsätze der Luftwaffe ist auch die Bombardierung Deutschlands von der »demokratischen« Hypothese geleitet, dass die Politik eines Regimes in letzter Instanz von der Unterstützung durch das Volk in seiner doppelten Bedeutung als kollektiver Souverän und als »Pöbel« abhängt. Folgerichtig fordert ein britisches Dokument von 1942, dass die Bombenangriffe zum Ziel haben müssen, »die Moral der feindlichen Zivilbevölkerung und insbesondere der Industriearbeiter zu brechen«.[26] Es geht, entsprechend den seit dem Ersten Weltkrieg entwickelten Konzepten, darum, das »Volk« zu bombardieren, damit das industrielle Proletariat sein Potenzial zur Destabilisierung der Gesellschaft entfaltet und so den Staat zu Fall bringt. Mit seiner Macht, »alle gesellschaftlichen Bande aufzulösen«[27] (Giulio Douhet), muss das Bombardement das »Volk«, den kollektiven Souverän, in den Zustand aufständischen »Pöbels« versetzen.

Der Krieg schließt eine Dialektik von Angriff und Verteidigung ein, und so versuchen die Luftabwehrsysteme, diese Absicht des Bombardements zu durchkreuzen: In der Defensive bemüht man sich daher im Gegenzug um eine Stärkung des gesellschaftlichen Zusammenhalts, indem man den »Pöbel« zu einem homogenen »Volk« formt, selbst wenn es notwendigerweise seine Sozialstruktur entlang von Klassen-, »Rassen«- und Geschlechtsunterschieden behält. Erschaffung und Zerstörung eines Volks – auf diese Alternative läuft das strategische Bombardement immer wieder hinaus. Der Zweite Weltkrieg in Europa bietet ein anregendes Feld zum Studium der Art und Weise, wie die verschiedenen politischen Systeme diese fundamentale politische Einheit, »das Volk«, konstruiert haben. Die aus diesem Blickwinkel lehrreichsten Beispiele geben sicher die zwei großen Widersacher des Luftkriegs: Großbritannien als Archetyp der liberalen Demokratie und das nationalsozialistische Deutschland, die totalitäre Gesellschaft par excellence.[28]

Als Kristallisationspunkt der Militarisierung des zivilen Lebens spiegelt der Mikrokosmos des Luftschutzbunkers perfekt die kollektiven und individuellen Einstellungen einer im Krieg befindlichen Gesellschaft, die Bilder der Nation und des Volks, die Konflikte und Spannungen, die Spielarten der

Mikromacht, die Normen und Widerstandsformen.[29] Der Bunker bildet die notwendige Ergänzung zu den Systemen sozialer Sicherheit und nationaler Einbindung, die unerlässlich sind, um ein Gefühl »sozialer Gerechtigkeit« zu erzeugen, auf das sich an der »Heimatfront« die »Moral« der Bevölkerung stützt. Die Schutzräume, ob gewaltiges städtebauliches Monument oder im Untergrund versenkt, stehen da als Materialisierung der Ideen, die man sich vom Volk macht. Und der Zugang zu diesen Orten lässt ganz konkret sichtbar werden, wer mit welchen Anrechten und zu welchen Bedingungen zur nationalen Gemeinschaft dazugehört.[30]

In Großbritannien genauso wie in Deutschland sind der Kampf gegen das Feuer, die Disziplin und der Gehorsam feste Bestandteile der Organisation des Lebens unter Luftangriffen. Seine Pflicht erfüllen, zu Opfern bereit sein, sich mit seinen Leidensgenossen solidarisch zeigen, »Vertrauen« in den Staat haben – alles unentbehrliche Tugenden, um unter den Bomben standhaft zu bleiben. In diesem System lassen sich die von Auflösung bedrohten sozialen Beziehungen nur stabilisieren, wenn man die Angst in den Griff bekommt. In beiden Ländern als zutiefst politische Orte konzipiert, verdichten sich in den Schutzräumen alle Arten gesellschaftlicher Konflikte in einem Punkt. Zugleich unterliegen sie einer Dialektik von staatlich gelenkter Organisation und sozialer Selbstorganisation. In Deutschland wird die für viele totalitäre Regime typische Spannung zwischen den Instanzen des Staates und denen der nationalsozialistischen Partei in der Organisation der Bunker spürbar. Während der Luftschutz vom Luftfahrtministerium koordiniert wird, fällt die »politische Aufgabe«, die Luftschutzräume zu verwalten, den Zugang zu kontrollieren und die Moral, Disziplin und Ordnung aufrechtzuerhalten, einem nicht vom Ministerium, sondern von der Partei ernannten Bunkerwart zu, der in dieser Eigenschaft die gesamte rassifizierte Volksgemeinschaft repräsentiert. Der Bunkerwart besitzt Souveränitätsrechte: Da er bestimmt, wer in den rettenden Raum Einlass erhält und wer den Flammen überlassen wird, verfügt er über Leben und Tod. Sein britisches Pendant ist der *shelter warden*, der von der Polizei ernannt wird. Die *shelter wardens*, häufig aus dem Kreis der Kleinhändler des Quartiers rekrutiert, sind angehalten, die Moral der anderen zu stützen, indem sie sich umgänglich, hilfsbereit und verständnisvoll verhalten. In der Praxis besitzen auch sie eine ungeheure Macht im Bunker, nämlich über das Leben der Menschen, was ihnen nach den Worten eines Londoner Bürgers »presents a huge opportunity for ›Little Hitlering‹«, also hinlänglich Gelegenheit gibt, sich als kleine Hitler aufzuspielen.[31] Der Luftschutzraum verwandelt sich leicht in ein mikrofaschistisches System.

Der augenfälligste Unterschied zwischen deutschen und britischen Schutzräumen betrifft die Rassifizierung der Nationalgemeinschaft. Theoretisch besitzen in Deutschland nur Arier das Recht auf Schutz, allerdings stellt ein Rundschreiben des Luftfahrtministeriums vom Oktober 1940 klar, dass den Juden der Zugang nicht gänzlich verweigert werden könne, da man befürchtet, dass sie aus dem Luftalarm Profit schlagen und verlassene Wohnungen plündern. Man wird auch getrennte Räume für Juden und Arier bauen. Wenn dieses »Problem« mit der Massendeportation auch verschwindet, tritt es bei anderen rassistischen Kategorien sogleich wieder auf, nämlich in Form der Kriegsgefangenen und Zwangsarbeiter aus Osteuropa, denen Zugang verwehrt ist, und der anderen Ausländer, vor allem Italiener, aber auch Franzosen, die eingelassen werden, wenn der Platz reicht. Das erklärt, wieso die aus der nationalen Gemeinschaft Ausgeschlossenen unter den Bombenopfern stark überrepräsentiert sind: Im Vergleich zu einem Deutschen ist für einen »nichtarischen«

Zwangsarbeiter das Risiko viel höher, dass er unter den Bomben zugrunde geht, die ihn eigentlich hatten befreien sollen.[32]

Als Materialisierung einer zu zementierenden neuen Nationalgemeinschaft werden die Bunker häufig an Orten früherer Synagogen erbaut. Die rassifizierte Volksgemeinschaft ist buchstäblich auf der Zertrümmerung ihres Anderen errichtet. Von daher lässt sich in der Tat verstehen, dass Zeitgenossen eine dialektische Beziehung zwischen dem Bombardement und der Schoah wahrnehmen: Ein Geschäftsmann aus Hamburg schreibt in einem seiner Briefe, man müsse »bei aller Wut gegen die Engländer und Amerikaner über die Art ihrer unmenschlichen Kriegsführung [...] ganz objektiv feststellen, dass das einfache Volk, der Mittelstand und die übrigen Kreise von sich aus wiederholt Äußerungen unter vier Augen und selbst auch im größeren Kreis machen, die die Angriffe als Vergeltung gegen die Behandlung der Juden durch uns bezeichneten«.[33] Diese Verbindung, die hier als verdiente Kollektivstrafe empfunden wird, funktioniert allerdings auch in umgekehrter Richtung: Zahlreiche Briefe an Behördenstellen verlangen, die Juden »bezahlen« zu lassen für die von den Alliierten begangenen »Kriegsverbrechen«, was die Nazipropaganda ausschlachtet, indem sie die Judenverfolgung als Antwort auf den »anglo-amerikanischen Luftterror« darstellt.[34]

In Großbritannien hingegen verdichten sich die Mehrdeutigkeiten der nationalen Einbindung im Begriff des *people's war.*[35] Obwohl der Zugang zu den Bunkern offensichtlich nicht auf einer Rassenordnung beruht, werden bestimmte Kategorien von Menschen, insbesondere »die Juden«, dennoch wegen ihres angeblichen »Egoismus« und Mangels an Solidarität oder Disziplin stigmatisiert: Zum Beispiel erklärt ein Polizist im Oktober 1940, dass 95 Prozent derjenigen, die regelmäßig den überfüllten Schutzraum von Oxford Circus im Zentrum Londons besuchen, deutsche Juden und nicht echte Engländer seien.[36] So werden denn auch die Juden für die chaotischen Szenen verantwortlich gemacht, die sich häufig am Eingang der Bunker abspielen. In beiden Ländern besteht kein uneingeschränktes Bürgerrecht auf Zugang zum Luftschutz; offiziell ist er an ein Engagement für die Gemeinschaft und Übereinstimmung mit ihren Werten geknüpft. *Britishness* definiert sich ebenfalls in Beziehung auf ein rassifiziertes »Anderes«, doch im Gegensatz zu den Vorgängen im NS-Regime bietet die britische Demokratie Integrationsmöglichkeiten: Die Juden können Mitglieder der nationalen Gemeinschaft werden unter der Bedingung, dass sie sich an die »britischen« Werte anpassen und Anstrengungen unternehmen »sich zu integrieren«[37], was darauf hinausläuft, dass sie vermeintlich selbst die Verantwortung für den von ihnen erlittenen Ausschluss tragen.

Im Unterschied zu den »Rassen«-Verhältnissen ähneln sich die Geschlechterverhältnisse in den Bunkern beider Länder in erstaunlichem Maße.[38] Dies liegt schlicht daran, dass die Frauen die Grundstütze der Gemeinschaft darstellen. In Deutschland genießen sie privilegierten Zugang zu den Schutzräumen, während Männer im Alter zwischen 16 und 60 Jahren im Grundsatz ausgeschlossen sind. Nach der üblichen Aufgabenteilung soll der Mann eigentlich in den Kampf ziehen, während die Frau sich um das Heim der Familie und im weiteren Sinne auch der Nation kümmert. An sie richten sich daher die offiziellen Verhaltensempfehlungen im Fall eines Alarms. Da Frauen im Vergleich zu den Männern als weniger stabil gelten, wird ihr Angstmanagement zu einer politischen Herausforderung von höchster Wichtigkeit – und daher bedürfen sie auch der Führung durch einen zwangsläufig männlichen Bunkerwart oder *shelter warden*. Nun zeigen aber Zeugnisse von Soldaten, die Bombardements erlebt haben, als sie sich auf Heimaturlaub befanden, dass ihre Angsterfahrung in den Bunkern weit über das hinausgeht, was sie an der Front mitmachen. Nicht allein, dass sich ein Bombardement nur sehr viel schwerer ertragen lässt, wenn man nicht über Möglichkeiten der Erwiderung verfügt, sondern konfrontiert mit dem Ideal der kriegerischen und männlichen Tugenden, das sich mit dieser Passivität schwerlich in Einklang bringen lässt, werden sie auch einer symbolischen Kastration unterworfen. Allerdings wird das männliche Leid gewöhnlich ignoriert. Man interessiert sich vor allem für die Frauen, die eine paradoxe Aufmerksamkeit erfahren: Durch ihre Tugend tragen sie die Gemeinschaft, aber durch ihre Weiblichkeit (sprich ihre Schwäche) stellen sie auch eine Gefahr für den psychischen und sozialen Zusammenhalt dar. Sie befinden sich somit in einer Doppelposition vergleichbar mit der des »Volks«, das zugleich Souverän und »Pöbel« ist. Daher lässt sich die Gefahr, die vom anderen Geschlecht ausgeht, in den meisten Fällen nicht von der durch die unteren Klassen trennen.

Als beengte, häufig kaum oder gar nicht beleuchtete Räume, in denen existentielle Angst in Euphorie umschlägt, noch am Leben zu sein und nichts mehr zu verlieren zu haben, werden Bunker auch zu Orten ungeregelter sexueller Begegnungen. Bemühungen um Disziplinierung sexuellen Verhaltens scheinen in Großbritannien eine größere Rolle gespielt zu haben als im nationalsozialistischen Deutschland. Im Widerspruch zu der in den Fünfzigerjahren entstandenen Vorstellung, dass sich der Nationalsozialismus durch sexuelle Unterdrückung ausgezeichnet habe, schließt die antibürgerliche Dimension der Volksgemeinschaft auch Möglichkeiten zu sexueller Befreiung ein.[39] Der *people's war* dagegen stützt sich viel stärker auf die bürgerliche Familie und die damit verbundene Unterdrückung sexueller Abweichungen, die man den Frauen ebenso zur Last legt wie den unteren Klassen. Dies zeigt sich sehr deutlich im anfänglichen Misstrauen, das die britische Behörden den Gemeinschaftsbunkern entgegenbringen, da sie fürchten, dass die bürgerliche Tugend in der Begegnung der Klassen durch die schlechten Sitten des »niederen Volks« Schaden nimmt, was zu einer Zersetzung der Moral und dann zu einer Infragestellung der gesellschaftlichen Ordnung führen würde. Man ermutigt daher die Bürger, sich Schutzräume im eigenen Garten anzulegen, was zugleich den Vorteil mit sich bringt, dass ein Teil der Verteidigungskosten von privater Hand getragen wird – undenkbar in Deutschland, wo die kollektivistische Ideologie der Volksgemeinschaft herrscht.[40]

Die in den Bunkern versammelte Bevölkerung entstammt tatsächlich hauptsächlich dem Proletariat – zur großen Verärgerung des Bürgertums, da es sich dadurch genötigt sieht, mit jenem zu verkehren. Die Berliner Journalistin Ursula von Kardorff schreibt zum Beispiel von einer in den Bunker geflüchteten »Herde Menschentiere«, ein wahres Pulverfass, das nur durch die Gegenwart der Ordnungskräfte am Explodieren gehindert wird.[41] Die bürgerliche Wahrnehmung des Lebens in den Schutzräumen entspricht genau den Vorannahmen der Luftstrategie – der »Pöbel« wird die vom Staat garantierte gesellschaftliche Ordnung sprengen. Oder anders gesagt, die Militärstrategie ist durchdrungen von einer bürgerlichen Sicht auf die Politik.

Die Kriegserfahrung stellt Deutschland und Großbritannien vor dieselbe Herausforderung: Die nationale und soziale Einbindung muss im Rahmen eines vom Staat organisierten kapitalistischen Systems erreicht werden. Die Ergebnisse sind zwangsläufig zwiespältig, insofern die faktische Tendenz zu einer mehr oder weniger egalitären Integration[42] immer durch das Fortbestehen des Klassenwiderspruchs herausgefordert bleibt.[43] Es lässt sich dennoch schematisch festhalten, dass die Volksgemeinschaft mehr zur Vorstellung einer egalitären Gesellschaft neigt – welche mit unerhörter Gewalt durchgesetzt wird, um die bestehenden Ungleichheiten zu verdecken und jeden, der sich ihr praktisch oder symbolisch widersetzt, physisch zu vernichten. Dem *people's war* bereitet es hingegen größere Schwierigkeiten, die Einbindung der Arbeiterklasse mit dem Bild der zutiefst bürgerlichen Nation zu verknüpfen, demzufolge *britishness* eine Verbindung von Gelassenheit und trockenem Humor, Exzentrik und Ordnungssinn sowie Zuvorkommenheit im gesellschaftlichen Leben und Tapferkeit im Krieg darstellt.[44] In Großbritannien verdammt man die Luftschutzräume nicht selten als Orte, an denen sich Sozialschmarotzer tummeln, die schamlos die staatliche Unterstützung genießen, statt ihre Angelegenheiten verantwortungsvoll und von sich aus selbst in die Hand zu nehmen.[45] Der Bunker ruft also von liberaler Seite eine Kritik auf den Plan, die den Sozialstaat als Bevormundung und Schwächung des Verantwortungsbewusstseins kritisiert. Am anderen Ende des politischen Spektrums meint die gemäßigte Linke im Bunker einen Vorgeschmack auf das sozialdemokratische Paradies zu erkennen. Der Journalist Ritchie Calder färbt das Leben im Londoner Untergrund in orientalischen Tönen: »Schwarz und weiß, braun und gelb; Menschen aus der Levante und Slawen aus Osteuropa, Juden, Nichtjuden, Moslems, Hindus« mischen sich friedfertig und kommen mit Prostituierten, Soldaten, Piloten, Matrosen, Kriminellen zusammen. Der Erfolg – und Skandal – von Calders Reportagen beruht darauf, dass diese fremde und fremdländische Welt plötzlich sehr nah erscheint: Der Orient beginnt nicht mehr in Kairo, sondern am Oxford Circus. Vielleicht noch wichtiger als die Vermischung der »Rassen« ist, dass Calder dieses Dekor orientalischer Buntscheckigkeit benutzt, um Formen von demokratischer Selbstorganisation unterhalb der Staatsmacht zu beschreiben. So sieht man ehemalige Gauner sich in verantwortungsvolle Personen verwandeln, die sich nicht nur gemeinsame Regeln geben, sondern auch Solidarität und gegenseitigen Respekt beweisen, indem sie sich über Rassengrenzen und soziale Unterschiede hinweg beistehen.[46] Bezeichnenderweise befindet sich diese verkehrte Welt des Bunkers alsbald im Fadenkreuz der Behörden, die nicht die Möglichkeiten ergreifen, die diese Formen von autonomem *community organising* bieten, sondern darin das subversive Werk von »Juden« und »Kommunisten« sehen.

Als Mikrokosmos, der alle Möglichkeiten des kapitalistischen Systems im national-sozialen Staat des 20. Jahrhunderts enthält, kann der Luftschutzbunker genauso gut eine von wirtschafts- und sozialliberalem *welfare* gestützte multikulturelle Utopie wie auch die einer totalitären oder faschistischen Gesellschaft hervorbringen. Hier handelt es sich genau um die Formenvielfalt der nationalstaatlichen modernen Gesellschaften, die George Orwell 1941 am Anfang seines Essays *The Lion and the Unicorn* beschrieb:

> Während ich schreibe, fliegen höchst zivilisierte Menschen über meinen Kopf hinweg und versuchen, mich umzubringen.
> Sie empfinden keine Feindschaft gegen mich persönlich, und ich ebenso wenig gegen sie. [...] Die meisten von ihnen, das steht für mich ganz außer Zweifel, sind gutherzige und gesetzestreue Männer, die in ihrem Privatleben nie auf die Idee kämen, einen Mord zu begehen. Wenn es andererseits einem von ihnen gelingen sollte, mich mit einer zielgenauen Bombe in Stücke zu sprengen, dann wird ihm das nicht eine Minute den Schlaf rauben.[47]

Unter dem Atomschild, der »revolutionäre Krieg«

Langsam geraten seine Hysterieanfälle außer Kontrolle, er brüllt, flucht, gestikuliert wie ein Wahnsinniger. »Scheiße! Zerquetscht diese Arschlöcher.«[1] Ein Schlag auf den Tisch verleiht jedem Wort Nachdruck. »So, wir werden nicht rumflennen. Und werden nicht verlieren. Ich werde ihre gottverdammten Hirne zerfetzen.« Er haut immer hektischer auf die Platte: »Ich werde ... wir werden die Deiche ausradieren, wir werden die Kraftwerke ausradieren, wir werden Haiphong ausradieren ... wir werden dieses Scheißland plattmachen«.[2] »Mister Präsident ...« Der nationale Sicherheitsberater versucht Gehör zu finden, wird aber sofort von seinem Vorgesetzten unterbrochen, der sich glücklicherweise langsam beruhigt: »Das bringt mich wirklich zur Weißglut«. Der Berater pflichtet unterwürfig bei: »Mister President, ich unterstütze dies mit großer Begeisterung und meine, dass es genau die richtige Entscheidung ist«. Zugleich nutzt er die Gelegenheit, um einige Vorschläge für *Talking points* zu unterbreiten: »Mister President, es gibt zwei ... es gibt eine andere Sache, die Sie vor diesem Punkt erwähnen könnten – Zuerst könnten Sie sagen, dass die Akten den Beweis enthalten, dass Sie, ähm, dass, ähm, Sie die Einsätze so weit wie möglich eingeschränkt haben. Dass es keine Bombardements mehr gibt, dass es in Südvietnam praktisch keine Bombardements mehr gibt. 85 Prozent der Bombardements finden in unbewohnten Regionen von Laos statt! Diese Leute tun so, als ob wir Zivilisten massakrieren würden«.[3]

Die von Präsident Nixon und dem nationalen Sicherheitsberater Henry Kissinger in diesen Worten besprochene Operation »Linebacker« wird von Mai bis Oktober 1972 dauern und das heftigste Bombardement in der Geschichte des Luftkriegs entfachen. Innerhalb von sechs Monaten lassen die USA sieben Millionen Tonnen Bomben auf Vietnam herabregnen, das ist mehr als fünfmal so viel wie die Alliierten im Zweiten Weltkrieg über Deutschland abwarfen. 26 Millionen Bomben zerfetzen das Erdreich des Landes, das zu der Zeit 35 bis 40 Millionen Einwohner zählt. Der Verlust an Menschenleben ist unmöglich genau zu beziffern. Die niedrigsten Schätzungen gehen von 1,3 Millionen aus, andere sprechen von einer Million getöteten vietnamesischen Kämpfern bei insgesamt 2 Millionen Toten und 4 Millionen Verletzten. Es lässt sich ebenso unmöglich bestimmen, wie viele Zivilisten den Tod fanden, doch eines ist sicher: Der Anteil ziviler Opfer liegt außerordentlich hoch, zwischen 46 und 66 Prozent.

Die Operation »Linebacker II«, auch »Weihnachtsbombardement« genannt, läuft vom 18. bis zum 29. Dezember 1972. Ihr ausdrückliches Ziel ist es, die Zivilbevölkerung von Hanoi und Haiphong zu demoralisieren – lediglich 12 Prozent der Angriffe richten sich gegen militärische Ziele. »Jetzt gibt es nichts mehr zu verlieren. Nichts. Wir werden sie schlagen, bombardieren, auslöschen!«, hört man Nixon im Oval Office rufen.[4] Diese politische Linie aus dem Weißen Haus wird in militärische Taten übersetzt. Luftwaffengeneral Curtis LeMay plädiert schon lange für einen noch umfangreicheren Bombeneinsatz: »Die Lösung für das Problem wäre, ihnen ohne Umschweife zu sagen, dass sie ihre Angriffe einstellen müssen oder wir sie mit Marine und Luftwaffe, nicht mit Bodentruppen, in die Steinzeit zurückbomben werden«.[5]

Der Vietnamkrieg ist besonders mörderisch, weil sich in ihm zwei Genealogien des Kriegs des 20. Jahrhunderts überschneiden: der »asymmetrische« Konflikt in der Tradition der Kolonialkriege mit ihrem potenziell unbegrenzten Einsatz von Gewalt; und der durch die besondere Weltlage des Kalten Kriegs überdeterminierte Konflikt. Die Vietnamesen bezeichnen ihren Kampf als »nationalen Befreiungskampf« und begreifen ihn in Anlehnung an das europäische Modell eines aufzubauenden Nationalstaats; die Amerikaner ihrerseits sehen in diesen antikolonialen Bestrebungen zur Selbstbestimmung ein Täuschungsmanöver, um die sowjetische und chinesische Expansionspolitik zu kaschieren: Hinter den Vietcong steht der Kreml mit seinen Panzern und Raketen. Hinter den Guerillas steht die kommunistische Ideologie, verkörpert von einem Staat, der selbst als monolithischer Block wahrgenommen wird.[6]

Kurz gesagt, es kommt in der Wahrnehmung der zwei Gegner zu einer seltsamen Vermischung von Symmetrie und Asymmetrie, und der Vietnamkrieg verbindet das Schlimmste beider Traditionen: jene des totalen Kriegs zwischen Nationalstaaten und jene des aufständischen oder kolonialen »Kleinkriegs«. Diese widersprüchlichen Tendenzen, Verstaatlichung und Fragmentierung, charakterisieren auch noch die Konflikte, die uns heute heimsuchen. Außerdem lässt sich die Bedeutung dieses Kriegs für die Entwicklung der militärstrategischen Doktrinen der Vereinigten Staaten, die nach dem Zusammenbruch der Sowjetunion zum absoluten Hegemon werden, gar nicht hoch genug einschätzen. Aus all diesen Gründen bildet der Vietnamkrieg ein zentrales Glied in der Genealogie des Kriegs im 20. Jahrhundert.

Die strategischen Entscheidungen der amerikanischen Seite im Indochinakrieg speisen sich allerdings aus vorangegangenen Schlachten. Die Militärführung zieht aus dem Zweiten Weltkrieg einen so einschneidenden wie irrtümlichen Schluss: Sie beurteilt die Luftwaffe als entscheidenden Faktor für den

Sieg. Für diese Fehlinterpretation gibt es mehrere Gründe, die partiell mit Rivalitäten innerhalb der Streitkräfte zusammenhängen, in denen ein bedeutender Teil des Verteidigungsbudgets den Luftstreitkräften zufällt, welche immer noch keine institutionelle Unabhängigkeit erlangt haben. Die Darstellung der Luftflotte als entscheidenden Faktor für den Sieg dient daher, wie wir gesehen haben, dazu, sie gegenüber den anderen Teilstreitkräften besser zu positionieren. Offensichtlich unterfüttert die aus der Luft abgeworfene Atombombe das Bild der allmächtigen Luftwaffe. Für die Politik geht es in erster Linie darum, die exorbitanten Kosten des »Manhattan-Projekts«, in dem seit 1942 an der Bombe gearbeitet wurde, zu rechtfertigen. So erklärt man, dass die Nuklearwaffe nicht nur eine entscheidende Rolle im gerade zu Ende gegangenen Krieg gespielt hat, sondern auch in Zukunft die Grundlage der amerikanischen Verteidigungspolitik sein werde. Schließlich fügt sich die Atombombe wunderbar in den in der angelsächsischen Welt hegemonialen Douhetismus ein – letztlich handelt es sich auch nur um eine, wenn auch besonders wirkungsvolle Bombe.

Diese Waffe und damit verbunden die Luftwaffe wird nach dem Krieg von der amerikanischen Verteidigungspolitik in den Mittelpunkt gerückt. 1946 gründet man das *Strategic Air Command*, das sich zum Nervenzentrum des amerikanischen Militärsystems entwickelt: »Das *Strategic Air Command* ist das Herz unserer Verteidigung«, sagt Staatssekretär der Luftwaffe Thomas K. Finletter.[7] Diese Ausrichtung wird unter Präsident Eisenhower noch verstärkt. Die Strategen des *New Look* kommen zu der Einschätzung, dass die Atombombe wegen beschränkter Budgets das einzige Mittel darstelle, um der Bedrohung zu begegnen: Es gelte, sie überall auf der Welt einzusetzen, wann immer sich eine Initiative gegen die amerikanischen Interessen erhebt.[8] Ganz offensichtlich stützt sich diese Doktrin auf die irrtümliche Vorannahme eines allseits homogenen »kommunistischen Blocks«, dessen Vorwärtsdynamik sich nur durch Druck auf den Kreml abschwächen ließe.

Obwohl diese Politik unter Kennedy stark aufgeweicht wird, bedeutet sie im Vietnamkrieg eine schwere Belastung für den Militärapparat. Maxwell D. Taylor, Verfasser einer Generalkritik des *New Look*[9] und durch den neuen Präsidenten ernannter Vorsitzender des Vereinigten Generalstabs, versucht ab Beginn der Sechzigerjahre, die Schieflage der amerikanischen Strategie wieder zu beheben. Er bringt das Konzept des »begrenzten Kriegs« wieder zu Ehren und stellt in seinen Analysen den Begriff der »flexiblen Reaktion« in den Mittelpunkt, um so der strategischen Falle zu entkommen, die dem Douhetismus und der Nuklearstrategie der Fünfzigerjahre innewohnt: Man kann ohne Frage den ganzen Erdball vernichten, aber einen wirklichen Krieg gewinnen, dazu reicht es nicht. Die auf strategischem Luftwaffeneinsatz und der Atombombe beruhende Strategie des *New Look* verschafft den Vereinigten Staaten ein gewaltiges Drohpotenzial; allerdings scheint es wenig glaubhaft, dass sie einen Atomkrieg vom Zaun brechen, wenn es um derart beschränkte Interessen geht, wie sie bei den nationalen Befreiungsbewegungen in der nun so genannten Dritten Welt auf dem Spiel stehen. Aus diesem Grund geht die amerikanische Strategie ab den Sechzigerjahren zur Verteidigung beschränkter Interessen durch beschränkte Kriege über, will sagen durch Kriege, die sich unterhalb eines globalen Atomkriegs abspielen. Die »Reaktion« muss daher »flexibel« und das heißt auch für den Feind unvorhersehbar sein. Unkalkulierbarkeit steht auch im Zentrum von Richard Nixons Madman-Theorie, die es als nützlich erachtet, wenn die Welt sich den amerikanischen Präsidenten als Wahnsinnigen vorstellt, der im Zeichen seines obsessiven Antikommunismus so weit gehen mag, das Fortbestehen der ganzen Welt aufs Spiel zu setzen. Die von Stanley Kubrick in *Dr. Seltsam* unsterblich gemachte Dialektik zwischen absoluter Unvorhersehbarkeit der »Wahnsinnigentheorie« und ihrem Gegenteil, dem automatischen Abschuss der Atombombe, hat also eine strategische Grundlage in der wirklichen Welt.

Zur Unberechenbarkeit kommt ein weiteres strategisches Erfordernis hinzu: Glaubwürdigkeit. Man muss die ganze Welt glauben machen, dass die Vereinigten Staaten willens sind, ihre Interessen, seien sie auch begrenzter Natur und fernab von den Zentren angesiedelt, entschieden durchzusetzen, und dass sie ihre Verbündeten nicht im Stich lassen. Wenngleich sich die Botschaft aus dem vietnamesischen Dschungel an die ganze Welt richtet, so wendet sie sich doch auch an die »Heimatfront« der amerikanischen Gesellschaft, die es für diese Art Interventionskrieg zu mobilisieren gilt. Laut Verteidigungsminister Robert McNamara besteht der wichtigste Fortschritt des Vietnamkriegs darin, dass die Vereinigten Staaten »die Fähigkeit entwickeln, einen begrenzten Krieg zu führen, [...] ohne den Zorn der Öffentlichkeit zu erregen. [...] Denn wahrscheinlich ist dies die Art von Krieg, mit der wir es die nächsten fünfzig Jahre zu tun haben werden.«[10] Diese Entwicklungen erklären zu einem gewissen Grad, wieso die Amerikaner keine Lehre aus den Niederlagen ziehen, die Frankreich in Indochina und Algerien zu erleiden hatte. Trotz dieser Präzedenzfälle, die nahelegen, dass die Luftwaffe in dieser Art von Konflikt bestenfalls eine sekundäre Rolle spielen kann, setzen sie in Vietnam auf den Einsatz massiver Flug- und Militärsysteme und nutzen sogar die schwersten Bomber, die legendären B-52, die für interkontinentales strategisches Bombardement gegen die Sowjetunion konstruiert wurden und sich daher ganz und gar nicht für den Einsatz gegen Guerillas im Dschungel eignen.

Die Strategie der vietnamesischen Kommunisten ruht auf zwei Säulen: einem Guerillakrieg im Süden des Landes und der Kontrolle über den Staat im Norden. Die Guerilla folgt recht getreu Maos Prinzipien über den »revolutionären Krieg«, der sich in drei Etappen abspielt: Verteidigung, Kräftegleichgewicht, Gegenoffensive.[11] In der ersten Etappe, der Strategie der Verteidigung, liegt der Schwerpunkt auf dem Aufbau und der Festigung der Partei: neue Mitglieder werben, zunächst vor allem am Rand der Gesellschaft und nicht so sehr unter den »Massen«; Kader auf lokaler Ebene in Schlüsselpositionen bringen; die Partei mit Anliegen der Bevölkerung, zum Beispiel einer Agrarreform, in Verbindung bringen, um sie im Volk beliebt zu machen.

Die zweite Etappe, das Kräftegleichgewicht, entspricht dem Guerillakampf: Sabotageaktionen durchführen; eine Parallelverwaltung in den »befreiten« Zonen aufbauen; aber auch Übergriffe auf die Zivilbevölkerung forcieren, um die »Neutralen« einzuschüchtern und sie zur Unterstützung der revolutionären Sache zu drängen. In dieser zweiten Phase werden Zivilisten gezielt als Geiseln genommen und zwischen der Kolonialmacht und den maoistischen Rebellen zerrieben. Für Letztere dreht sich alles darum, die Bevölkerung hinter ihrer Agenda zu versammeln. Dazu greifen sie einerseits auf eine Mischung aus Proto-*welfare* und Nationalismus zurück und bedienen sich andererseits des Terrors, beispielsweise indem sie die Bevölkerung zu Hilfsdiensten zwingen, die dann Repressalien seitens der Kolonialmacht nach sich ziehen, was wiederum dem Gefühl Vorschub leistet, dass allein die Revolution und nationale Befreiung die Rettung bringen kann. Diese Strategie bildet einen untrennbaren Teil des »revolutionären Kriegs«. Zwischen 1957 und 1972 töten die Vietcong mindestens 37 000 Vietnamesen, die der Unterstützung des Feindes verdächtigt werden, und kidnappen mindestens 58 000 Personen aus diversen politischen Gründen, aber vor allem, um das politische Signal auszusenden, dass ihnen weder die amerikanischen Streitkräfte noch die Regierung in Saigon Schutz bieten können werden.[12]

Auf der dritten Etappe kommt es schließlich zu einem fast konventionellen Krieg. Gegen Ende der Auseinandersetzung geht die politische und militärische Führung auf vietnamesischer Seite noch davon aus, sich in der zweiten Kriegsphase zu befinden, und hält entschlossen daran fest, die Guerillastrategie zu gegebener Zeit aufzugeben (was deutlich zeigt, dass ihre politische Perspektive die eines staatlichen Gewaltmonopolisten ist). Die wenigen Versuche, Flächenoperationen zu unternehmen, so etwa die Tet-Offensive Anfang 1968, die einem konventionellen Krieg recht nahekommt, enden in einem militärischen Debakel für die Aufständischen, die aus dieser bitteren Erfahrung lernen, dass sie gegen eine derart überlegene amerikanische Armee einen konventionellen Krieg nicht gewinnen können. Die wichtigste Lehre aus dem Vietnamkrieg ist allerdings eine ganz andere. Nämlich die, dass gar keine Notwendigkeit besteht, einen Sieg im klassischen Wortsinn anzustreben.

In einem asymmetrischen Konflikt arbeitet die Zeit unabänderlich für die schwächere Seite, die im selben Maße »gewinnt«, wie der Gegner nicht triumphiert. Dafür muss sie zu beträchtlichen Opfern auf allen Ebenen bereit sein: »Die [Kommunistische] Partei [Vietnams] hat sich von jeher von dem Prinzip leiten lassen, dass es besser ist, zehn Unschuldige zu töten, als einen Feind entkommen zu lassen.«[13] Im Klartext: Für jeden getöteten amerikanischen Soldaten nimmt man auch zehn tote Vietnamesen in Kauf. Nach derselben Logik eröffnen die Aufständischen von Wohngebieten aus das Feuer, was die Amerikaner dazu anstachelt, im Gegenzug die Dörfer zu bombardieren. Auf dem Gipfel ihrer Macht zählen die Vietcong schätzungsweise 200 000 Kämpfer und mehr als 40 000 Personen in Hilfstruppen; allerdings verlieren sie zwischen 1964 und 1974 wenigstens 444 000 Soldaten, also zweimal die gesamte Personalstärke ihrer Armee. Die Zahl getöteter GIs beläuft sich auf 56 000 Personen – wenn die Opferzahl auf beiden Seiten proportional gleich gewesen wäre, wären eine Million amerikanischer Soldaten nicht nach Hause zurückgekehrt.

Die Strategie des revolutionären Kriegs rechnet derart hohe Verluste mit ein, und die Aufständischen halten sich für stark genug, solche Schläge zu verkraften. Derartige Opferzahlen erleidet man nicht nur. Manche antikolonialen Anführer beurteilen sie auch als wünschenswert, weil sie darin das notwendige Mittel erblicken, um aus ehemals kolonialisierten Untertanen ein Nationalvolk zu schmieden. Die erstaunlichste Formulierung in dieser Hinsicht stammt sicher vom Apostel der Gewaltfreiheit, Mahatma Gandhi, der 1942 erklärt, dass es einer Million Toter bedarf, damit aus Indien eine echte Nation wird:

> Es wäre gut, wenn in einer mutigen und gewaltfreien Rebellion gegen die britische Herrschaft eine Million Menschen im Kugelhagel ihr Leben ließen. Möglicherweise bräuchten wir mehrere Jahre, um aus dem Chaos Ordnung zu schaffen. Doch danach könnten wir der Welt gegenübertreten. Heute wäre uns das unmöglich. Die anderen Nationen sprechen davon, für ihre Freiheit zu kämpfen. Deutschland, Japan, Russland, China sparen nicht an Blut noch Geld. Doch *wir*, was haben wir geleistet? […] Wir legen eine bedrückende Feigheit an den Tag. Das Blutbad, in dem Europa untergeht, beunruhigt mich nicht. Es ist nicht schön anzusehen, aber wenigstens beweist es großes Heldentum.[14]

Auf der anderen Seite kommen die Guerillas zu dem berechtigten Urteil, dass die Opferbereitschaft der amerikanischen Gesellschaft Grenzen hat, und das aus gutem Grund, denn die vitalen Interessen des Landes stehen nicht auf dem Spiel. Auch in dieser Hinsicht arbeitet die Zeit zu ihren Gunsten. Die Aufständischen setzen, kurz zusammengefasst, auf zwei Faktoren: Zeit und Gewalteskalation. Sie können gut einen nennenswerten Teil der Zivilbevölkerung und zwei komplette Armeen opfern – sie werden doch gewinnen, solange es dem Gegner nicht gelingt, sie politisch zu vernichten. In guter alter Guerillatradition, die mindestens bis auf die Napoleonischen Kriege zurückgeht, greifen die Aufständischen auf extreme und häufig höchst ritualisierte Gewalt zurück: Die in Hinterhalten gefangen gesetzten GIs werden nicht selten gefoltert und ihre verstümmelten Leiber öffentlich ausgestellt – aufgeschlitzt, entstellt, die Genitalien abgerissen. »Die amerikanische Heimatfront war verwundbar«, erklärt Oberst Bui Tin: »Das Gewissen Amerikas war Teil seiner Kriegsressourcen, und wir machten uns diese Ressource zunutze. Amerika verlor, weil es eine Demokratie war.«[15]

Diese Strategie stellt die stärkere Seite in einem solchen Konflikt vor eine beträchtliche Herausforderung. In dem Wissen, dass die Zeit gegen sie arbeitet und ein Sieg nur auf schnellem Weg zu erringen ist, setzt die amerikanische Führung immer gewaltigere Mittel ein, um die Aufständischen schlicht zu zerquetschen. William E. DePuy, dem Chef des Einsatzstabs der amerikanischen Streitkräfte, zufolge lautet »die Lösung in Vietnam [...] mehr Bomben, mehr Granaten, mehr Napalm [...], bis die andere Seite zusammenbricht und aufgibt«.[16] Zur gleichen Zeit beschränken die Konstellation des Kalten Kriegs und die Gefahr eines Atomkriegs die Handlungsfreiheit. So kommt es nicht infrage, in Nordvietnam einzumarschieren, um die Aufständischen im Süden von ihrer

Versorgung abzuschneiden. Denn das Risiko einer direkten Auseinandersetzung mit China ist zu hoch, zumal in einer Situation, in der die Absichten der Sowjetunion nicht ausgemacht scheinen.

Infolgedessen bescheiden sich die Amerikaner mit Bombenangriffen als »Zwangsmittel« gegen den Norden des Landes in dem Versuch, den Süden zu »befrieden«. Die Luftwaffe spielt eine maßgebliche Rolle an beiden Fronten. Unter »Zwangsbombardement« (*coercive bombing*) versteht man die Strategie, dem Gegner durch Zufügen unhaltbarer Verluste und Androhung noch größerer Einbußen seinen Willen aufzuzwingen.[17] Auf Anhieb ist klar, dass eine solche Strategie keine Aussicht auf Erfolg gegen einen Gegner hat, dessen Strategie genau darauf beruht, selbst kolossale Verluste in Kauf zu nehmen. Abgesehen von Gründen, die mit der institutionellen Struktur und Doktrin des Militärapparats zusammenhängen, erklärt sich der amerikanische Starrsinn, diesen von vornherein zum Scheitern verurteilten Weg weiterzuverfolgen, vor allem aus innenpolitischen Gründen.

Angesichts einer zunehmend kriegsfeindlichen Öffentlichkeit versprechen 1972 alle Präsidentschaftskandidaten eine schnelle Beendigung des Konflikts. Nun macht man sich in Washington, entgegen dem, was manchmal geglaubt wird, wenig Illusionen über die tatsächliche Lage in Vietnam: Die politischen Verantwortlichen wissen sehr wohl, dass die Vereinigten Staaten den Krieg früher oder später verlieren werden. Von diesem Befund ausgehend, bieten sich drei politische Lösungen dar: Erstens, mehr Truppen zu schicken in der Hoffnung, doch noch zu siegen, und zwar schnell zu siegen; zweitens, die Entscheidung auf später zu verschieben, was nur darauf hinausläuft, die Niederlage hinauszuzögern; drittens, Rückzug, ohne die politischen Resultate erreicht zu haben, derenthalben man sich in der Region engagiert, was auf die Anerkennung einer Niederlage hinausläuft. Kein Präsident besitzt den politischen Mut für die dritte Option, und so schreiben sich die strategischen Bombardements immer stärker in die Logik der zweiten »Lösung« ein. In kaum noch verhohlenen Worten erklärt Nixon, dass die »Linebacker«-Kampagne zum Ziel habe, der Regierung in Saigon »*a decent interval*« zu verschaffen, was im Klartext bedeutet, dass der unvermeidliche Zusammenbruch Südvietnams nicht vor seiner Wiederwahl im November 1972 oder besser noch erst nach dem voraussichtlichen Ende seiner Amtszeit vier Jahre später eintreten solle.[18]

Zu den bedeutendsten Entwicklungen in Vietnam hinsichtlich des Luftkriegs kommt es an der zweiten »Front«, der der »Befriedung« des Südens. Seit dem Ersten Weltkrieg unterscheidet man zwischen strategischem und taktischem Einsatz der Luftwaffe, wobei sich ersterer vor allem gegen die Zivilbevölkerung und letzterer gegen bewaffnete Einheiten richtet. Nun verschwimmt diese Unterscheidung allerdings, wenn man es mit Guerillagruppen zu tun hat.[19] Taktische Operationen wie die »Nahunterstützung« in bewohnten Gebieten fordern unweigerlich eine große Zahl ziviler Opfer. Noch schwerer wiegt, dass die Amerikaner eine »Zermürbungsstrategie« verfolgen, in der sich der strategische Erfolg durch Summierung taktischer Erfolge einstellt. Statt zu versuchen, »den Willen des Gegners zu brechen«, strebt man an, möglichst viele Aufständische physisch zu vernichten und die Überlebenden von ihren Lebensgrundlagen zu trennen. Was diesen letzten Punkt betrifft, richten sich die Amerikaner nach den in Indochina, Algerien und in Malaysia von Franzosen und Briten entwickelten Doktrinen, die vorsehen, große Bevölkerungsteile umzusiedeln, theoretisch unbewohnte »*free-fire zones*« einzurichten und die Zivilisten in »Wehrdörfern« oder »strategischen Dörfern« unterzubringen, sprich in befestigten Siedlungen, die mit Stacheldraht umzäunt, streng überwacht und von jedem Kontakt mit den Aufständischen abgeschnitten sind.

Die andere Seite der Zermürbungsstrategie, das Töten einer möglichst großen Zahl von Aufständischen, übersetzt sich in die operative Wirklichkeit zum einen in Form des »*meat grinder*« (»Fleischwolfs«), eines Konzepts, das laut General William Westmoreland zum Ziel hat, die vietnamesische Bevölkerung so weit zu dezimieren, »dass es für zukünftige Generationen zum nationalen Desaster wird«.[20] Zum anderen äußerst sie sich in Gestalt der *search-and-destroy*-Taktik, die auf den Lufttransport – üblicherweise mit Helikoptern – von Truppen setzt, welche ins feindliche Territorium vorstoßen, die Aufständischen ausfindig machen und sie massakrieren, um dann schnell wieder zu verschwinden. In der Praxis bedeutet das, die Dörfer oder Siedlungen anzugreifen, in denen sich mutmaßliche Aufständische oder ihre Sympathisanten verstecken. Hinzu kommt die Auswirkung des »Phönix-Programms«, einer Fortführung der Konterrevolutionsdoktrin der Franzosen, die nach dem Indochinakrieg entwickelt und in Algerien erprobt worden war.[21] Ihr Ziel besteht in der Identifizierung und »Neutralisierung« der Führungskader der revolutionären Organisation durch Infiltrierung, Inhaftierung, Folter und Mord.

Der Vietnamkrieg dient auch als Laboratorium für eine bereits im Zweiten Weltkrieg getestete Regierungstechnik, die zunehmend alle sozialen Sphären durchdringt: das *benchmarking*, also die Verwendung quantitativer Indikatoren zur Verbesserung der Leistung. Als *benchmark* der in Vietnam eingesetzten Zermürbungsstrategie dient der *body count*, also die Anzahl von einer Einheit getöteter Feinde pro Woche. Auf den Kommandeuren lastet ein ungeheurer Druck, die Vorgaben zu erfüllen, den sie auf ihre Untergebenen abwälzen – die Wirkung kann man sich leicht vorstellen. Die Kommandos greifen mit Hubschraubern, sei es im Rahmen des Phönix-Programms oder in einfachen *search-and-destroy*-Einsätzen, systematisch Dörfer und Siedlungen an. Selbst die berühmte Szene aus dem Film *Apocalypse Now*, die einen mit Wagners »Walkürenritt« untermalten Angriff zeigt, scheint nicht allzu weit von der historischen Realität entfernt.

In der Theorie beginnt der wirkliche Einsatz auf dem Boden, nach der Hubschrauberattacke. Falls es tatsächlich Vietcong gibt, die Widerstand leisten, lässt man die Artillerie und Bomber anrücken: »Ich konnte […] innerhalb einer Stunde einen B-52-Einsatz gegen ein Terrain von einem Quadratkilometer Ausdehnung haben«, erinnert sich ein Offizier.[22] Falls es keine Gegenwehr gibt, durchkämmen die Truppen die Gegend. Manchmal werden nur Bewaffnete oder andere Verdächtige festgenommen; in anderen Fällen werden alle Einwohner in »Befragungszentren« abgeführt. Wie ein Soldat es schildert: »Wir wissen doch, dass sie allesamt Charlies [Armeeslang für Vietcong] sind – vielleicht Saboteure, Kollaborateure oder sonst noch was. […] Diese hier gehören zum Kern der Guerilla. Man braucht sie nur anzusehen.«[23] Auf diese Weise nimmt man 220 000 Personen fest. Mehr als ein Viertel davon wird der Spionage, der Sabotage, des Terrorismus oder der Kollaboration verdächtigt und zu »zivilen Beschuldigten« (*civilian defendants*) erklärt.

Diesen »Verdächtigen« droht das Schicksal, in den Kerkern des Regimes in Saigon oder auf amerikanischen Stützpunkten gefoltert zu werden. Ein Bericht des Roten Kreuzes von 1968/69 spricht von Folterung mittels Elektrizität oder Wasser, sexueller Erniedrigung, Schlägen, Verstümmelung, Dehydrierung, Einsperren mit Pythons oder in kleinen Käfigen mit Stacheldraht. Dem amerikanischen General Edward Bautz zufolge stellt Folter eine militärische Notwendigkeit und daher eine tägliche Praxis dar. Generalstabschef Harold K. Johnson gibt sogar zu, dass die Vietcong in amerikanischer Gefangenschaft eine noch grausamere Behandlung erfahren als die GIs, die dem Feind in die Hände fallen.[24] GIs praktizieren zudem die noch originellere Technik der *airborne interrogation*, bei der sie zufällig herausgegriffene Gefangene während des Flugs aus dem Hubschrauber werfen, um die anderen zu terrorisieren.

Solche Praktiken gehen Hand in Hand mit einem Feindbild, das zu großen Teilen auf »orientalistischen« Stereotypen beruht. Für den amerikanischen General William R. Peers, Untersuchungsbeauftragter für das im März 1968 in My Lai verübte Massaker an 350 bis 500 vietnamesischen Zivilisten, ist der »am meisten beunruhigende[.] Aspekt« an diesen Ereignissen die Einstellung der beschuldigten Soldaten gegenüber den Vietnamesen. »Du kommst nicht dahinter, was sie denken. Sie [die Vietnamesen] scheinen keinen Begriff vom Leben zu haben. Es ist ihnen egal, ob sie leben oder sterben.«[25] Die Vietnamesen werden zum absolut »Anderen«: »Es ist doch egal, was du mit denen machst. [...] Keiner hier sieht die Vietnamesen als Menschen.« »[S]elbst wenn ein Vietnamese perfektes Englisch spricht, weiß ich verdammt noch mal nicht, worüber er redet.«[26] Vietnam bedeutet permanente Bedrohung, und so werden die Einwohner unterschiedslos zu Feinden, die man bekämpft: »Sie sind allesamt Vietcong oder helfen ihm zumindest – wo liegt der Unterschied? Du kannst sie nicht auf deine Seite ziehen, sondern nur töten. Mach dir wegen der toten Kinder keine schlaflosen Nächte. Das sind doch nur nachwachsende Kommunisten.«[27] In der asymmetrischen Strategie verschwindet nicht nur die Symmetrie, die den »gerechten Feind« in Europa auszeichnete, sondern auch die schlichte Möglichkeit, die Menschlichkeit im Anderen zu erkennen. Churchill meinte noch, dass man einen Teil der deutschen Bevölkerung »heilen« könnte. Für Vietnamesen gilt das nicht. Man kann sie nicht »heilen«, indem man sie von der gerechten Sache überzeugt, sie sind nur zum Töten gut. Diese Aussage umfasst auch Kinder und zukünftige Generationen und rückt so in die Nähe des traditionellen Rassismus, der auf der ganz eigenen »Natur« des feindlichen Volkes gründet. Diese Wahrnehmung reflektiert somit kolonialistische und rassistische Bilder, die seit Langem mit der Luftwaffe verbunden sind. Der Vietnamkrieg fährt also in gewisser Hinsicht im Kielwasser der auf Vernichtung angelegten Kolonialkriege. Der amerikanische Journalist David Halberstam hat ihn daher als »Krieg gegen die Geburtenrate eines Landes«[28] beschrieben. Auch in dieser Kampagne wird das »Volk« zum Hauptziel, allerdings in einem etwas anderen Sinn, als es in den traditionellen Kolonialkriegen und dem totalen Krieg in Europa zu beobachten war.

Wie schon bei dem von Gneisenau, Scharnhorst und Clausewitz, den »preußischen Franktireurs« (Friedrich Engels), gepriesenen »Insurrektionskrieg« liegt im maoistisch inspirierten revolutionären Krieg der Schwerpunkt voll und ganz auf dem Volk.[29] Ein irregulärer, insurrektioneller, revolutionärer Krieg zielt im Wesentlichen darauf, den politischen Zusammenhalt der Bevölkerung herzustellen. Umgekehrt beziehen reguläre Armeen in ihre Doktrinen zur »Aufstandsbekämpfung« die Tatsache mit ein, dass ein solcher Krieg nur mit Unterstützung des Volks zu gewinnen ist. Die Aufständischen haben größtes Interesse daran, als aus dem Volke hervorgegangen zu erscheinen, da ihnen dies auch die Macht gibt, zu definieren, wer zum Volk dazugehört und wer als »Volksfeind« vor ein Revolutionsgericht gestellt werden soll. In wechselseitiger Definition *sind* die Aufständischen das Volk, das Volk an und für sich, sein reinster Ausdruck und zugleich die Macht, die es als Volk begründet.

Auch die Vorgehensweise der Großmacht USA stellt das Volk in den Mittelpunkt. Die strategischen Bombardements gegen den Norden des Landes folgen derselben Logik wie diejenigen im totalen Krieg, während im Aufstandsbekämpfungskrieg im Süden alles getan wird, um die Rebellen von diesem Volk zu trennen und als einfache »Terroristen« ohne jeden Rückhalt in der Bevölkerung darzustellen. Genau aus diesem Grund wird die Bevölkerung auch in die »Wehrdörfer« und »strategischen Dörfer« umgesiedelt. Folgerichtig verliert die intervenierende Macht den Krieg, wenn sie in die Falle tappt, die Aufständischen mit dem Volk als solchem gleichzusetzen. Sobald die Widerstandsbekämpfungskräfte so wahrgenommen werden, dass sie einen Krieg gegen das Volk und nicht nur gegen die Aufständischen führen, haben Letztere den politischen Kampf gewonnen. Deshalb kann man auch – und nicht nur in Vietnam – von einer objektiven Allianz zwischen Aufständischen und Aufstandsbekämpfung sprechen: Wenn beide Seiten für das Volk kämpfen, muss die Bevölkerung zwangsläufig bluten.

Obwohl das Erbe des Kolonialkriegs ganz offensichtlich noch großen Einfluss auf die Einsätze in Vietnam hat, darf man dennoch das Novum nicht unterschätzen, das sofort ins Auge springt, wenn man die amerikanische mit der französischen Kriegsführung an diesem Schauplatz vergleicht. Wie in Algerien haben die Franzosen auch in Indochina einen klassischen Kolonialkrieg in dem Sinne geführt, dass es ihnen darauf ankam, sich die Souveränität über die Kolonie zu erhalten. Der amerikanische Ansatz unterscheidet sich davon grundlegend: Sie haben keinerlei Absicht, die Franzosen zu ersetzen und neue Besatzungsmacht zu werden. Sie verfolgen keine kolonialen, sondern neokoloniale Absichten, insofern sie mit ihrem Kampf das Regime in Saigon stützen, das zwar korrupt, brutal und diktatorisch, aber trotz allem ein vietnamesisches, also ein nationales Regime ist. Das politische Ziel der Amerikaner besteht nicht so sehr in der Kontrolle über das Territorium, sondern darin, einen geostrategischen Vorteil zu erlangen.

Wieder einmal spiegeln sich diese historischen Entwicklungen mit erstaunlicher Klarheit in der Luftfahrt. Das klassische koloniale *police bombing* der Zwanziger- und Dreißigerjahre war von einem Widerspruch zwischen den eingesetzten technischen Mitteln und der politischen Zwecksetzung geprägt: Während die Luftwaffe bereits tendenziell über das Prinzip der Souveränität hinausstrebte, ging es dem klassischen Kolonialismus dennoch weiterhin darum, sich lokale Territorien einzuverleiben. Da es die Amerikaner jedoch gerade nicht darauf abgesehen haben, sich das vietnamesische Territorium anzueignen, wird die Luftflotte zum privilegierten Mittel ihrer Kriegsführung. Nun ist aber ein über die lokal verankerte Souveränität hinausgehender Krieg ipso facto ein Krieg jenseits des staatlichen Horizonts. In all seinen Zügen deutet der Vietnamkrieg bereits die Entwicklung des Kriegs an, wie wir ihn heute kennen. Ein Krieg, der den Einmarsch von Bodentruppen zu vermeiden sucht, bringt es ganz natürlich mit sich, dass man auf Luftstreitkräfte setzt, um all jene, die Widerstand leisten, physisch auszulöschen.

Weltregierung und ewiger Krieg

»›Mister Präsident, die Lage ist ernst‹, sagt der nationale Sicherheitsberater, ›der Irak ist kurz davor, in Kuwait einzufallen.‹«[1] Es ist der Abend des 1. August 1990. Die vergangenen Wochen waren strapaziös für Präsident George Bush, der nicht nur eine ökonomische Krise bewältigen, sondern gleichzeitig auch harte Budgetverhandlungen mit dem Kongress führen musste. Um sich auf andere Gedanken zu bringen, hält er daher eine kleine Partie Golf für durchaus verdient. Doch die Nachwirkungen seiner Anstrengungen lassen nicht lange auf sich warten: Ein unerträglicher Schmerz quält seine Schultern, die die Belastung, einen ganzen Eimer Golfbälle zu schlagen, nicht gewohnt sind. Wie er so im T-Shirt und mit baumelnden Beinen auf der Behandlungsliege sitzt und sich einer Wärmebehandlung unterzieht, beschäftigen ihn andere Sorgen als ein paar Truppenbewegungen am anderen Ende der Welt.[2] Seinen nationalen Sicherheitsberater komplimentiert er hinaus. Erst fünf Tage später »beginnt er [...], den Ernst der Lage zu erfassen«.[3]

Im Laufe des August 1990 begreift die amerikanische Exekutive allmählich die ganze Tragweite der Ereignisse, die sich in Mesopotamien abspielen. Die weltpolitische Lage ist weiter angespannt: Die Volksrepubliken Mittel- und Osteuropas sind eine nach der anderen zusammengebrochen, die Berliner Mauer ist gefallen, und Deutschlands Wiedervereinigung zeichnet sich ab. Und eben in jenem August begreift die amerikanische Exekutive die gewaltigen politischen Möglichkeiten, die sich durch die irakische Invasion Kuwaits eröffnet haben: Nach dem Zusammenbruch des Ostblocks ist nichts weniger angebrochen als eine neue globale Konstellation, eine »neue Weltordnung«. Präsident Bush notiert daher am 7. September: »Die Bedeutung der Vereinigten Staaten tritt mir immer deutlicher vor Augen. Nur die Vereinigten Staaten können die Führung übernehmen. Alle westlichen Staaten müssten sich an uns ausrichten.«[4]

Geostrategisch stellt sich das Ende des 20. Jahrhunderts in verschiedener Hinsicht als eine außergewöhnliche Periode dar. Zwischen 1989 und 1991 kommt es zum Zerfall des Hauptrivalen Sowjetunion und der Volksrepubliken in seiner Einflusszone, ohne dass sie in einem Krieg bezwungen worden wären. Das Verschwinden eines *contender* ist nichts Ungewöhnliches, doch ein friedlicher Zusammenbruch einer Großmacht ist in der Geschichte rar. Seit der Jahrtausendwende befindet sich China nach einem unaufhaltsamen Aufstieg und nun mit allen Zügen eines Hobbes'schen Regimes ausgestattet, auf dem besten Weg, zum wichtigsten rivalisierenden Staat zu werden. Dennoch bleibt die militärische Überlegenheit der Vereinigten Staaten eine historische Besonderheit. Das amerikanische Militärbudget umfasst nahezu 40 Prozent der Militärausgaben weltweit (weit abgeschlagen sind China mit 9,5 Prozent, Russland mit 5,2 Prozent und das Vereinte Königreich mit 3,5 Prozent). Die Monopolisierung der Gewaltmittel auf globaler Ebene hatte in der Geschichte vermutlich nie vergleichbare Ausmaße. Welches Land wird es angesichts dieser überwältigenden Überlegenheit wagen, die militärische Macht des Hegemons herauszufordern?

Ist es eine Übertreibung, zu behaupten, dass der Traum des ewigen Friedens seiner Verwirklichung niemals näher war als nach dem Fall der Sowjetunion? Die von Präsident

Bush in einer berühmten Rede skizzierte »neue Weltordnung« geht entschieden in diese Richtung. Wir schreiben den 11. September 1990. Laut George Bush sen. wird die Welt der beginnenden neuen Ära »eine Welt, in der die Herrschaft des Rechts die Herrschaft des Dschungels ersetzt. Eine Welt, in der die Völker die gemeinsame Verantwortung für Freiheit und Gerechtigkeit erkennen. Eine Welt, in der der Starke die Rechte des Schwachen respektiert«.[5] Diese Welt wird »freier von der Bedrohung durch Terror, stärker im Streben nach Gerechtigkeit und sicherer in der Suche nach Frieden« und steht damit sicher auf dem Boden der säkularen Tradition des Kosmopolitismus. Konkret, erinnern wir uns, verlangt das von den USA, »die Werte der Zivilisation überall in der Welt zu verteidigen und im Landesinneren die wirtschaftliche Stärke zu erhalten«. Diese Rede mit ihren offenkundigen Anleihen bei Kolonialrhetorik lässt durchblicken, was mit Kuwaits Öl geostrategisch auf dem Spiel steht. Die neue Ära, »in der die Völker der Welt, Ost und West, Nord und Süd, prosperieren und in Harmonie leben«, ist ohne amerikanische Hegemonie undenkbar: »Es gibt keinen Ersatz für die amerikanische Führungsrolle. Im Angesicht der Tyrannei darf kein Zweifel an der Glaubwürdigkeit und Zuverlässigkeit Amerikas aufkommen. Dass niemand an unserer Durchhaltekraft zweifeln möge«. Die Militärmacht gehört den USA, repräsentiert aber zugleich die Interessen der gesamten Menschheit; im kommenden Krieg »steht der Irak nicht, wie Saddam Hussein es gerne hätte, gegen die USA, im kommenden Krieg steht der Irak gegen die ganze Welt«. Wie jeder heute weiß, bereitet diese Rede von der neuen Friedensweltordnung einen Krieg vor, in dem in beispielloser Weise die Luftwaffe zum Einsatz gebracht wird.

Der Fall der Sowjetunion stellt nicht nur ein geopolitisches Ereignis ersten Ranges dar, und seine politischen Folgen beschränken sich auch nicht nur auf ehemals sowjetisch dominierte Länder und Regionen. Das Zentrum selbst erlebt eine Verallgemeinerung der 1979 durch die Wahl Margaret Thatchers und 1980 durch die Wahl Ronald Reagans in Gang gesetzten *roll-back agenda*, sprich der Aufhebung der verschiedenen »historischen Kompromisse«, die mit der Einrichtung des Sozialstaats im nationalen Rahmen ihren Ausgang genommen hatten. Dieser 1914 begonnene Geschichtszyklus findet hier seinen Abschluss. Die alten Nationalismen, das Zeitalter der Weltkriege und des *welfare* der goldenen Nachkriegsjahrzehnte kommt an sein Ende. Ein neues soziales und politisches Modell setzt sich auf nationaler wie globaler Ebene durch. Diese neue Ausgangslage hat natürlich Auswirkungen auf die Form, in der die Konflikte auftreten, was sich hervorragend an der Entwicklung des Luftkriegs ablesen lässt.

Als Anfang der Neunzigerjahre der sowjetische *contender* und mit ihm das Gespenst des Kommunismus verschwindet, ergibt sich die Gelegenheit, der aus der Zeit vor dem Ersten Weltkrieg bekannten Verknüpfung von Wirtschaftsliberalismus und ewigem Frieden neues Leben einzuhauchen. Nach dem Fall der Mauer gilt es, im Inneren wie außerhalb der Staaten alle Hindernisse zu beseitigen, die der freien Zirkulation von Waren und Kapital sowie der verallgemeinerten Konkurrenz im Weg stehen. Kurz gesagt soll im Rahmen einer noch nicht dagewesenen unipolaren Weltordnung ein politisches Programm durchgesetzt werden, das mal »Neoliberalismus«, mal »Deregulierung«, mal »Globalisierung« genannt wird. Im Bereich der »internationalen Sicherheit« ergeben sich daraus eine Reihe von Konsequenzen.

Erstens wird genauso wie der übrige öffentliche Sektor auch die Armee von Outsourcing und Privatisierung erfasst: So liegt, um ein Beispiel zu nennen, vor dem Abzug amerikanischer Truppen aus dem Irak 2010 die Zahl der Söldner in der Region höher als die regulärer Soldaten.[6] Auf diese Weise verschwindet jene alte Form der staatlichen Macht, die idealtypisch mit der Kontrolle physischer Gewalt in eins fiel: ein fiskal-militärischer Staatsapparat, gegründet auf die Monopolisierung der Gewalt. Und zwar einer Gewalt, die ihrerseits durch die in den Streitkräften entwickelte und perfektionierte Disziplinarmacht im Zaum gehalten wurde und ihre Ergänzung darin fand, dass sich selbiger Staat des »sozialen Problems« annahm. Der Neoliberalismus zeichnet sich hingegen durch das aus, was Deleuze und Guattari »generalisierte Decodierung« nennen, die auch vor der Gewalt nicht haltmacht. Obwohl der Staat die Hauptverantwortung für diese Situation trägt, fordert man paradoxerweise gerade von ihm Abhilfe, insofern der National- und Sozialstaat zum Gegenstand der Bedürfnisse vom Rückzug auf die heimische Scholle wird. Während die alte marxistische Tradition im Staat und seinem Gewaltapparat ein Instrument im Dienste der Bourgeoisie erblickte, kann Letztere von jetzt an auch ohne staatliche Umwege auf Gewaltmittel zurückgreifen, da es nun möglich geworden ist, auf dem höchst einträglichen Markt »privater Sicherheits- und Militärunternehmen« die Dienste ganzer Armeen in Anspruch zu nehmen.[7]

Zweitens lässt sich seit den Neunzigerjahren eine neue Tendenz zur politischen, ideologischen und militärischen Fragmentierung beobachten, mehr oder weniger überall auf der Welt, vor allem in Afrika, aber auch an den Rändern Europas wie etwa im ehemaligen Jugoslawien. Die globale Konstellation des Kalten Kriegs übte auf die lokal sehr unterschiedlichen Gemengelagen eine polarisierende Kraft aus – sie richtete die verschiedenen Konflikte nach Gegensätzen aus und spannte eine Reihe von Dichotomien (rechts/links, reaktionär/progressiv, kapitalistisch/kommunistisch) auf –, die nun verschwunden ist. Die Reterritorialisierungen nehmen jetzt eine deutlich fragmentiertere Gestalt an, was allerlei »Neoarchaismen« aufkommen lässt. Darin verbinden sich unter anderem identitäre Forderungen, es werden neue (häufig religiöse) Traditionalismen erfunden, und es kommt zur Bildung bewaffneter Banden, die bereit sind, die Macht zu ergreifen, und ihre Aktivitäten nicht selten mittels organisierter Kriminalität finanzieren.

Drittens ruft diese von Fragmentierung und Neuausrichtung der Staatsmacht geprägte Situation logischerweise nach einer neuen Instanz der Übercodierung: einer nicht nur globalen, sondern kosmopolitischen Instanz, die die diversen lokalen Auseinandersetzungen zu dichotomisieren vermag. Genau darin besteht die Funktion, die die »neue Weltordnung« zu erfüllen hat. In Wahrheit hat diese Ordnung nichts Neues an sich, da sie auf direktem Weg jene Formen weiterführt, die vormals durch den hegemonialen Kosmopolitismus ausgekleidet waren. Wie zu erwarten bildet die Luftwaffe das bevorzugte Werkzeug dieses neuen Kosmopolitismus, was zur Reaktivierung bereits in die Jahre gekommener Regierungstechniken und Bilderwelten führt. Ganz schematisch betrachtet, setzt die heutige Hegemonialmacht ihre Luftwaffe in zweierlei Weise ein: in der Form eines imperialen Neudouhetismus und als System »permanenten Kriegs von niedriger Intensität«. Während die Irakkriege von 1991 und 2003, der Kosovokrieg von 1999 und der Krieg in Libyen 2011 Beispiele für Ersteren darstellen, erweist sich der massive Rückgriff auf die »Eliminierung« durch bewaffnete Drohnen als auffälligster Zug des permanenten Kriegs, dem direkten Erbe der Kolonialkriege.

Als unübertroffener Theoretiker des imperialen Neudouhetismus kann zweifelsohne John Warden III gelten, dessen Werk *The Air Campaign* sich in der U. S. Air Force schnell als Handbuch etablierte.[8] Der Vietnamveteran Warden wird

1991 zum Kopf hinter den Lufteinsätzen gegen den Irak.[9] Der Name dieser Militärkampagne, »Instant Thunder«, ist bezeichnend, kopiert sie doch eine Kampagne aus dem Vietnamkrieg, die den Namen »Rolling Thunder« trug. In Nordvietnam war die amerikanische Armee der Logik des Zwangs des *coercive bombing* gefolgt, mit der dem Feind zu verstehen gegeben wurde, dass ihm, wenn er nicht aufgab, noch sehr viel schwerere Schäden zugefügt würden. Aus diesem Grund waren die Bombardements in ihrer Heftigkeit bewusst unter den militärischen Möglichkeiten geblieben. 1991 gilt es dagegen, eine »überwältigende Kraft« (*overwhelming force*) zu entfesseln, die auf Anhieb jeden Widerstand bricht. Es regiert nicht mehr der Donner, der grollt, sondern der Blitz, der zerstört. Man will den Gegner lähmen, ihm jede Möglichkeit nehmen zu reagieren, indem man ihm einen möglichst heftigen Schlag versetzt. Bezeichnend ist der Name der Kampagne von 1991 aber auch, weil er ausschließlich auf das strategische Bombardement der Demokratischen Republik Vietnam verweist: Der massive Einsatz der Luftwaffe gegen die Guerilla im Süden des Landes wird verschwiegen – Zeichen einer unter den Neudouhetisten weitverbreiteten Verdrängung dieser traumatischen Erfahrung. Tatsächlich fehlt in ihrem theoretischen Rahmen weitgehend die Dimension des »Aufstandsbekämpfungskriegs«, was John Warden ohne Umschweife einräumt: »Luftangriffe sind von begrenztem Nutzen im Kampf gegen autonome Guerillagruppen, die sich unter die Bevölkerung mischen. In diesem Fall fehlt für Luftangriffe ein bedeutsames Ziel.«[10]

Als Theoretiker der »überwältigenden Kraft« bleibt Warden stark von Giulio Douhet beeinflusst:

> Unsere These beruht in erster Linie auf dem Gedanken, dass die Luftüberlegenheit entscheidend ist, dass, wenn

> der Gegner sie erringt, eine Kampagne scheitert, dass in vielen Fällen sie allein einen Krieg gewinnen kann und dass sie zuallererst sichergestellt werden muss, bevor andere Handlungen am Boden oder in der Luft unternommen werden können.[11]

Die »Luftüberlegenheit«, von Douhet »Luftherrschaft« genannt, bildet nicht nur die Voraussetzung für jede militärische Aktion, sondern kann auch Bodenoperationen ersetzen und den alten Traum einer so umfassenden Kontrolle über das Territorium Wirklichkeit werden lassen, dass man nicht einmal mehr einen Fuß darauf setzen muss. Im Zuge des ersten Krieges der neuen Weltordnung kommt es im Irak zur Reaktivierung just dieser Idee, die auf die britische »Luftkontrolle« der Zwanziger- und Dreißigerjahre zurückgeht.

Wie schon Douhet meint auch Warden, dass das Clausewitz'sche Prinzip, demzufolge die Verteidigung ökonomischer ist als der Angriff, durch die Luftwaffe de facto ausgehebelt worden sei: Im Gegensatz zu den Bodenstreitkräften beweist die Luftwaffe ihre wahre Macht erst in der Offensive. Wie schon Douhet unterstreicht er die zahlenmäßige Überlegenheit und zieht »Abriegelungseinsätze« der »Nahunterstützung« vor. Und ebenfalls wie Douhet relativiert er die Bedeutung von Bodenoperationen zugunsten von Lufteinsätzen: »Die Eroberung eines Territoriums kann natürlich das politische Ziel einer Kampagne sein, aber sie sollte nur selten das militärische Ziel sein.«[12]

Wardens Neuerung beruht auf seiner Zieldoktrin. Obwohl er gemeinhin mit der »terroristischen« Bombardierung der Zivilbevölkerung in Verbindung gebracht wird, hatte sein italienischer Vorgänger die Frage nach den Zielen bewusst offengelassen:

> Die Ziele variieren im Kriege in bemerkenswertem Maße, und ihre Wahl hängt hauptsächlich davon ab, was anvisiert wird: die Luftherrschaft und die Lähmung der Armee und Marine des Feindes oder die Zerrüttung der Moral der Zivilbevölkerung hinter den Linien. Diese Wahl mag daher von vielen Betrachtungsweisen abhängen - militärischen, politischen, sozialen und psychologischen [...].[13]

Warden zeigt sich in der Wahl der Ziele flexibler als Douhet: Er stellt eine Rangordnung auf, die er in einem Schema aus fünf konzentrischen Kreisen darstellt. Das wichtigste Ziel bildet die politische Führungsspitze. Als Nächstes kommen die vitalen Regierungs- und Kommandoorgane. An dritter und vierter Stelle stehen »Infrastruktur« und »die Bevölkerung«. Ganz am Schluss folgen als am wenigsten lohnenswertes Ziel die Streitkräfte.[14] Höchst bemerkenswert an Wardens Schema ist, dass die Bevölkerung noch vor der Armee rangiert. In diesem Punkt bleibt seine Theorie vom Douhetismus des 20. Jahrhunderts abhängig, der im Gegensatz zur klassischen europäischen Kriegsstrategie davon ausging, dass die organisierten Streitkräfte nicht das entscheidende Ziel der Kriegshandlungen bilden.

Der Oberst der Luftwaffe John Boyd ist ein weiterer Vertreter des Neudouhetismus.[15] Obwohl er seine Ideen nie in einem Buch systematisiert hat – sein Hauptwerk mit dem Titel *Patterns of Conflict* von 1986 umfasst lediglich eine Reihe abgetippter Notizen für einen Vortrag –, übten seine Überlegungen beträchtlichen Einfluss auf die strategische Neuorientierung der USA nach dem Vietnamkrieg aus.[16] Gegenüber dem klassischen Douhetismus bringt der Neudouhetismus Veränderungen auf zwei Ebenen: in der Auffassung des Feinds als »System« und in der »Lähmung« als strategisches Ziel.

Wie Warden fasst auch Boyd den Gegner nicht als einheitliche Instanz auf – die aus einer Regierung, einem Kommando, einem Anführer und so weiter bestünde –, sondern als plurales und komplexes »System«.[17] Diese Neuerung hat große Tragweite, da sie, wie wir sehen werden, eine konzeptuelle Verschiebung bewirkt, die bis heute Bestand hat. Die »System«-Auffassung des Gegners erlaubt insbesondere, bestimmte theoretische Schwierigkeiten zu umgehen, mit denen das strategische Bombardement des 20. Jahrhunderts zu kämpfen hatte: Wenn es um die Bombardierung des Volkssouveräns ging, wurde das Volk, jedenfalls in Europa, immer in Beziehung zum Staat, also zu seiner politischen Organisationsform, gedacht. Es ist der Staat, der in letzter Instanz für oder gegen die Kapitulation entscheidet. Nicht nur im politischen Denken, gegen das Foucault seine Kritik richtet, sondern auch im strategischen Denken »ist der Kopf des Königs immer noch nicht gerollt«.[18]

Die zweite konzeptuelle Innovation des Neudouhetismus, die strategische Lähmung als Ziel einer Luftkampagne, macht zwei historische Anleihen: bei den Lehren des marxistisch-revolutionären Guerillakampfs und bei der deutschen Doktrin des Blitzkriegs. Laut Boyd benötigt jedes System zur Interaktion mit seiner Umgebung ein Subsystem, das er als »OODA« (*observe-orient-decide-act*) bezeichnet. Die Theorie des »OODA-Loops«, die ursprünglich mit Blick auf den Luftkampf entwickelt, bald aber auch auf alle Ebenen des Kriegs und alle Arten von Auseinandersetzung übertragen wurde, empfiehlt die Unterbrechung dieses Subsystems: die Beobachtung (*observation*) verwirren, die Orientierung (*orientation*) stören und an der Beschlussfassung (*decide*) hindern, um das System handlungsunfähig (*act*) zu machen und es so zu lähmen. Die Lähmung als Ziel erlaubt es, eine praktische, politische und moralische Schwierigkeit des klassischen Bombardements zu umgehen, da nun die Notwendigkeit wegfällt, das Volk direkt ins Visier zu nehmen. Der Neudouhetismus ermöglicht also, jedenfalls in der Theorie, am Prinzip der Immunität der Zivilbevölkerung neu anzuknüpfen, auch wenn die Dinge, wie wir sehen werden, in der Praxis nicht immer so gut laufen.

Mit diesen zwei Schlüsselelementen des Neudouhetismus lassen sich einige immanente Probleme des klassischen Douhetismus überwinden: Die Systemkonzeption des Gegners erlaubt, die monarchische Politikauffassung hinter sich zu lassen, und mit Lähmung als Ziel wird das Volk aus der direkten Schusslinie genommen. Nun hebt diese zweite Neuerung aber tendenziell die theoretischen Vorteile der ersten wieder auf, da das System, auf dessen Lähmung es der Neudouhetismus abgesehen hat, trotz allem ein Staat bleibt. Der zweite aktuelle Ansatz im Luftkrieg, der »permanente Krieg niedriger Intensität«, leistet in dieser Hinsicht einen Fortschritt.

Doch sehen wir zunächst, wie sich eine Luftkampagne mit neudouhetistischer Konzeption konkret darstellt. Nehmen wir als Beispiel die geradezu idealtypische Operation »Wüstensturm« im Irakkrieg 1991. Der Kampf um die »Luftherrschaft« steht logisch wie chronologisch an erster Stelle. Jede Operation soll zuerst die feindliche Luftwaffe und dann die Luftabwehrsysteme ausschalten. Durch die ungeheure Überlegenheit der amerikanischen Streitkräfte bereitet diese erste Stufe keinerlei Probleme, weder im Irak noch anderswo. Im Weiteren folgt die Kampagne der Rangfolge, die Warden bezüglich der Angriffsziele aufgestellt hat: die oberste Führung, die wesentlichen Regierungs- und Kommandoorgane, die Infrastruktur, die Bevölkerung und schließlich die Streitkräfte. Das nächste Ziel nach Eroberung des Luftraums ist also die »Enthauptung« des gegnerischen Gesellschaftssystems. Und an dieser Stelle verkomplizieren sich die Dinge. Wie allgemein bekannt wurde Saddam Hussein nicht durch Fliegerbomben getötet (ebenso wenig wie Slobodan Milošević und Muammar al-Gaddafi), was die Schwierigkeiten, die politische Führungsspitze zu treffen, nur zu deutlich macht. Leichter fällt das hingegen bei den zahlreicher vorhandenen vitalen Regierungs- und Kommandoorganen, wobei es übertrieben wäre, im Fall des Irak davon zu sprechen, dass sie wirklich zum Erliegen gebracht worden wären. Bleiben mit abnehmender Priorität die Infrastruktur, die Bevölkerung und die Streitkräfte.

Das neudouhetistische Bombardement nimmt die Bevölkerung nur indirekt, über den Umweg der Infrastruktur, unter Beschuss. Nach dem Imageschaden, den der Vietnamkrieg hinterlassen hat, steht in den Kriegsdoktrinen der Westmächte die Achtung gegenüber Zivilisten hoch im Kurs. Man besinnt sich wieder auf das klassische Proportionalitätsprinzip, demzufolge die der Bevölkerung zugefügten Schäden die militärischen Vorteile durch das Bombardement nicht überwiegen dürfen. Dennoch können sich die »indirekten« Auswirkungen eines Angriffs als ebenso katastrophal erweisen wie die unmittelbaren Effekte. Schlimmer noch, mitunter muss gar nicht auf Kriegsgerät zurückgegriffen werden, um die Bevölkerung zu dezimieren. Um beim Beispiel Irak zu bleiben, dort lasteten die »Wirtschaftssanktionen« nach dem Krieg 1990–91 so schwer auf der Zivilbevölkerung, dass der Koordinator für humanitäre Fragen der Vereinten Nationen in Bagdad, Denis Halliday, mit der Begründung zurücktrat, sich nicht an einem »Völkermord« beteiligen zu wollen. Es bedarf keiner besonderen Erwähnung, dass die Wirkung einer solchen Blockade in erster Linie die Schwächsten trifft: Kinder, Kranke, Alte und Arme. Als Madeleine Albright, Außenministerin der Vereinigten Staaten, mit der Tatsache konfrontiert wurde, dass die Sanktionen gegen den Irak für den Tod von einer halben Million Kindern – mehr als zweimal so viel wie die Opfer der Angriffe auf Hiroshima und Nagasaki zusammengenommen – verantwortlich waren, antwortete sie: »Das ist eine sehr schwere Entscheidung, doch wir denken, die Sache ist den Preis wert«.[19]

Die Bombenangriffe haben zuweilen ähnlich dramatische »indirekte Auswirkungen«. Im Januar 1991, zehn Tage nach Beginn der Operation »Wüstensturm«, ist das irakische Stromnetz zu mehr als 75 Prozent zerstört, im Zentrum und Süden des Landes bricht die Stromversorgung vollends zusammen.[20] Die Folgen eines lang anhaltenden Blackouts übersteigen die Vorstellungskraft: Ein vom Deutschen Bundestag veröffentlichter Bericht kommt zu der Einschätzung, dass bei einem lang andauernden großflächigen Stromausfall »der Kollaps der Gesellschaft kaum zu verhindern« wäre.[21] Die operationale Umsetzung des imperialen Neudouhetismus zielt folglich sehr wohl auf die Zivilbevölkerung – nur eben indirekt über die systematische Zerstörung der Infrastruktur.

Der Irakfeldzug von 1991 weist ein weiteres Charakteristikum auf: Aufgrund ihrer überwältigenden Überlegenheit leisten sich die Amerikaner den Luxus, zwei Luftkampagnen zur gleichen Zeit durchzuführen. So greifen sie nicht nur die Kommandozentren und Infrastrukturen an, wie Warden und Boyd es empfehlen, sondern einfach gleich auch die irakische Armee selbst: Die neudouhetistische Kampagne zur Lähmung des gegnerischen Systems wird parallel von einer klassischen Kampagne begleitet. Da der Befehlshaber der Operationen ein Heeresgeneral ist, spielen gewisse Rivalitäten zwischen den Teilstreitkräften zweifellos ebenso eine Rolle wie der Wille, die Kampfkraft des irakischen Militärs ernsthaft zu schwächen.

Wie geht die irakische Seite den Krieg an? Saddam Hussein ist Realist genug, um nicht auf einen Sieg auf dem Schlachtfeld zu setzen. Seine mehr auf politischer als auf streng militärischer Ebene angesiedelte Strategie gründet sich auf das Bedürfnis nach »Verlustvermeidung« (*casualty aversion*), das zahlreiche Beobachter in der amerikanischen Gesellschaft nach dem Vietnamkrieg festgestellt haben. In einer ganz und gar nicht abwegigen Kalkulation kommt er zu der Einschätzung, dass seine Armee – 300 000 Mann, 3500 Panzer und 2500 Artilleriegeschütze – in der Lage ist, seinem Gegner Verluste in Höhe von ungefähr 10 000 Personen zuzufügen, was ausreichen würde, ihn zum Rückzug zu bewegen. Die Wirklichkeit macht aus dieser Rechnung Makulatur: Lediglich 148 amerikanische Soldaten sterben im Kampf, darunter 35 als Opfer von »friendly fire«.[22] Die alles andere als unbedeutende irakische Armee hat nicht den Hauch einer Chance. Im Lauf der Neunziger- und zu Beginn der Nullerjahre bildete sich auf amerikanischer Seite die Überzeugung heraus, dass es mit dem Krieg ein Ende gefunden hätte: Welcher Feind wird sich schon zu dem irrwitzigen Glauben hinreißen lassen, gegen eine so fürchterliche Macht bestehen zu können?[23] Die Einsatzfähigkeit des amerikanischen Militärs scheint keine Grenzen zu kennen. Die Hegemonialmacht träumt sogar davon, nach und nach in alle widerspenstigen Länder einzufallen, um dort Regime zu installieren, die für ihre Interessen ein offenes Ohr haben. Dem amerikanischen General Wesley Clark zufolge entwirft das Pentagon im November 2001 einen Fünfjahresplan, um nacheinander die Regime im Irak, in Syrien, im Libanon, in Libyen, im Iran, in Somalia und schließlich im Sudan zu stürzen.[24] Statt »echter Kriege« sollten diese Operationen Einsätze von kurzer Dauer sein, da keine Streitkraft der gewaltigen Überlegenheit der amerikanischen Armee hätte trotzen können.

Diese Überlegenheit beruht auch auf der informationellen Kontrolle über das Schlachtfeld. Seit 1996 ist das Konzept der »Full spectrum dominance« umfassend in die amerikanischen Militärdoktrinen einbezogen.[25] Es beschreibt die gleichzeitige Beherrschung des Felds der physischen Auseinandersetzung – ob Boden, See oder Luftraum – und des Felds der Funkübertragung, der Information und des Cyberspace, was wohlgemerkt in Bezug auf die Datenverarbeitung eine beachtliche Herausforderung darstellt, da man Gefahr läuft, durch »Informationsüberflutung« gelähmt zu werden. Daher erforscht eine maßgebliche Strömung unter den amerikanischen Strategen seit den Neunzigerjahren die Implikationen der »netzwerkzentrierten Kriegsführung« (*network centric warfare*).[26] Dank ihrer militärischen, technischen und finanziellen Überlegenheit können die Vereinigten Staaten jeden beliebigen Gegner besiegen. Besser noch: Nach der »Strategie der zwei Kriege« wird die in Form eines neuen Blitzkriegs zum Einsatz gebrachte Übermacht den Hegemon in die Lage versetzen, zeitgleich zwei Gegner zu überwältigen. Sobald die gegnerische Regierung geschlagen ist, verlassen die amerikanischen Truppen das Land, um sich neuen Aufgaben zu widmen. Eine neue Regierung wird nun demokratisch Souveränität ausüben, dem ausländischen Kapital die Grenzen öffnen und sich den Regeln des Freihandels fügen. Die »neue Weltordnung«, die George Bush jr. 2001 gemäß den zehn Jahre zuvor entwickelten Ideen seines Vaters zu implementieren beginnt, ist so als internationales System auf der Grundlage souveräner kapitalistischer Staaten mit stabilisierendem hegemonialen Zentrum USA konzipiert. Dessen machtvolle, aber kurze Eingriffe sollen politische Homogenität auf globaler Ebene garantieren und alle Staaten gewissermaßen dazu bringen, das Modell einer sich zum liberalen Kapitalismus fügenden repräsentativen Demokratie zu übernehmen.

Bekanntermaßen scheiterten die Pläne der Bushs, und zwar aus diversen Gründen, die ebenso sehr in der Logik des Weltsystems wie in strategischen Logiken im eigentlichen Sinn zu suchen sind. Das kapitalistische Weltsystem bringt unweigerlich Ungleichgewichte, Zonen der »Unterentwicklung«, »Neoarchaismen«, räumliche und zeitliche Unvereinbarkeiten hervor, sodass die »Globalisierung« unmöglich als eindimensionaler Homogenisierungsprozess oder als allmähliche Angleichung der sozialen und politischen Formen begriffen werden kann. Die Bemühungen um Durchsetzung der »neuen Weltordnung« – mittels rascher Interventionen zur Installierung »demokratischer« Regime unter Einsatz der »überwältigenden Macht« neudouhetistischer Luftkampagnen – beruhen auf dem Glauben an genau diese Angleichung. Mit anderen Worten unterstellt man genau das Ergebnis als schon gesichert, das man zu erreichen wünscht. Der Gegner wird als einem gleich dargestellt. Auf militärischer Ebene schafft das Raum für einen unverzeihlichen Fehler, der allen Formen des Douhetismus gemeinsamen ist: Sie verkennen die Grundbestimmung des Krieges, dass es sich nämlich um ein antagonistisches Verhältnis handelt. Durch ebendiesen Fehler tragen die neudouhetistischen Interventionen sogar zur Stärkung des Feinds bei, gegen den sich ihre ganze überlegene Macht am Ende als ohnmächtig erweist. Das Beispiel Irak kann in dieser Hinsicht als Paradigma gelten: Indem der Neudouhetismus die Staatsapparate angreift, schafft er selbst die Bedingungen dafür, dass sich eine »Kriegsmaschine« (Deleuze/Guattari), eine nichtstaatliche Instanz, gegen die Staaten, ihn selbst mit eingeschlossen, in Stellung bringt.

In der Tat müsste man zur Realitätsverweigerung neigen, um zu glauben, gegen die amerikanischen Streitkräfte auf dem klassischen Schlachtfeld bestehen zu können, aber genau deswegen wird sich ein intelligenter Gegner natürlich für ein anderes Terrain und eine andere Kampfform entscheiden. Er wird den Krieg auf ein anderes Feld verlagern, auf dem sich die »überwältigende Macht« möglicherweise als wenig brauchbar erweist. Ein intelligenter Gegner wird keinen Krieg klassischen Typs führen, sondern einen Guerillakampf mit terroristischen Aktionen, der den Krieg »in die Mitte des Volkes«[27] trägt. Genau dies geschah nach den Attentaten des 11. Septembers 2001 und dem Einmarsch in Afghanistan und im Irak. Und das führt uns zum »permanenten Krieg von niedriger Intensität«.

Die »totalen Kriege«, an denen ein oder mehrere *contender* beteiligt sind, und die »asymmetrischen« Kriege gegen Aufständische und Guerillagruppen haben eines gemeinsam: In beiden Fällen muss die Großmacht hart zuschlagen, um schnell den Sieg davonzutragen. Dieser Vorgehensweise folgte man in den zwei Weltkriegen, und sie wurde von den Amerikanern im Vietnamkrieg gewählt. In den asymmetrischen Auseinandersetzungen kolonialer oder neokolonialer Provenienz spielt die Zeit unvermeidlich in die Hände der Aufständischen, sodass die Großmacht im selben Maße verliert, wie sie noch nicht gewonnen hat.[28] Der israelische Militärhistoriker Martin van Creveld spricht von zwei Möglichkeiten, einen Aufstand erfolgreich niederzuschlagen. Die erste lässt sich mit dem britischen Ansatz in Nordirland illustrieren und die zweite mit dem Ansatz des syrischen Staates gegen den Aufstand der Muslimbrüder 1982.[29] Der Erfolg der Briten in Nordirland beruht auf der Effektivität ihrer Nachrichtendienste, der guten Ausbildung ihrer Truppen und der politischen Entscheidung, die Zahl der Opfer so niedrig wie möglich zu halten, um die Zivilbevölkerung nicht gegen sich aufzubringen. Die syrische Strategie 1982 geht den genau entgegengesetzten Weg: Statt Umsicht walten zu lassen, entscheidet sich der Staat zu einem einzigen Gewaltschlag von unerhörter Brutalität. Die Bombardierung der Stadt Hama fordert zwischen 10 000 und 40 000 zivile Todesopfer – und erstickt den Aufstand.

Ein demokratisches Land wie die Vereinigten Staaten hat begreiflicherweise schlechte Ausgangsbedingungen, um einen Aufstand niederzuschlagen. Der Vietnamkrieg hat das ganze Gewicht der öffentlichen Meinung offenbart: Als sich die Öffentlichkeit gegen den Krieg wandte, verschaffte dies den Aufständischen einen entscheidenden Vorteil. Ein solcher Meinungsumschwung wird umso wahrscheinlicher, je weiter das Land, in dem man sich militärisch engagiert, vom eigenen Territorium entfernt liegt und die vitalen Interessen der Nation nicht ernsthaft in Gefahr geraten. Warum also am anderen Ende der Welt Kriege führen? Und das in Ländern, die man nicht versteht und mit denen man nichts am Hut hat? Die »neue Aufstandsbekämpfungsstrategie« der amerikanischen Luftwaffe möchte genau diese offene Flanke sichern, indem sie den ganzen Rahmen, in dem der Kampf stattfindet, verschiebt: Man will die Aufstandsbekämpfung nämlich durchführen, ohne jene Grenze zu überschreiten, ab der die Öffentlichkeit die Auseinandersetzung überhaupt erst als »Krieg« wahrnimmt. Dabei mögen die Operationen an sich von den klassischen Doktrinen der Aufstandsbekämpfung gar nicht so weit entfernt liegen – was sich ändert, ist, dass sie sich außerhalb des traditionell als Krieg definierten Rahmens abspielen. Ein Großteil der Lufteinsätze zur Niederschlagung von Rebellionen findet in Regionen statt, die sich offiziell »im Frieden« befinden. Der neue Ansatz umfasst also ein bewusstes Verwischen der Grenze zwischen Krieg und Frieden: Man könnte sich sogar zu der Aussage hinreißen lassen, dass der imperiale ewige Frieden von da an mit einem permanenten Krieg niedriger Intensität zusammenfällt.

Das schlagendste Beispiel liefert uns einmal mehr der Luftkrieg oder genauer gesagt der massive Einsatz von Drohnen, vor allem in Ländern wie Pakistan und Jemen. Tatsächlich reicht die Verwischung der Grenzen zwischen Krieg und Frieden viel weiter zurück als die Einführung dieser neuen Flugmaschinen. Wie wir gesehen haben, liegt ihr Keim bereits in den allerersten Luftschlägen, insofern diese nicht gegen bewaffnete Truppen, sondern gegen ein politisches und sozioökonomisches System gerichtet waren. Ursprünge hat dieses Verwischen der Grenzen auch in den totalen Kriegen, in denen das ökonomische System, die Infrastruktur, der politische, soziale und »moralische« Zusammenhalt der Völker nicht nur zu Angriffszielen werden, sondern auch zu moralischen Werten, die es zu verteidigen, zu Kriegstrümpfen, die es zu sichern gilt, und zum politischen Fundament, das zu errichten ist. Schon der Begriff des »totalen Kriegs« impliziert eine Durchlässigkeit zwischen militärischem und zivilem Bereich. Schließlich hat die Aufweichung der Grenze zwischen Krieg und Frieden auch Wurzeln in den Kolonialkriegen, insbesondere in der Praxis des *police bombing*, sodass Antonio Negri und Michael Hardt von einer Vermischung des heutigen permanentes Kriegs niedriger Intensität mit Weltpolizeieinsätzen von hoher Intensität sprechen konnten.[30]

Die globale Gewalt heute auf einer genealogischen Linie mit dem (vor allem europäischen) totalen Krieg und dem Kolonialkrieg zu verorten, läuft selbstverständlich nicht auf die Behauptung hinaus, dass es nichts Neues unter der Sonne gäbe. Im Gegenteil, dieser Ansatz macht uns auf bedeutende Brüche aufmerksam. Wenn nun das klassische strategische Bombardement tatsächlich das »demokratisch« organisierte »Volk« zum Hauptziel erklärt, stellt sich die Frage, welchen Auffassungen des Volks und der Demokratie die neuen Formen entsprechen.

Das Verwischen der Grenzen zwischen Krieg und Frieden wird heute offen in den insbesondere amerikanischen Militärdoktrinen ausgesprochen, die seit den Neunzigerjahren entwickelt wurden. Das klar neudouhetistisch inspirierte Konzept des »Shock and Awe« unterstreicht die Notwendigkeit, jedem Versuch entgegenzutreten, den Konflikt über die Grenzen des konventionellen Kriegs hinaus zu verlagern.[31] Das Konzept der »Full spectrum dominance« hingegen betont die Notwendigkeit, alle Bereiche zu kontrollieren, in denen es zu einer Auseinandersetzung kommen kann, vor allem »in Situationen, in denen wir unsere technologischen Kapazitäten nicht zur vollen Entfaltung bringen können, in denen wir es also mit Gegnern zu tun haben, die mit verschiedenen Mitteln unsere technologische Überlegenheit auszuhebeln versuchen«.[32] Die Konzepte »wirkungsbasierte Operationen« (»Effects-based operations«) und »Kriegsführung der vierten Generation« (»Fourth-generation warfare/4GW«) gehen noch deutlicher in diese Richtung, insofern sie explizit »nichtmilitärische« Methoden einsetzen, um gleichermaßen militärische wie zivile Ziele zu erreichen.[33] Dasselbe gilt für das chinesische Konzept des »entgrenzten Kriegs« (»Unrestricted warfare«).

Wir sind Zeuge einer Radikalisierung der totalen militärischen Mobilisierung. Eine Unterscheidung, was militärisch ist und was nicht, wird unmöglich. Während der Krieg außer konventionellen Kriegshandlungen selbstverständlich auch Guerillaaktionen und Terrorismus umfasst, erstreckt er sich von nun an aber auch auf die Ökonomie, das Recht, die Medien und die Kultur. Die chinesischen Strategen Qiao Liang und Wang Xiangsui entwickeln beispielsweise ein Angriffsszenario, in dem zunächst mittels Börsenspekulation eine Finanzkrise in der feindlichen Nation ausgelöst wird, um dann Computerviren gegen das zivile Stromnetz, die Medien, die Telekommunikation und die Leitung des Verkehrs einzuschleusen. Dies würde fast automatisch Panik und Aufruhr auslösen und eine politische und soziale Krise zur Folge haben. Die physische Gewalt wäre nur der zweite Schritt in diesem »entgrenzten Krieg«.[34]

Die Kriege der Zukunft werden lang oder sogar endlos, dezentriert und ohne nationale Grundlage sein. Sie begreifen potenziell die gesamte Weltbevölkerung mit ein. Die beteiligten Kämpfer gehören nicht mehr Militärapparaten, sondern dezentralisierten und häufig nur kurzzeitig bestehenden Gruppen an, die in flache und wechselnde Hierarchien eingebunden sind. Kurzum, von nun an setzt man stärker auf Netzwerke, die sich lokal und vorübergehend zu stabileren Knotenpunkten aus Kampfeinheiten zusammenziehen, anstatt sich auf Gewaltmonopolisten mit pyramidenförmigen Hierarchien zu verlassen.

Obgleich diese Beschreibung stark an die für Kolonialkriege und neokoloniale Kriege charakteristischen paranoischen Phantasmen vom ungreifbaren Feind erinnern, dient dieses »orientalistische« Stereotyp heute den imperialen Kräften als Modell. Der Neudouhetist John Boyd beharrt so in *Patterns of Conflict* auf der Notwendigkeit einer Dezentralisierung der Kommandostrukturen. Dabei stützt er sich auf das deutsche Konzept der »Auftragstaktik«, bei der ein Befehlshaber Auftrag und genaues Datum festlegt und die ausführenden Kräfte bestimmt, es aber den Untergebenen überlässt, sich um die Mittel durch Durchführung der Mission zu kümmern.[35] Diese Kompetenzverlagerung schafft größere, effektivere und schnelle Anpassungsfähigkeit als die klassische Befehlskette. Offenkundig besteht dabei das Risiko, dass die verschiedenen dezentralen Aktionen ihren strategischen Zusammenhang verlieren. Doch in langen Jahren der Einübung entwickeln die Akteure eine ähnliche Weltsicht und einen unerschütterlichen Glauben an die Gerechtigkeit der Sache, für die sie kämpfen.[36] Offensichtlich inspirieren diese »flachen Hierarchien« und das militärische Agieren in Netzwerkstrukturen nicht nur bestimmte Gruppen von Terroristen und Aufständischen, sondern auch neue Managementansätze, die gemeinhin als »postfordistisch« bezeichnet werden. In diesem umfassenderen Rahmen des »permanenten Kriegs niedriger Intensität« kommt der Luftwaffe eine merklich andere Rolle zu als im System des imperialen Neudouhetismus.

Die Drohnen, jene ferngesteuerten und unbemannten Fluggeräte, illustrieren diese neue Rolle fraglos am eindringlichsten.[37] Ursprünglich für Aufklärungs- und Überwachungseinsätze entwickelt, werden sie nach und nach immer häufiger auch mit Bomben und Raketen ausgestattet. So dienen sie zur Überwachung, zur Lokalisierung und zum Zerstören. Nach der Wahl Barack Obamas wurden mehr und mehr Schläge von amerikanischen Drohnen ausgeführt, vor allem in Pakistan, aber auch im Jemen und in Somalia. Äußerst leistungsfähige Videosensoren erlauben diesen Maschinen, die Bewegungen von »Verdächtigen«, in der Regel Verbindungskader in den Terrornetzwerken, zu registrieren, sie zu überwachen und schließlich zu eliminieren. Die Auswahl der Ziele geschieht auf zwei verschiedene Weisen. In wöchentlichen Einsatzbesprechungen im Weißen Haus, dem »bloody Thursday«, genehmigt der Präsident persönlich die Liste der Personen, die in der kommenden Woche getötet werden sollen. Neben diesen »personalisierten Schlägen« (*personality strikes*) gibt es noch »Profilschläge« (*signature strikes*), die im Unterschied zu ersteren nicht gegen bekannte Personen gerichtet sind, sondern gegen Personen mit »verdächtigem« Verhalten. Am 14. Januar 2010 beispielsweise wurden in Pakistan 17 Menschen durch eine Drohne getötet, weil sie durch Lauftraining und Liegestütze in der Nähe eines Talibanlagers aufgefallen waren.[38]

Der Einsatz von Drohnen knüpft gleichzeitig an mehrere genealogische Fluchtlinien des Kriegs im 20. Jahrhundert an. Die Drohne steht klar in der Nachfolge der Kolonialpraxis des *police bombing* in dem Sinne, dass das Luftbombardement in beiden Fällen zu »Friedenszeiten« eingesetzt wird. In der Kolonialkontrolle der Zwanziger- und Dreißigerjahre deutet sich ebenfalls schon der Luftkrieg geringer Intensität an, insofern das Bombardement hier an einen Überwachungsauftrag gekoppelt ist. Während der Einsatz von Bodentruppen in Kolonialkriegen auf Kontrolle des Territoriums setzt, verspricht das »Polizeibombardement« eine Kontrolle mit panoptischem Blick: Überwachung durch Überflug. Was in den Zwanziger- und Dreißigerjahren lediglich Traum blieb, befindet sich heute auf dem besten Weg, technisch realisierbar zu werden. Die in den Drohnen eingebauten Kameras erlauben, alle Bewegungen in einer gegebenen Region aufzuzeichnen, sodass für Analysten zurückverfolgt werden kann, was ein Verdächtiger zu einem beliebigen Zeitpunkt getan hat, woher er gekommen und wohin er gegangen ist. Die Überwachung wird total.

Aus dieser Perspektive und mit Blick auf die Ausweitung des Kriegs auf alle Bereiche des menschlichen Handelns bewegt sich die verallgemeinerte informationstechnologische Überwachung durch die Nachrichtendienste klar in dieselbe Richtung. Drohnen werden mehrheitlich nicht für Bombenangriffe, sondern zur Kontrolle verwendet. Außerdem werden sie einschließlich der Angriffsmissionen in erster Linie von den Geheimdiensten eingesetzt, woran sich ablesen lässt, dass Überwachung und Eliminierung zwei Pole desselben Kontinuums darstellen. Die Drohne knüpft so zugleich an eine weitere Tradition des Aufstandsbekämpfungskriegs an, die vor allem auf Nachrichtendienste setzt, um physische Auseinandersetzungen und mithin die Opferzahlen soweit möglich zu minimieren. Im Gegensatz zu den Kolonialkriegen und neokolonialen Kriegen macht man es nicht mehr zur erklärten Absicht, die größtmögliche Zahl wirklicher oder mutmaßlicher Aufständischer zu eliminieren. Das ist der Grund, warum Drohnen deutlich weniger Opfer fordern als Großkonflikte. Um beim Beispiel des Drohneneinsatzes in Pakistan zu bleiben, so kommt es dort durch verschiedene amerikanische Dienste durchschnittlich etwa alle vier Tage zu einem Angriff. Schätzungen zufolge wurden bis heute mindestens 2562 Personen, wahrscheinlicher eher 3300 Personen getötet. Unter den Opfern sind zwischen 474 und 881 Zivilisten, davon 176 Kinder.[39]

Die strategische Betonung der totalen Überwachung und Begrenzung der Opferzahlen bedeutet nicht, dass die Verabreichung des physischen Tods nicht mehr auf der Tagesordnung stünde, sondern nur, dass sich die Feinddarstellung geändert hat. Ein Vergleich mit dem amerikanischen Ansatz in Vietnam ermöglicht, sich ein klareres Bild von dieser Veränderung zu machen: Die in den Fantasien der Amerikaner allgegenwärtigen Vietcong wiesen nichtsdestoweniger noch Organisationsformen auf, die im Prinzip auf Baumstrukturen zurückführbar sind, das heißt auf eine hierarchische Pyramidenstruktur, die sich auf eine Differenzierung der Aufgabenfelder gründet und von einer aufgeklärten »Avantgarde« angeführt wird. Taktisch galt es, sich die Hierarchiekette hinaufzuarbeiten; die Enthauptung der Organisation war nur die letzte Etappe der physischen Vernichtung aller Aufständischen auf allen Ebenen. Heute stellt man die Organisation der Rebellen dagegen nicht mehr als Baum-, sondern als »Netz«-Struktur dar. Ein Netzwerk organisiert sich aber über strategische »Knoten«, die sich vorübergehend stabilisieren. Zusätzlich zur Totalüberwachung besteht die Aufstandsbekämpfungsstrategie heute darin, diese Knoten anzugreifen und zu eliminieren, um eine Auflösung des Netzwerks zu bewirken. Die Verbindungsglieder der terroristischen Netzwerke, die von den Drohnen angegriffen werden, bilden genau solche Knoten. Und laut den Verfechtern des ferngesteuerten Kriegs wird ihre Eliminierung zwangsläufig zum Zerfall des Netzwerks führen. Wie zu erwarten stellt sich die Wirklichkeit ein wenig anders dar, und alles deutet darauf hin, dass diese »Knoten« wie die Köpfe der Hydra sofort nachwachsen.

Aus der Entwicklung der militärisch-polizeilichen Doktrinen und Praktiken lassen sich einige zusammenfassende Schlussfolgerungen ziehen. Die Fortschritte des Luftkriegs im 20. Jahrhundert gingen, wie wir gesehen haben, mit dem Wandel der »Demokratie« und des »Volks« einher. Wo steht der Luftkrieg heute? Bezogen auf den imperialen Neudouhetismus fällt die Antwort leicht. Die Douhetisten zielen auf die strategische Lähmung eines politischen Systems, um einen Regierungs- oder sogar Regimewechsel herbeizubomben. Wie ihre Vorgänger in dieser Tradition erklären sie an keiner Stelle genau, wie dieser Wechsel zustande kommen soll, wenn nicht durch einen Staatsstreich oder eine Revolution. Diese Veränderungen sollen also entweder von Teilen der Elite (beim Staatsstreich) oder durch die Volksmasse (im Fall einer Revolution) bewirkt werden. Ein Regimewechsel durch Staatsstreich scheint vor allem für die »Stammesgesellschaften« wie Irak oder Libyen vorgesehen, also für Länder, in denen der Staat als eine durch verschiedene Anführer ausgehandelte Einheit erscheint. Der theoretische Unterbau des Staatsstreichs entspricht dem des *police bombing*, das zwischen den Weltkriegen praktiziert wurde. Der der Revolution ruht auf demselben theoretischen Fundament wie die alte douhetistische Tradition: Die Politik stützt sich in letzter Instanz auf das »Volk«, dessen Natur weder offengelegt wird noch überhaupt unzweideutig expliziert werden kann – mit kolonialem *police bombing* und dem Douhetismus des totalen Kriegs beruht der Neudouhetismus also auf denselben Hypothesen wie der klassische Luftkrieg.

Die wirkliche Neuerung findet sich demnach nicht im Neudouhetismus, sondern im permanenten Luftkrieg niedriger Intensität, für den exemplarisch der Einsatz von Überwachungs- und Kampfdrohnen steht. Anders als man denken könnte, besteht der Hauptvorteil dieser Maschinen tatsächlich nicht darin, dass ihr »Pilot« unangreifbar wird. Um sich davon zu überzeugen, reicht es, sich die Verluste der letzten neudouhetistischen Luftkampagnen vor Augen zu führen. In Fliegerkreisen zirkuliert der Witz, dass es sicherer ist, in Kriegsgebieten zu fliegen als in Friedenszonen. Selbst gegen eine so beängstigende Streitmacht wie die irakische Armee von 1991 haben die Amerikaner nur 148 Mann im Kampf verloren. In Regionen wie Pakistan oder Jemen und gegen Gegner ohne Flugabwehr bleiben die Verluste an Material und Flugpersonal verschwindend gering.

Ein anderer, in direkterer Weise politischer Vorteil scheint hingegen von größerer Bedeutung. Die Bomberdrohnen sind die technische Lösung für das Problem, das durch weltweite Unternehmungen aufgeworfen wird, welche den Charakter von *Polizei*operationen haben, jedoch mit *militärischer* Intensität verfolgt werden. Die Drohnen bilden das gewaltförmige Gegenstück zu dem, was Jürgen Habermas »Weltinnenpolitik« nennt. Sie sind der tödliche Knüppel des globalen Büttels. Konkret wird diese Rolle des Weltpolizisten heute von einem großen demokratischen Staat, den Vereinigten Staaten, ausgefüllt. Die Weise, wie dieser Staat seine militärischen Operationen durchführt, wirkt aber unweigerlich auf die Arbeitsweise seiner Institutionen und seine Politik im Allgemeinen zurück.

Aus diesem Blickwinkel ist höchst bedeutsam, dass die Mehrheit der Drohnen nicht von der amerikanischen Armee geflogen wird, sondern von der CIA, also von Geheimdiensten, die sich per definitionem der öffentlichen, demokratischen Kontrolle entziehen. Die Drohnen sind die Waffe der Wahl im »postheroischen Krieg«, wie ihn der Stratege Edward Luttwak[40] vertritt. Dieser Krieg erspart sich auf einen Schlag das Problem der Mobilisierung und das der demokratischen Debatte über die Zweckmäßigkeit des Krieges, der trotz allem ein außergewöhnliches und außerordentliches Ereignis im Leben einer Nation bleibt. Drohnen bilden die Waffen eines Krieges, der eigentlich ein Polizeieinsatz ist und als solcher nicht mehr unter die Außenpolitik fällt, sondern den Alltagsgeschäften und den *arcana imperii* zuzurechnen ist. Kurz gesagt, ein Krieg, der um das »demokratische« Potenzial beschnitten ist, das *auch* zum Erbe der großen Gemetzel des 19. und 20. Jahrhunderts gehört. So gesehen steht der Einsatz von Bomberdrohnen für die Zwecke der Weltpolizei in direktem Zusammenhang mit einer der modernen Demokratie innewohnenden, aber weitgehend verdrängten Tendenz: dem »Totalitären«.[41]

Allerdings unterscheidet sich der Totalitarismus des Drohnenkriegs in vielerlei Hinsicht von dem des 20. Jahrhunderts. Der fundamentale Unterschied besteht darin, dass die historischen Totalitarismen, sei es faschistischen oder stalinistischen Typs, sich immer auf das »Volk« stützten. In dieser Hinsicht existiert »eine innere Solidarität zwischen Demokratie und Totalitarismus«[42], selbst wenn die Totalitarismen im Unterschied zu demokratischen Regimen dieses Volk nach Maßgabe eines vorgeordneten Vektors konstruierten, dem alle anderen Kategorien untergeordnet wurden: die Klasse respektive die rassifizierte Nation. Auf jeden Fall wird dieses »Volk«, die primäre Entität des Politischen, zugleich auch zum Hauptziel der Angriffe. In den großen Konflikten des 20. Jahrhunderts nimmt man es unter Beschuss, um seine Einheit zu zerstören und es in sein Gegenteil zu verwandeln, den Pöbel. Umgekehrt wirkt eine ganze Reihe nationalstaatlicher sozialer Maßnahmen auf die Festigung seiner Einheit hin.

Genau an dieser Stelle bedeutet der permanente Krieg niedriger Intensität einen sehr bedeutsamen Bruch. Der imperiale Neudouhetismus bleibt im Fahrwasser des totalen Kriegs, da er den Sieg über einen Staat anstrebt, indem er das Volk dazu aufstachelt, sich gegen den Staat zu erheben. Der permanente Krieg niedriger Intensität hingegen ist direkt mit einer Weltkriegsmaschinerie verbunden, die über die Staaten hinausreicht. Sie greift Territorien unter der Hoheit postkolonialer Staaten an und ordnet deren Souveränität dadurch ihrer eigenen globalen Logik unter. Tatsächlich ist es sogar unangemessen, von einem Angriff dieses permanenten Kriegs auf die »Territorien« zu sprechen, weil er, von oben kommend, wesentlich deterritorialisiert ist.

Von nun an sind nicht mehr »Völker« die Ziele, sondern strategische Knotenpunkte in Netzwerken. Wenn die bombardierten Völker des 20. Jahrhunderts in hohem Maß zu Nationen geformte Wesenheiten darstellten, nehmen die Netzwerke von heute kosmopolitische, über alle Grenzen strömende Formen an. Es sind transnationale, ja sogar globale Netzwerke. Folglich globalisiert sich der permanente Krieg niedriger Intensität ebenfalls. So gesehen bildet das koloniale *police bombing* möglicherweise die historische Matrix für die Kriege der Zukunft. Die Geschichte wiederholt sich bereits: Der Luftkrieg niedriger Intensität spielt sich auf denselben Schauplätzen ab wie das *police bombing* zwischen den Weltkriegen, man denke an Libyen, den Irak und Afghanistan. Wird sie sich auch auf anderer Ebene wiederholen und in einigen Jahren die gesamte Weltbevölkerung diesen Praktiken unterziehen?

Vorhersagen lässt sich das nicht. Doch in der Logik des permanenten Kriegs niedriger Intensität stellt das Luftbombardement von heute nur einen Pol in einer globalen Aufstandsbekämpfungsstrategie dar, deren anderer Pol von der Totalüberwachung gebildet wird. Und so viel können wir sagen: Letztere erstreckt sich bereits jetzt auf die gesamte Weltbevölkerung.

Danksagung

Mein Dank gilt zuerst Nicolas Vieillescazes, nicht nur für seine Unterstützung und Ermutigung während der Abfassung dieses Buchs, sondern vor allem für seine herausragende Verlagsarbeit: Es gibt noch Verlage mit Verlegern! Zahlreiche Menschen haben in unterschiedlichen Phasen und Momenten dazu beigetragen, dass dieses Werk das Licht der Welt erblicken konnte, jeder auf seine Weise. Ich will ganz besonders Jérémie Barthas für den Materialismus in der Theorie danken; Adila Bennedjai-Zou für die klaren Getränke und die Sonntage; Axel Berger für das Tischtennis und die Revolution; Antje Bonhage für Berlin; Chiara Bottici für die radikale Aufklärung; Aurélie Blanchard für die Kunst, die Architektur und den Whisky Sour; Sebastian Budgen für die Mengen an Information; Benoît Challand für New York; Grégoire Chamayou für *patterns of life*; Xavier Chatel für die internationale Politik und die guten Speisen; Antony Dabila für die Strategie; Thomas Deltombe für die Waffen; François Dumasy für Rom; Alexander Gumz für die Dichtung; Isik Gürleyen für die Theorie der Internationalen Beziehungen und die Türkei; Wolfgang Hardtwig für all seine Ratschläge und seine Unterstützung; Klaus, Petra, Annika und Benjamin Hippler für ihre unermüdliche Unterstützung; Vincent Jacques für die Neukodierung und die Axiomatik; Oliver Janz für die Einladung; Sara Jassim für die grafische Gestaltung; Razmig Keucheyan für seine Unterstützung und die Diskussionen über den Internationalismus; Dieter Langewiesche für seine Kritik; Anne Lepoittevin für den Rasierer und für die *latitanza*; Chantal Malambri für den Situationismus; Nicola Marcucci für den Titel und die Berliner Nächte; Élise Marrou für die Philosophie und die Loire; Sarah Mazouz für die Intersektionalität; Aïcha Messina für Chile; Pino Messina für Umbrien; Roberto Nigro für vieles über die Jahre; Vannina Olivesi für den Tanz und das Sushi; Germinal Pinalie für den Vulkan an Ideen; Hélène Quiniou für die Kunst der Formulierung; Mathieu Rigouste für die Rüstungsindustrie; Kahena Sanaâ für die Pausen; Delphine Simon für das Theater, den Wein und all die schönen Augenblicke während der Niederschrift dieses Buches; Arnault Skornicki für die Sozialgeschichte der politischen Ideen; Jörg Stickan für das Bier und die Literatur; Hew Strachan für den Ersten Weltkrieg; Bo Stråth für sein Wohlwollen und seine Freundlichkeit; Savina Tarsitano für Kalabrien; Spiros Tegos für Athen; Julien Théry für seine Abende; Benno Teschke für die Geopolitik; Chloé Thomas für die Übersetzung und den Rock 'n' Roll; Miloš Vec für den Frieden; Jérôme Vidal für die Freundschaft; Julien Vincent für die Technikbegeisterung; und Caterina Zanfi für die Philosophie des Kriegs. Ihnen allen möchte ich hier meinen tiefsten Dank ausdrücken.

Anmerkungen

Prolog

1 So handelt der Militärhistoriker Patrick Facon in *Le bombardement stratégique*, Monaco 1995, die Kolonialkriege, den Spanischen Bürgerkrieg und den Zweiten Japanisch-Chinesischen Krieg in einem kurzen Kapitel von viereinhalb Seiten (90–95) genau unter dem Titel »Die Generalprobe« ab.

2 Nach dem terminologischen Vorschlag Jan Assmanns in »Kollektives und kulturelles Gedächtnis. Zur Phänomenologie und Funktionalität von Gegen-Erinnerung«, in: Ulrich Borsdorf und Heinrich Theodor Grütter (Hg.), *Orte der Erinnerung. Denkmal, Gedenkstätte, Museum*, Frankfurt und New York 1999, S. 13–32.

3 Pierre Bourdieu, *Der Staatsadel*, Konstanz 2004, S. 161.

4 Michel Foucault, *Geschichte der Gouvernementalität I. Sicherheit, Territorium, Bevölkerung*, Frankfurt am Main 2006, S. 15 f.

5 H. G. Wells, *War and the Future: Italy, France and Britain at War*, London 1917, S. 275–278; ders., *Experiment in Autobiography. Discoveries and Conclusions of a Very Ordinary Brain (Since 1866)*, Bd. 2, London 1934, S. 651.

6 Giulio Douhet, »Incursione in Utopia« (5. März 1915), in: ders., *Scritti 1901–1915*, Rom 1993, S. 492.

7 Sven Lindqvist, *Maintenant tu es mort. Le siècle des bombes*, Paris 2002, S. 67.

8 Mary Kaldor, *Neue und alte Kriege. Organisierte Gewalt im Zeitalter der Globalisierung*, Frankfurt am Main 2000.

9 Erich Auerbach, »Philologie der Weltliteratur«, in: Walter Muschg und Emil Steiger (Hg.), *Weltliteratur. Festgabe für Fritz Strich zum 70. Geburtstag*, Bern 1952, S. 39–50, insb. S. 48.

10 Edward Luttwak, »Toward Post-Heroic Warfare«, in: *Foreign Affairs* 74,3, Mai–Juni 1995, S. 109–122.
11 Günther Jakobs, »Kriminalisierung im Vorfeld einer Rechtsgutsverletzung«, in: *Zeitschrift für die gesamte Strafrechtswissenschaft* 97 (1985), S. 751–785; ders., »Bürgerstrafrecht und Feindstrafrecht«, in: *HRRS* 3/2004, S. 88–95.

Land, Meer und Luft

1 H. G. Wells, »The Coming of Blériot«, in: ders., *The Works of H. G. Wells*, Bd. 20, London 1926, S. 416–423.
2 David C. Smith, *H. G. Wells. Desperately Mortal. A Biography*, New Haven 1986, S. 136–137.
3 Wells, »The Coming of Blériot«.
4 Eric Hobsbawm, *Gefährliche Zeiten. Ein Leben im 20. Jahrhundert*, München 2003, S. 109.
5 Auf strategischer Ebene ist ein Gebiet genau in dem Maße eine Insel, als sich daraus ein Defensivvorteil ergibt. Unter diesem Gesichtspunkt traf das für Großbritannien nicht immer zu. Für lange Zeit gestaltete sich eine Überquerung des Ärmelkanals nicht viel schwerer, als über einen breiten Fluss überzusetzen. Zu einem strategischen Hindernis wurde er erst, als die englische und später britische Krone das Gewaltmonopol auf dem Meer errang und eine wirksame Küstenverteidigung aufbauen konnte.
6 Kees van der Pijl, *Transnational Classes and International Relations*, London und New York 1998, S. 65–79.
7 Immanuel Wallerstein, *Das moderne Weltsystem*, Bd. 2, *Der Merkantilismus. Europa zwischen 1600 und 1750*, Wien 1998, S. 319 f.
8 Dem Politologen Robert Cox zufolge setzt sich das Weltsystem nicht so sehr aus verschiedenen Staaten, sondern eher aus verschiedenen »Staat-Gesellschaft-Komplexen« zusammen. Siehe Robert W. Cox, »Social Forces, States and World Orders: Beyond International Relations Theory«, in: Robert O. Koehane (Hg.), *Neoliberalism and its Critics*, New York 1986, S. 205.
9 James Mayall, *Nationalism and International Society*, Cambridge 1990, S. 76.

10 Kees van der Pijl, *Transnational Classes and International Relations*, S. 68.
11 Rey Chow, »The Age of the World Target«, in: Paul Bowman (Hg.), *The Rey Chow Reader*, New York 2010, S. 3–18.
12 Benno Teschke, *Mythos 1648. Klassen, Geopolitik und die Entstehung des europäischen Staatensystems*, Münster 2007, S. 236.
13 Wilhelm Janssen, »Friede«, in: Otto Brunner/Werner Conze/Reinhart Koselleck (Hg.), *Geschichtliche Grundbegriffe. Historisches Lexikon zur politisch-sozialen Sprache in Deutschland*, Bd. 2, Stuttgart 1975, S. 543–591, hier: S. 562.
14 Jean-Jacques Rousseau, *Vom Gesellschaftsvertrag oder Grundsätze des Staatsrechts*, Stuttgart 2003, Buch 1, Kapitel 4, S. 13 f.
15 C.E. Callwell, *Small Wars. Their Principles and Practice*, Lincoln 1996, S. 41. Siehe auch Lindqvist, *Maintenant tu es mort*, S. 46 f.
16 Carl Schmitt, *Theorie des Partisanen. Zwischenbemerkung zum Begriff des Politischen*, Berlin 1963, S. 41, sowie ders., *Der Nomos der Erde im Völkerrecht des Jus Publicum Europaeum*, Berlin 1988, S. 91.
17 James M. Spaight, *Air Power and the Cities*, London 1930, S. 51.
18 Schmitt, *Des Nomos der Erde*, S. 262–264.
19 Thomas Hippler, »La ›paix perpétuelle‹ et l'Europe dans le discours des Lumières«, in: *European Review of History – Revue européenne d'histoire* 9/2 (2002), S. 167–182.
20 Spaight, *Air Power and the Cities*, S. 24 ff.
21 Alfred T. Mahan, *Sea Power in its Relations to the War of 1812*, Bd. 2, London 1905, S. 331, zit. in: Spaight, *Air Power and the Cities*, S. 24.
22 Hewson Clarke, *The History of the War from the Commencement of the French Revolution to the Present Time*, London 1816, S. 74.
23 Siehe den exzellenten Band von Déborah Cohen, *La nature du peuple. Les formes de l'imaginaire social (xviii*[e]*–xxi*[e] *siècles)*, Seyssel 2010.
24 Theodore Roosevelt, *The Naval War of 1812 or the History of the United States Navy During the Last War with Great Bri-*

tain, New York [2]1882, S. 162; siehe auch Spaight, *Air Power and the Cities*, S. 24.

25 Siehe Thomas Hippler, *Soldats et citoyens. Naissance du service militaire en France et en Prusse*, Paris 2006.

26 Zur »Jeune École« siehe Volkmar Bueb, *Die »Junge Schule« der französischen Marine. Strategie und Politik 1875–1900*, Boppard am Rhein 1971; Theodore Ropp, *The Development of a Modern Navy. French Naval Policy 1871–1904*, Annapolis, MD 1987, insb. die Kapitel 10 (S. 155–180) u. 15 (S. 254–280).

27 »Note sur l'état des forces navales de la France«, in: *Revue des Deux-Mondes* vom 15. Mai 1844, wieder veröffentlicht in: Anonym [Prince De Joinville], *Essais sur la marine française*, 1839–1852, Paris 1853, S. 168 f.

28 Siehe Marc Belissa, *Fraternité universelle et intérêt national (1715–1795). Les cosmopolitiques du droit des gens*, Paris 1998, S. 309–313 ; ders., »La guerre de course et le droit des gens dans les débats parlementaires (1792–1795)«, in: *Neptunia* 209 (1997), S. 22–33.

29 Anonym, *Essais sur la marine française*, S. 199 f.

30 Richild Grivel, *La Marine dans l'attaque des fortifications et le bombardement des villes du littoral: Sébastopol, Bomarsund, Odessa, Sweaborg, Kinburn*, Paris 1856, S. 5 u. 48.

31 Spaight, *Air Power and the Cities*, S. 41.

32 Richild Grivel, *La Guerre des côtes. Attaque et défense des frontières maritimes. Les canons à grande puissance*, Paris 1864, S. 43; ders., *De la Guerre maritime avant et depuis les nouvelles inventions, attaque et défense des côtes et des ports, guerre du large, étude historique et stratégique*, Paris 1869.

33 Hyacinthe Théophile Aube, *Notes sur le Centre-Amérique (Costa-Rica, Nicaragua et San-Salvador), Vancouver et la Colombie Anglaise*, Paris 1877; ders., *La Martinique, son présent et son avenir*, Paris 1882; Ropp, *The Development of a Modern Navy*, S. 157.

34 Hyacinthe Théophile Aube, »La pénétration dans l'Afrique centrale«, Paris 1883, S. 3 f.

35 Anonym, *Essais sur la marine française*, S. 174.

36 Gabriel Charmes, *Les Torpilleurs autonomes et l'avenir de la Marine*, Paris 1885, S. 154–155. Charmes systematisiert seine

Ideen über den Seekrieg später in *La Réforme de la marine*, Paris 1886.

37 Alfred Thayer Mahan, *From Sail to Steam. Recollections of Naval Life*, New York und London 1906, S. 283.

38 Carl von Clausewitz, *Vom Kriege*, Frankfurt am Main und Berlin 1994, Buch VI, Kapitel 1, Abschnitt 2.

39 Siehe vor allem Edward Luttwak, *Strategie. Die Logik von Krieg und Frieden*, Lüneburg 2003, Kapitel 1.

40 Van der Pijl, *Transnational Classes and International Relations*, S. 73.

Zum ewigen Frieden

1 Franz Kafka, »Die Aeroplane in Brescia«, in: ders., *Drucke zu Lebzeiten*, herausgegeben von Wolf Kittler, Hans-Gerd Koch und Gerhard Neumann, Frankfurt am Main 1994, S. 401–412. Zu Kafkas Teilnahme in Brescia siehe Max Brod, *Über Franz Kafka*, Frankfurt am Main 1966, S. 92–95; Peter Demetz, *Die Flugschau von Brescia. Kafka, d'Annunzio und die Männer, die vom Himmel fielen*, Wien 2002; Peter-André Alt, *Franz Kafka. Der ewige Sohn. Eine Biographie*, München 2005, S. 194–197; Ronald Perlwitz, »Die Aeroplane in Brescia«, in: Manfred Engel und Bernd Auerochs (Hg.), *Kafka-Handbuch. Leben – Werk – Wirkung*, Stuttgart-Weimar 2010, S. 127–129; Adriano Caperdoni, *Il volo e l'immaginario. Nascità e fine di un mito*, Florenz 1997, S. 25–32; Robert Wohl, *A Passion for Wings. Aviation and the Western Imagination, 1908–1918*, New Haven und London 1994, S. 110–115.

2 Kafka, »Die Aeroplane in Brescia«, S. 403.

3 Ebd., S. 407 f..

4 Ebd., S. 411.

5 Ebd., S. 412.

6 Siehe Jared M. Becker, *Nationalism and Culture. Gabriele D'Annunzio and Italy after the Risorgimento*, New York u. a. 1994.

7 Eine ausführlichere Zusammenfassung des Romans findet sich in Wohl, *A Passion for Wings*, S. 116–121.

8 Gabriele D'Annunzio, *Vielleicht – Vielleicht auch nicht*, München 1989, S. 69, 70 u. 72.

9 Ebd., S. 9 u. 16.

10 Gabriele D'Annunzio, »À la gloire de l'Aviation et de la France, Hymne parlé de M. Gabriele D'Annunzio, le grand romancier et poète de l'Italie«, in: *Le Matin* am 30. April 1910. Ist in dem »ob ... ob« in dem auf Französisch verfassten Artikel möglicherweise ein Italianismus in den Text gerutscht, sodass es eigentlich als »im Frieden und im Krieg, in der Schönheit und in der Herrschaft« zu lesen wäre?

11 Victor Hugo, *La Légende des siècles*, herausgegeben von Jacques Truchet, Paris 1950, S. 721–729.

12 Mario Morasso, *La nuova arma (la macchina)*, Turin 1905; zu Morasso siehe Piero Pieri, *La politica dei letterati. Mario Morasso e la crisi del moderniso europeo*, Bologna 1993, und Anna T. Ossani, *Mario Morasso*, Rom 1983. Das Kapitel zum »Maschinenroman« in *La nuova arma* endet mit einem fiktiven Dialog zwischen einem Mann und einer Frau, die, in einem Auto fahrend, nicht über ihre quälende Liebesbeziehung reden (wie am Anfang von D'Annunzios Roman), sondern über die Funktionsweise des Verbrennungsmotors.

13 Morasso, *La nuova arma*, S. 252, 296–297, 286 u. 157–158.

14 Filippo Tommaso Marinetti, »Gründung und Manifest des Futurismus«, in: Wolfgang Asholt und Walter Fähnders (Hg.), *Manifeste und Proklamationen der europäischen Avantgarde (1909–1938)*, Stuttgart 2005, S. 3–6, hier: S. 4 f.

15 Filippo Tommaso Marinetti, »L'uomo moltiplicato e il Regno della macchina«, in: ders., *Teoria e invenzione futurista*, Mailand 1968, S. 297–301, hier: S. 299.

16 Die Verbindung zwischen Futurismus und italienischem Faschismus ist oft genug hervorgehoben worden. Neben dem beiden Bewegungen gemeinsamen Nationalismus, Militarismus und Antiparlamentarismus bestand auch eine persönliche Affinität zwischen Marinetti und Mussolini, der Ersteren davon überzeugte, sich bei den Wahlen 1919 für die faschistische Liste aufstellen zu lassen (siehe Renzo De Felice, *Mussolini il rivoluzionario (1883–1920)*, Turin 1965, S. 475). Diese Zusammenarbeit endete im darauffolgenden Jahr, als sich die faschistische Partei

Italiens auf ihrem zweiten Parteitag ihrer linken Strömungen entledigte. 1923 hob der Futurist Giuseppe Prezzolini (»Fascismo e Futurismo«, in: *Il Secolo* vom 3. Juli 1923) besonders die Unterschiede zum Faschismus hervor, den er als hierarchische, traditionelle und autoritäre Bewegung beschrieb, während der Futurismus hartnäckig auf seinen kirchen- und monarchiefeindlichen Positionen beharrte (siehe Walter L. Adamson, »Modernism and Fascism. The Politics of Culture in Italy, 1903–1922«, in: *American Historical Review* 95 [1990], S. 359–390). Das im »Manifest der futuristischen politischen Partei« skizzierte politische Programm Marinettis enthielt zahlreiche Elemente, die der faschistischen Ideologie zuwiderliefen: einen tatkräftigen gewaltsamen Antiklerikalismus, Ablehnung der Ehe und Verherrlichung der freien Liebe, Kollektivierung des Bodens, hohe Besteuerung großer Vermögen und Einschränkung des Erbrechts, Streikrecht, Pressefreiheit, Abschaffung der politischen Polizei und des Rechts, die Armee im Inneren zur Aufrechterhaltung der öffentlichen Ordnung einzusetzen (Marinetti, »Manifesto del partito futurista italiano«, in: ders., *Teoria e invenzione futurista*, Mailand 1968, S. 153–158). Die umfassendste Arbeit zu diesem Thema ist ohne Zweifel das Buch von Günter Berghaus, *Futurism and Politics. Between Anarchist Rebellion and Fascist Reaction, 1909–1944*, Providence 1996.

17 Filippo Tommaso *Marinetti und Fillia, Die futuristische Küche*, Stuttgart 1983, S. 25.

18 Shepard B. Clough, »Loria, Achille«, in: *International Encyclopedia of the Social Sciences*, Bd. 9, London 1968, S. 474–475.

19 Siehe auch die ironischen Kommentare in Umberto Ricci, *La questione sociale risoluta coll'Aviazione*, Verona 1910.

20 Zit. in: Antonio Gramsci, »Heft 28 (III) 1935, Lorianismus, §§ 1–8)« in: ders., *Gefängnishefte*, herausgegeben von Peter Jehle, Klaus Bochmann und Wolfgang F. Haug, Bd. 9, Hamburg 1999, S. 2221–2238, hier: S. 2224.

21 Achille Loria, »Le influenze sociali dell'aviazione«, in: *Rassegna Contemporanea* 3 (1. Januar 1910), S. 21–22 u. 24.

22 Gabriele D'Annunzio, »À la gloire de l'Aviation et de la France, Hymne parlé de M. Gabriele D'Annunzio, le grand romancier et poète de l'Italie«, in: *Le Matin* vom 30. April 1910.

23 Siehe Stéphanie de Saint Marc, *Nadar*, Paris 2010, S. 219–241.
24 Dieser Brief wurde erstmals veröffentlicht in François Peyrey, *Les oiseaux artificiels*, Paris 1909, S. 47–50.
25 Camille Flammarion, *Navigation aérienne et voyages en ballon. Conférence faite à l'Association Polytechnique*, Paris 1868, S. 56.
26 Diese These durchzieht auch das Buch von Charles Fontaine, *Comment Blériot a traversé la Manche*, Paris 1913, insb. S. 108–109.
27 François Mallet, *La conquête de l'air et la paix universelle*, Paris 1910, S. xi.
28 Der bekannteste Autor, der diese These vertrat, war der britische Journalist und spätere Labour-Abgeordnete sowie Friedensnobelpreisträger von 1933 Norman Angell in seinem Essay *The Great Illusion. A Study oft he Relation of Military Power to National Advantage*, New York und London 1910.
29 Siehe George H. Quester, *Deterrence Before Hiroshima. The Airpower Background of Modern Strategy*, New Brunswick 1986.
30 Zit. in: Alessandro Masi, *L'aviazione civile e militare nel presente e nell'avvenire e i suoi grandi vantaggi per l'umanità*, Loreto 1917, S. 13.
31 Clément Ader, *L'Aviation militaire*, Paris 1911, S. 61. Zu Ader siehe Claude D'Abzac-Épezy, »Clément Ader, précurseur ou prophète?«, in: *Revue historique des Armées* 184/3 (1991), S. 65–77.
32 *Congrès des amis de la paix universelle, réuni à Paris en 1849*, Paris 1850; siehe auch W. H. van der Linden, *The International Peace Movement, 1815–1874*, Amsterdam 1987, S. 328–39; Évelyne Lejeune-Resnick, »L'idée d'États-Unis d'Europe au Congrès de la paix de 1849«, in: *Revue d'histoire du XIXe siècle* 7 (1991), S. 65–72; André Cabanis und Danielle Cabanis, *L'Europe de Victor Hugo*, Toulouse 2002; Thomas Hippler, »From Nationalist Peace to Democratic War. The Peace Congresses in Paris (1849) and Geneva (1867)«, in: Thomas Hippler und Miloš Vec (Hg.), *Paradoxes of Peace in Nineteenth-Century Europe*, Oxford 2015, S. 170–188.
33 Masi, *L'aviazione civile e militare*, S. 21.
34 Für die folgenden Absätze siehe Thomas Hippler, »La paix per-

pétuelle et l'Europe dans le discours des Lumières«, in: *European Review of History. Revue européenne d'histoire*, Vol. 9, Nr. 2 (2002), S. 167–182.

35 Pierre Dubois, *De recuperatione terre sancte*, herausgegeben von Charles-Victor Langlois, Paris 1891, S. 96.

36 Maximilien de Béthune, Baron de Rosny, Duc de Sully, *Mémoires des sages et royales économies d'estat, domestiques, politiques et militaires de Henry le Grand*, in: *Nouvelle collection des mémoires pour servir à l'histoire de France depuis le XIII*[e] *siècle jusqu'à la fin du XVIII*[e], Deuxième série, herausgegeben von Jean-Joseph-François Poujoulat und Joseph-François Michaud, Bd. II und III, Paris 1837, S. 430 u. 341.

37 Vgl. William Penn, »Ein Essay zum gegenwärtigen und künftigen Frieden von Europa durch Schaffung eines europäischen Reichstags, Parlaments oder Staatenhauses«, in: Kurt von Raumer (Hg.) *Ewiger Friede. Friedensrufe und Friedenspläne seit der Renaissance*, München 1953, S. 321–341, hier: S. 326 f.

38 Charles Irénée Castel Abbé de Saint-Pierre, *Der Traktat vom ewigen Frieden*, Berlin 1922, S. 98.

39 Theodore Roosevelt, »International Peace«, in: Frederick W. Haberman (Hg.), *Nobel Lectures, Peace 1901–1925*, Amsterdam 1972, S. 102–106, hier: S. 105.

40 Siehe Sandi E. Cooper, *Patriotic Pacifism. Waging War on War in Europe, 1815–1914*, Oxford 1991, S. 114–115 und Roger Beaumont, *Right Backed by Might. The International Air Force Concept*, Westport und London 2001, S. 8–10.

41 Michael Paris, *Winged Warfare. The Literature and Theory of Aerial Warfare in Britain, 1859–1917*, Manchester 1992, S. 39.

42 Charles Carrington, *Rudyard Kipling. His Life and Work*, London 1955, S. 375.

43 Colin Crouch, *Postdemokratie*, Frankfurt am Main 2008.

Die Ritter der Lüfte

1 René Fonck, *Mes Combats*, Paris 1920, S. 64.

2 Corinne Micelli und Bernard Palmieri, *René Fonck. L'as des as, l'homme*, Paris 2007.

3 Manfred Freiherr von Richthofen, *Der rote Kampfflieger*, Berlin 1917, S. 34 u. 71; Max Immelmann, *Meine Kampfflüge, Selbsterlebt u. selbst erzählt*, Berlin 1916, S. 57 u. 62; Oswald Boelcke, *Hauptmann Boelckes Feldberichte*, Gotha 1916, S. 46, 59, 70 u. 75; Christian Kehrt, *Moderne Krieger. Die Technikerfahrungen deutscher Militärpiloten 1910–1945*, Paderborn u. a. 2010, S. 97.

4 Robert Wohl, *A Passion for Wings. Aviation and the Western Imagination, 1908–1918*, New Haven und London 1994, S. 226.

5 Fonck, *Mes combats*, S. 69.

6 Johannes Werner, *Boelcke, der Mensch, der Flieger, der Führer der deutschen Jagdfliegerei*, Leipzig 1932, S. 140, Boelcke, *Hauptmann Boelckes Feldberichte*, S. 55, 70, 86 u. 112; Kehrt, *Moderne Krieger*, S. 98.

7 Siehe Wohl, *A Passion for Wings*, S. 227.

8 Siehe Grégoire Chamayou, *Les Chasses à l'homme. Histoire et philosophie du pouvoir cynégétique*, Paris 2010.

9 Kehrt, *Moderne Krieger*, S. 99 f.

10 Roland Garros, *Mémoires*, Paris 1966, S. 262.

11 Wohl, *A Passion for Wings*, S. 210.

12 Siehe u. a. John Keegan, *Das Antlitz des Krieges. Die Schlachten von Azincourt 1415, Waterloo 1815 und an der Somme 1916*, Frankfurt am Main und New York 2007 und die Arbeiten von Stéphane Audoin-Rouzeau, *Combattre*, Amiens 1995, und *14–18. Les combattants des tranchées*, Paris 1986.

13 Kehrt, *Moderne Krieger*, S. 90–106.

14 René Schilling, *»Kriegshelden«. Deutungsmuster heroischer Männlichkeit in Deutschland 1813–1945*, Paderborn 2002, S. 255–259, und Pascal Vennesson, *Les Chevaliers de l'air. Aviation et conflits au XXe siècle*, Paris 1997, S. 59.

15 Williamson Murray, *Der Luftkrieg von 1914 bis 1945*, Berlin 2000, S. 26 f.

16 Lee Kennett, *The First Air War 1914–1918*, New York 1999, S. 69, und Murray, *Der Luftkrieg von 1914 bis 1945*, S. 33–35.

17 Richthofen, *Der rote Kampfflieger*, S. 90.

18 Zu den Luftkampftaktiken und ihrer Entwicklung im Laufe des Kriegs siehe Kennett, *The First Air War 1914–1918*, S. 63–82.

19 Comando del Corpo di Stato Maggiore, Ufficio del Capo di Stato Maggiore dell'Esercito, *Attacco frontale e ammaestramento tattico, Circolare n° 1919 del 25 febbraio 1915*, Rom 1915, S. 26.

20 Michael Howard, »Men against Fire. The Doctrine of the Offensive in 1914«, in: Peter Paret (Hg.), *Makers of Modern Strategy from Machiavelli to the Nuclear Age*, Oxford 1986, S. 510–526.

21 »Der Mensch erträgt Terror nur in begrenztem Maße. [...] Eine der Bedingungen des Erfolgs ist es, durchzuhalten, das heißt den Siegeswillen zu bewahren. Der nervlichen Zermürbung zu widerstehen, ist der einzige Weg zum Erfolg.« (Albert Niessel, *Le Combat d'infanterie. Les facteurs moraux du combat*, Paris 1909, S. 45–47). Siehe auch Stewart Murray, *Discipline. Its Reason and Battle-Value*, London 1894, S. 36 u. 41.

22 Aribert Reimann, *Der große Krieg der Sprachen. Untersuchungen zur historischen Semantik in Deutschland und England zur Zeit des Ersten Weltkrieges*, Essen 2000, S. 69.

23 Erich Maria Remarque, *Im Westen nichts Neues*, Köln 2013, S. 60 f. Siehe auch Fernando Esposito, *Mythische Moderne. Aviatik, Faschismus und die Sehnsucht nach Ordnung in Deutschland und Italien*, München 2011, S. 222 f.

24 Esposito, *Mythische Moderne*, S. 224.

25 Arnold Zweig, *Erziehung vor Verdun*, Berlin 2001, S. 238.

26 Ebd., S. 239.

27 Zum Mangel an Quellen über die Bombardement-Erfahrung siehe Kehrt, *Moderne Krieger*, S. 192.

28 Richthofen, *Der rote Kampfflieger*, S. 81–83.

29 Zu Richthofen siehe Joachim Castan, *Der Rote Baron. Die ganze Geschichte des Manfred von Richthofen*, Stuttgart 2007.

30 Basil Collier, *A History of Air Power*, London 1974, S. 53.

31 Insgesamt zu dieser Taktik siehe Richard P. Hallion, *Strike from the Sky. The History of Battlefield Air Attack, 1911–1945*, Washington 1989, insb. S. 19 f.

32 James S. Corum, *The Roots of Blitzkrieg. Hans von Seeckt and German Military Reform*, Lawrence 1992.

33 Murray, *Der Luftkrieg von 1914 bis 1945*, S. 97 f.

34 In Wahrheit identifiziert die Jeune École auch das vereinigte

Italien als geostrategischen Widersacher einer französischen Kolonialexpansion im Mittelmeerraum. Siehe Ropp, *The Development of a Modern Navy*, S. 162.

35 Robert K. Massie, *Castles of Steel. Britain, Germany, and the Winning of the Great War at Sea*, London 2003, S. 325.

36 Ian White, »Airships over England: German Bombing Raids, 1915–1916«, in: *Army Quarterly and Defence Journal* 126/4 (1996), S. 410–420.

37 Siehe u. a. Émile Reymond, *L'Aéronautique militaire*, Paris 1910, S. 8–10; Jean Orthlieb, *L'aéronautique: hier – demain*, Paris 1920, S. 8–10; John Killen, *The Luftwaffe. A History*, London 1967, S. 12; Winston Churchill, *The World Crisis 1911–1918*, Bd. 1, London 1938, S. 265 f.

38 John H. Morrow, *The Great War in the Air. Military Aviation from 1909 to 1921*, Shrewsbury 1993, S. 107–108.

39 Siehe Raymond Fredette, *The Sky on Fire. The First Battle of Britain, 1917–1918*, New York 1966. Ludendorff, Chef der Obersten Heeresleitung der deutschen Armee, berichtet in seinen Kriegsmemoiren, dass er unter dem Eindruck des unmittelbar bevorstehenden Zusammenbruchs ebenfalls ein umfassendes strategisches Bombardement im Sommer 1918 in Erwägung gezogen hatte. Siehe Erich Ludendorff, *Meine Kriegserinnerungen 1914–1918*, Berlin 1919, S. 565, und Klaus A. Meier, »Total War and German Air Doctrine before the Second World War«, in: Wilhelm Deist (Hg.), *The German Military in the Age of Total War*, Leamington Spa 1985, S. 210–219.

40 Morrow, *The Great War in the Air*, S. 97–98, 120 u. 132.

41 Murray, *Der Luftkrieg von 1914 bis 1945*, S. 49.

42 Morrow, *The Great War in the Air*, S. 98.

43 Neville Jones, *The Origins of Strategic Bombing. A Study of the Development of British Air Strategic Thought and Practice up to 1918*, London 1973, S. 130–139. Siehe auch Frederick Sykes, *From Many Angles. An Autobiography*, London 1942, S. 215–224, und James M. Spaight, *The Beginnings of Organized Air Power*, London 1927, S. 126–130.

44 George K. Williams, *Statistics and Strategic Bombardment. Operations and Records of the British Long-Range Bombing Force During World War I and Their Implications for the*

Development of the Post-War Royal Air Force, 1917–1923, Dissertation an der Universität Oxford 1987, S. 56, zit. in: Morrow, *The Great War in the Air*, S. 244.

45 Morrow, *The Great War in the Air*, S. 344.

46 Patrick Facon, »Le comité interallié de l'aviation ou le problème du bombardement stratégique de l'Allemagne en 1918«, in: *Revue Historique des Armées* 3 (1990), S. 91–100, hier: S. 97.

47 Gilles Deleuze und Felix Guattari, *Tausend Plateaus. Kapitalismus und Schizophrenie*, Berlin 1992, S. 587 ff.

48 Facon, »Le comité interallié de l'aviation «, S. 98

Die koloniale Matrix

1 Douglas J. Jardine, *The Mad Mullah of Somaliland*, London 1923, S. 266.

2 Abdi Sheik-Abdi, *Divine Madness. Mohammed Abdullah Hassan (1856–1920)*, London 1993, S. 47 u. 55.

3 Randall Gray, »Bombing the ›Mad Mullah‹, 1920«, in: *Journal of the Royal United Services Institute for Defence Studies* 125/4 (1980), S. 41–46, und Gerardo Nicolòsi, *Imperialisme e resistanza in Corno d'Africa. Mohammed Abdullah Hassan e il derviscismo somalo (1899–1920)*, Soveria Mannelli 2002.

4 Frederick Sykes, »The Future of Air Power«, Memorandum vom 27. Juni 1918, abgedruckt in Frederick H. Sykes, *From Many Angles. An Autobiography*, London 1942, S. 544–554. 1914 hatte Churchill in seiner Funktion als Erster Lord der Admiralität einen Bericht in Auftrag gegeben, der mit der Empfehlung schloss, die Luftwaffe in Somalia einzusetzen. David Killingray, »›A Swift Agent of Government‹. Air Power in British Colonial Africa, 1916–1939«, in: *Journal of African History* 25 (1984), S. 429–444, vor allem S. 429.

5 Robert L. Hess, »The ›Mad Mullah‹ and Northern Somalia«, in: *Journal of African History* 5 (1964), S. 415–433.

6 Theodore Roosevelt, »International Peace«, S. 104.

7 Mallet, *La Conquête de l'air*, S. 37–38.

8 Siehe zum Beispiel Marcellin Hodeir, »La guerre aérienne à travers la science-fiction: Albert Robida«, in: *Revue historique des*

armées 3 (1991), S. 78–88. Das Standardwerk zur Fliegerei-Literatur bleibt Felix Philipp Ingold, *Literatur und Aviatik. Europäische Flugdichtung 1909–1927*, Basel 1978. Für den britischen Kontext siehe Paris, *Winged Warfare* sowie Lindqvist, *Maintenant tu es mort*. Für Deutschland siehe Thomas Hippler, »Krieg aus der Luft. Konzeptuelle Vorüberlegungen zur Entstehungsgeschichte des Bombenkrieges«, in: Wolfgang Hardtwig (Hg.), *Ordnungen in der Krise. Zur politischen Kulturgeschichte 1900–1933*, München 2007, S. 403–422.

9 Rudolf Martin, *Berlin–Bagdad. Das deutsche Weltreich im Zeitalter der Luftschiffahrt, 1910–1931*, Stuttgart und Leipzig 1907. Zu Martin siehe Wohl, *A Passion for Wings*, S. 76–79, und Ignatius F. Clarke (Hg.), *The Great War with Germany, 1890–1914. Fictions and Fantasies of the War-To-Come*, Liverpool 1997, S. 233–247.

10 Émile Driant, *Au-dessus du continent noir*, Paris 1911, zu Driant siehe Wohl, *A Passion for Wings*, S. 85.

11 R. P. Hearne, *Airships in Peace and War, Being the Second Edition of Aerial Warfare with Seven New Chapters*, London und New York 1910, S. 183–185. Siehe auch Lindqvist, *Maintenant tu es mort*, Eintrag Nr. 74.

12 Siehe Brett Bowden, *The Empire of Civilization. The Evolution of an Imperial Idea*, Chicago 2009, und Oliver Eberl, »Zwischen Zivilisierung und Demokratisierung. Die Exklusion der ›Anderen‹ im liberalen Völkerrecht«, in: *Soziale Systeme* 14/2 (2008), S. 349–369.

13 »Ergreift die Bürde des Weißen Mannes –/ schickt die Besten aus, die ihr erzieht –/ bannt eure Söhne ins Exil/ den Bedürfnissen eurer Gefangenen zu dienen/ [...] füllt den Mund des Hungers/ und gebietet der Krankheit Einhalt;/ [...] Ergreift die Bürde des Weißen Mannes –/ kein Flitterkönigs-Herrschen,/ sondern die Plackerei von Knecht und Putzer/ – die Summe der gewöhnlichen Dinge.« Rudyard Kipling, »Die Bürde des Weißen Mannes«, in: ders., *Die Ballade von Ost und West. Selected Poems. Ausgewählte Gedichte*, Zürich 1992, S. 127.

14 Hew Strachan, *The First World War*, Bd. 1, *To Arms*, Oxford 2001, S. 455–465. Siehe auch Ian H. Nish, *Alliance in Decline. A Study in Anglo-Japanese Relations, 1908–23*, London 1972.

15 Mustafa Aksakal, *The Ottoman Road to War in 1914. The Ottoman Empire and the First World War*, Cambridge 2008.

16 Siehe Ulrich Gehrke, *Persien in der deutschen Orientpolitik während des Ersten Weltkrieges*, Stuttgart 1960, Wolfdieter Bihl, *Die Kaukasuspolitik der Mittelmächte*, 2 Bde., Wien 1975 u. 1992, sowie allgemeiner Fritz Fischer, *Griff nach der Weltmacht. Die Kriegszielpolitik des kaiserlichen Deutschland 1914/18*, Düsseldorf 1962.

17 Jacob M. Landau, *The Politics of Pan-Islam. Ideology and Organization*, Oxford 1990, S. 97.

18 Der osmanische Kriegsplan ist abgedruckt in Carl Mühlmann, *Deutschland und die Türkei, 1913–1914. Die Berufung der Deutschen Militärmission nach der Turkei, 1913, das deutsch-türkische Bündnis, 1914, und der Eintritt der Türkei in den Weltkrieg*, Berlin 1929, S. 101 f.

19 Killingray, »›A Swift Agent of Government‹«, S. 430 f.

20 Siehe die ausgezeichnete Arbeit von Erez Manela, *The Wilsonian Moment. Self-Determination and the International Origins of Anticolonial Nationalism*, Oxford 2009.

21 Siehe Brian Robson, *Crisis on the Frontier. The Third Afghan War and the Campaign in Waziristan 1919–1920*, Staplehurst 2004.

22 David Omissi, *Air Power and Colonial Control. The Royal Air Force 1919–1939*, Manchester 1990, S. 9–13.

23 Siehe Charles Townshend, *When God Made Hell. The British Invasion of Mesopotamia and the Creation of Iraq, 1914–1921*, London 2010.

24 Erik J. Dahl, »Naval Innovation: From Coal to Oil«, in: *Joint Force Quarterly* 27 (Winter 2000–2001), S. 50–56.

25 Timothy Mitchell, *Carbon Democracy. Political Power in the Age of Oil*, London 2011, S. 59–63.

26 Der folgende Absatz stützt sich vor allem auf Omissi, *Air Power and Colonial Control.*

27 Ebd., S. 21, und Rod Paschall, »The Strategic View. Air Control: Iraq, 1920–30«, in: *MHQ. The Quarterly Journal of Military History* 3/4 (1991), S. 20–22. Es lässt sich nicht mit Sicherheit sagen, ob im Irak tatsächlich chemische Waffen eingesetzt wurden.

28 Zu den der Luftwaffe unterstellten Territorien gehört auch Palästina, das insofern ein interessanter Fall ist, als selbst das Luftfahrtministerium anerkennen muss, dass hier das System an seiner Aufgabe gescheitert ist. Siehe Omissi, *Air Power and Colonial Control*, S. 43–47.
29 Omissi, *Air Power and Colonial Control*, S. 37.
30 John Ellis, *From the Barrel of a Gun. A History of Guerrilla, Revolutionary and Counter-Insurgency Warfare, from the Romans to the Present*, London 1995, S. 137.
31 Siehe Basil H. Liddell Hart, *Strategie*, Wiesbaden 1955.
32 Siehe Michael Paris, »Air Power and Imperial Defence 1880–1919«, in: *Journal of Contemporary History* 24 (1989), S. 209–225.
33 A. T. Wilson, »Note on Use of Air Force in Mesopotamia, based on his impressions during 1918–1920 while acting as Civil Commissioner, February 26, 1921«, in: *AIR* 5/476, PRO, zit. in: Priya Satia, »The Defence of Inhumanity. Air Control and the British Idea of Arabia«, in: *American Historical Review* 111 (2006), S. 16–51, Zitat auf S. 33.
34 Roger Beaumont, »Policing the Empire«, in: *Aerospace Historian* (Januar 1979), S. 84–90.
35 James S. Corum und Wright R. Johnson, *Air Power in Small Wars. Fighting Insurgents and Terrorists*, Lawrence 2003, S. 62–66, siehe auch Arthur T. Harris, *Bomber Offensive*, London 1947, Kapitel »Police Bombing in the East«, insb. S. 22 f.
36 Philip A. Towle, *Pilots and Rebels. The Use of Aircraft in Unconventional Warfare, 1918–1988*, London 1989, S. 9–55.
37 Omissi, *Air Power and Colonial Control*, S. 193.
38 Ebd., S. 194.
39 Ellis, *From the Barrel of a Gun*, S. 149–151, und Stephen Ryan, *Pétain the Soldier*, New York 1996, S. 182.
40 Serge Lainé, »L'aéronautique militaire français au Maroc (1911–1939)«, in: *Revue historique des armées* 4 (1978), S. 107–120, und Jérôme Millet, »L'aviation militaire française dans la guerre du Rif«, in: *Revue historique des armées* 3 (1987), S. 46–58.
41 »French Morocco. Summary of Events, Summer 1925«, in: *Jour-*

nal of the Royal United Services Institution 479 (1925), S. 762, zit. in: Corum/Johnson, *Airpower in Small Wars*, S. 76.

42 Rudibert Kunz und Rolf-Dieter Müller, *Giftgas gegen Abd el Krim*, Freiburg 1990.

43 Charles Townshend, »›Civilization‹ and ›Frightfulness‹. Air Control in the Middle East Between the Wars«, in: Chris J. Wrigley (Hg.), *Warfare, Diplomacy and Politics. Essays in Honour of A. J. P. Taylor*, London 1987, S. 48–51.

44 John B. Glubb, *War in the Desert. An RAF Frontiers Campaign*, London 1960, nicht paginiertes Vorwort.

45 John B. Glubb, *The Changing Scenes of Life. An Autobiography*, London 1983, S. 105, zit. in: Satia, »The Defence of Inhumanity«, S. 46.

46 Siehe James Lunt, *The Arab Legion 1923–1957*, London 1999.

47 Priya Satia, *Spies in Arabia. The Great War and the Cultural Foundations of Britain's Covert Empire in the Middle East*, Oxford 2008.

48 Der folgende Absatz stützt sich auf den ausgezeichneten Artikel von Priya Satia, »The Defence of Inhumanity: Air Control and the British Idea of Arabia«, in: *American Historical Review* Nr. 111 (2006), S. 16–51.

49 Zit. in: Townshend, »Civilization and Frightfulness«, S. 155.

50 John B. Glubb, *The Story of the Arab Legion*, London 1948, S. 149, und ders., *Arabian Adventures: Ten Years of Joyful Service*, London 1978, S. 148, zit. in: Satia, »The Defence of Inhumanity«, S. 37.

51 Ebd., S. 29.

52 Facon, »Le comité interallié«, S. 98.

53 Zit. in: Townshend, »Civilization and Frightfulness«, S. 157.

54 Charles de Gaulle, *Frankreichs Stoßarmee. Das Berufsheer – die Lösung von morgen*, Potsdam 1935, S. 74.

Zivilisation, Kosmopolitismus und Demokratie

1 Harris, *Bomber Offensive*, S. 15 f.

2 Ebd., S. 18.

3 Charles P. Vincent, *The Politics of Hunger. The Allied Blockade of Germany, 1915–1919*, Athens 1985. Henri Bergson kommentiert die Blockade Deutschlands in diesem Sinne: »Lange bevor England mit der Blockade seiner Küsten begann, hatte es sich selbst, und zwar moralisch, blockiert, indem es sich von jedem Ideal abschnitt, das seine Wiederbelebung bewirken könnte.« (Henri Bergson, *La Signification de la guerre*, Paris 1915, S. 41).

4 Robert Gerwarth und John Horne (Hg.), *Krieg im Frieden. Paramilitärische Gewalt nach dem Ersten Weltkrieg*, Göttingen 2013.

5 Norman R. Davies, *White Eagle, Red Star. The Polish-Soviet War, 1919–20*, New York 2003.

6 Siehe Giuseppe Maione, *Il biennio rosso. Autonomia e spontaneità operaia nel 1919–1920*, Bologna 1975.

7 Giuseppe De Mori, *Vicenza nella guerra, 1915–1918*, Vicenza 1931, zit. in: Achille Rastelli, »I bombardamenti sulle città«, in: Paolo Ferrari (Hg.), *La grande guerra aerea 1915–1918: Battaglie – industrie – bombardamenti – assi – aeroporti*, Valdagno 1994, S. 183–250, Zitat auf S. 189.

8 Diesen Begriff übernehme ich von Étienne Balibar (siehe *Droit de cité. Culture et politique en démocratie*, Paris 1998, S. 106).

9 Philippe Pétain, zit. in: Camille Rougeron, *L'Aviation de bombardement*, Nancy/Paris/Strasbourg 1936, S. 243.

10 Air Staff, »On the Power of the Air Force and the Application of That Power to Hold and Police Mesopotamia«, März 1920, AIR 1/426/15/260/3, PRO, zit. in: Satia, »The Defence of Inhumanity«, S. 26.

11 Ebd., S. 9 u. 23.

12 Basil Liddell Hart, *Paris, or The Future of War*, New York 1925, S. 44, zit. in: ebd., S. 36.

13 Giulio Douhet, »La grande offensiva aerea«, in: ders., *Scritti inediti*, herausgegeben von Antonio Monti, Florenz 1951, S. 127.

14 Zit. in: Satia, »The Defence of Inhumanity«, S. 42.

15 Glubb, *The Story of the Arab Legion*, Kapitel »Arab Warfare«, S. 117–131, insb. S. 118.

16 C. E. Callwell, *Small Wars*, S. 41.

17 Erich Ludendorff, *Der totale Krieg*, München 1935, S. 28.

18 Robert Brooke-Popham, »The Nature of War«, Konferenz vom

6. Mai 1925, Public Record Office London, Kew, AIR 69/6, zit. in: Philip S. Meilinger, »Trenchard and ›Morale Bombing‹. The Evolution of Royal Air Force Doctrine Before Word War I«, in: *The Journal of Military History* 60, April 1996, S. 243–270, hier S. 263.

19 John Slessor, *The Central Blue. The Autobiography of Sir John Slessor, Marshal of the RAF*, New York 1957, S. 54 f., und Satia, »The Defence of Inhumanity«, S. 37.

20 Zit. in: Philip S. Meilinger, »Trenchard and ›Morale Bombing‹«, S. 256.

21 Thomas Hippler, »Krieg aus der Luft«.

22 Siehe Luciano Canfora, *Eine kurze Geschichte der Demokratie: Von Athen bis zur Europäischen Union*, Köln 2006.

23 Raoul Girardet, *La Société militaire de 1815 à nos jours*, Paris 1998, S. 121–144.

24 Commandant Mordacq, *Politique et stratégie dans une démocratie*, Paris 1912, S. 259 u. 266.

25 Alfred E. Zimmern, »German Culture and the British Commonwealth«, in: Robert William Seton-Watson et al. (Hg.), *The War and Democracy*, London 1915, S. 348–384, hier: S. 364.

26 Das Wort fehlt in der Tat in seinen bellizistischen Einwürfen, die versammelt sind in Henri Bergson, *La Signification de la guerre*.

27 Alfred E. Zimmern, »Introductory«, in: Robert William Seton-Watson et al. (Hg.), *The War and Democracy*, S. 1–14, hier: S. 1.

28 Jörg Fisch, Eintrag »Zivilisation, Kultur«, in: Otto Brunner, Werner Conze und Reinhart Koselleck (Hg.), *Geschichtliche Grundbegriffe. Historisches Lexikon zur politisch-sozialen Sprache in Deutschland*, Bd. 7, Stuttgart 1978, S. 679–774.

29 Siehe Strachan, *The First World War*, Bd. 1, *To Arms*, Kapitel »The Ideas of 1914«, S. 1114–1139.

30 Martha Hanna, *The Mobilization of Intellect. French Scholars and Writers during the Great War*, Cambridge 1996, S. 108–118.

31 Gustaf Steffen, *Weltkrieg und Imperialismus. Sozialpsychologische Dokumente und Beobachtungen vom Weltkrieg 1914–15*, Jena 1915, S. 49.

32 Ebd., S. 51.

33 Siehe Fisch, »Zivilisation, Kultur«.

34 Bei Walter Benjamin heißt es: »Das Staunen darüber, dass die Dinge, die wir erleben, im zwanzigsten Jahrhundert ›noch‹ möglich sind, ist kein philosophisches. Es steht nicht am Anfang einer Erkenntnis, es sei denn der, dass die Vorstellung von Geschichte, aus der es stammt, nicht zu halten ist.« (»Über den Begriff der Geschichte«, in: ders., *Gesammelte Schriften*, herausgegeben von Rolf Tiedemann und Hermann Schweppenhäuser, Bd. 1.2, Frankfurt am Main 1991, S. 691–704, S. 697).

35 Zur Dichotomie zwischen dem »hegelianischen« und dem »kantischen« Deutschland siehe Hanna, *The Mobilization of Intellect*, S. 106–141.

36 Zit. in: Omissi, *Air Power and Colonial Control*, S. 154.

37 Harris, *Bomber Offensive*, S. 20.

38 Strachan, *The First World War*, Bd. 1, *To Arms*, Kapitel »Germany's Global Strategy«, insb. S. 696.

39 Selbst Fritz Fischer gesteht diesen Punkt zu, siehe *Griff nach der Weltmacht*, S. 133 f.

40 Zit. ebd.

41 Zit. in: ebd., S. 134.

42 Erich Ludendorff, *Der totale Krieg*, S. 6.

43 Hanfried Schliephake, *The Birth of the Luftwaffe*, London 1971, S. 9–21.

44 Émile Lebon, *De la Guerre aérienne dans ses rapports avec le droit international (la leçon des faits)*, Dissertation, Universität Nancy 1923, S. 223.

45 Spaight, *Air Power and the Cities*, S. vi–vii.

46 Ernest Seillière, »Est-elle légitime?«, in: André Henry-Coüannier, *Légitimité de la guerre aérienne*, Paris 1925, S. 5.

47 Zit. in: Italo Balbo, »Realtà e metodo dell'aeronautica italiana. Discorso pronunciato alla camera dei deputati sul Bilancio dell'aeronautica l'11 giugno 1929«, Rom 1929, S. 42.

48 Joseph J. Corn, *The Winged Gospel. America's Romance with Aviation*, Baltimore [2]2001, S. 59.

1 Jan Smuts, »To Alice Clark, Cape Town 24 March 1922«, in: Jean van der Poel (Hg.), *Selection from the Smuts Papers*, Bd. 5, *September 1919–November 1934*, Cambridge 1973, S. 114 f.
2 Jan Smuts, »177 Vereeniging Speech«, in: W. K. Hancock und Jean van der Poel (Hg.), *Selection from the Smuts Papers*, Bd. 1, *June 1886–May 1902*, Cambridge 1966, S. 527.
3 Jan Smuts, »Report by General Smuts on Air Organization and the Direction of Aerial Operations, August 1917«, in: *Air Force Magazine*, Vol. 92, Nr. 1 (Januar 2009), online abrufbar unter {www.airforcemag.com/MagazineArchive/Documents/2009/january%202009/0109keeperfull.pdf} (letzter Zugriff am 05.04.2017).
4 Mark Mazower, *No Enchanted Palace. The End of Empire and the Ideological Origins of the United Nations*, Princeton 2009, Kapitel 1, »Jan Smuts and Imperial Internationalism«, S. 28–65. Siehe auch das Standardwerk von Arno J. Mayer, *Politics and Diplomacy of Peacemaking. Containment and Counterrevolution at Versailles, 1918–1919*, London 1967.
5 Jan Christiaan Smuts, *The League of Nations: A Practical Suggestion*, London 1918, S. 14, online abrufbar unter {https://ia801405.us.archive.org/16/items/leagueofnationspoosmutuoft/leagueofnationspoosmutuoft.pdf} (letzter Zugriff am 05.04.2017).
6 Ebd., S. 62.
7 Zit. in: W. K. Hancock, *Smuts I. The Sanguine Years 1870–1919*, Cambridge 1962, S. 369.
8 Zit. in: Killingray, »›A Swift Agent of Government‹«, S. 432.
9 W. K. Hancock, *Smuts II: The Fields of Force, 1919–1950*, Cambridge 1968, S. 62–88.
10 Killingray, »A Swift Agent of Government«, S. 432.
11 Der Verfasser einer Biografie über William Andrews, den ersten Vorsitzenden der Kommunistischen Partei Südafrikas, erklärt 1943, dass die von den kommunistischen Streikenden geprägte Losung »Für ein weißes Südafrika«, obwohl »sie reaktionär erscheint, auf einem scharfsichtigen Klasseninstinkt beruhte«: Sie diente zur »Verteidigung gegen den kapitalistischen Angriff«

(R. K. Cope, *Comrade Bill. The Life and Times of W. H. Andrews, Workers' Leader*, Kapstadt 1943, S. 231).

12 Smuts, »To Alice Clark«, S. 115.

13 David Lloyd George, *War Memoirs*, Bd. 4, London 1934, S. 1925 f.

14 Zit. in: C. E. Callwell, *Field Marshal Sir Henry Wilson: His Life and Diaries*, Bd. 1, London 1927, S. 148.

15 Zit. in: ebd. und Keith Jeffery, *Field Marshal Sir Henry Wilson: A Political Soldier*, Oxford 2006, S. 229.

16 Zit. in: Martin Gilbert, »The Origins of the ›Iron Curtain‹ Speech«, in: R. Crosby Kemper III (Hg.), *Winston Churchill. Resolution, Defiance, Magnanimity, Good Will*, Columbia 1996, S. 34–61, hier: S. 37.

17 Siehe Sebastian Haffner, *Die deutsche Revolution 1918/19*, Reinbek 2004.

18 Clifford Kinvig, *Churchill's Crusade. The British Invasion of Russia, 1918–1920*, London 2006.

19 »Winston S. Churchill: departmental minute (Churchill papers 16/16), 12 May 1919«, in: Martin Gilbert, *Winston S. Churchill*, Bd. 4, Begleitband Teil 1, *Documents January 1917–June 1919*, London 1976, S. 649.

20 Simon Jones, »›The Right Medicine for the Bolshevist‹: British Air-Dropped Chemical Weapons in North Russia, 1919«, in: *Imperial War Museum Review* 12 (1999), S. 78–88.

21 Stéphane Courtois u. a. (Hg.), *Das Schwarzbuch des Kommunismus. Unterdrückung, Verbrechen und Terror*, München 1998, S. 133.

22 Charles Townshend, *The British Campaign in Ireland, 1919–1921. The Development of Political and Military Policies*, Oxford, S. 170 f.

23 Omissi, *Air Power and Colonial Control*, S. 43.

24 Ebd., S. 41. Der folgende Absatz stützt sich auf die Seiten 39–43 bei Omissi.

25 Brooke-Popham, »The Nature of War«.

26 Robert Wohl, *A Passion for Wings: Aviation and the Western Imagination 1908–1914*, New Heaven 1994, S. 70 f.; Samuel Hynes, *The Soldiers' Tale: Bearing Witness to a Modern War*, New York 1997, S. 81.

27 H. G. Wells, *Der Luftkrieg*, Frankfurt am Main/Berlin/Wien 1983, S. 177.
28 Ebd., S. 172.
29 Chantal Mouffe, *Das demokratische Paradox*, Berlin und Wien 2013.
30 Wells, *Der Luftkrieg*, S. 155.
31 Ebd., S. 208.
32 George, *War Memoirs*, Bd. 4, insb. S. 1926, 1937 u. 1947.
33 Das schlagendste Beispiel liefert sicherlich Italien in den Sechziger- und Siebzigerjahren. Zu diesem Thema siehe Nanni Balestrini und Primo Moroni, *Die goldene Horde. Arbeiterautonomie, Jugendrevolte und bewaffneter Kampf in Italien*, Berlin 2002.
34 Keith Laybourn, »Social Welfare. Public and Private, 1900–1930«, in: Chris Wrigley (Hg.), *A Companion to Early Twentieth-Century Britain*, London 2003, S. 373–387.
35 George, *War Memoirs*, Bd. 4, S. 1930.

Philosophie der Bombe

1 Giulio Douhet, »Auto-difesa«, *L'Eloquenza*, 31. August 1919, Castillo, Bd. 5–6, S. 31, zit. in: Frank Joseph Cappelluti, *The Life and Thought of Giulio Douhet*, Dissertation an der Rutgers University von 1967, S. 135.
2 Guido Mattioli, *L'aviazione squadrista. Conferenza tenuta al Gruppo Giordani di Roma*, Rom 1939, S. 24 f.
3 Siehe vor allem Azar Gat, *A History of Military Thought from the Enlightenment to the Cold War*, Oxford 2001, Kapitel »The Sources of Douhetism«, S. 561–597.
4 Giulio Douhet, »Le possibilità dell'aereonavigazione«, in: *Rivista militare italiana* 7 (1910), S. 1303–1319, abgedruckt in: ders., *Scritti 1901–1915*, Rom 1993, S. 102.
5 Giulio Douhet, *L'arte della guerra*, Raccolta di sei conferenze tenute all'Università Popolare Torino 1914–15, Turin 1915, S. 133–134.
6 »Impressioni e vedute del colonnello cav. Giulio Douhet sull'aviazione militare italiana«, der Text ist publiziert als Appendix zu Antonio Pelliccia, *Nessuno è profeta in patria. Riflessioni*

sulla dottrina del Dominio dell'Aria, Genua und Rom 1981, S. 105–113.

7 Die nachfolgende biografische Skizze stützt sich vor allem auf folgende Texte: Cappelluti, *The Life and Thought*; die Einführung Antonio Montis zu Douhet in: Giulio Douhet, *Scritti inediti*, herausgegeben von Antonio Monti, Florenz 1951; Luciano Bozzo, »Giulio Douhet e il Dominio dell'Aria. Dottrina del ›potere aereo‹ o teoria della guerra totale?«, in: Giulio Douhet, *Il dominio dell'aria e altri scritti*, Rom 2002, S. XII–LXIII; Giorgio Rochat, »Douhet«, in: *Dizionario biografico degli italiani*, Bd. 41, Rom 1992, S. 561–566.

8 Mario Morasso, *La nuova guerra: armi–combattenti–battaglie*, Mailand 1914, S. 163–184.

9 John Frederick Charles Fuller, *Tanks in the Great War, 1914–1918*, London 1920, S. 311, und ders., *The Conduct of War. A Study on the Impact of the French, Industrial, and Russian Revolutions on War and its Conduct*, London 1972, Kapitel »Rebirth of Mobility« (S. 172–177). Dieses Buch enthält eine scharfe Kritik an Douhets strategischem Denken (S. 240–242).

10 Giulio Douhet, *Automobilismo militare e pesante*, Genua 1904, S. 18, siehe auch Cappelluti, *The Life and Thought*, S. 10.

11 Siehe Giuseppe Pesce, *Maurizio Mario Moris. Padre dell'aeronautica italiana*, Gaeta 1994.

12 Siehe Andrea Curami, »La nascita dell'industria aeronautica«, in: Paolo Ferrari (Hg.), *L'aeronautica italiana: una storia del Novecento*, Mailand 2004, S. 13–42, sowie Ferruccio Botti und Mario Cermelli, *La teoria della guerra aerea in Italia dalle origini alla seconda guerra mondiale (1884–1939)*, Rom 1989, S. 180.

13 Gregory Alegi, »Icaro, Dedalo e i primordi dell'Aeronautica Militare«, in: Luciano Bozzo (Hg.), *Dal futurismo al minimalismo. Aeronautica e ›potere aereo‹ nella politica internazionale tra XX e il XXI secolo*, Neapel 1999, S. 45–58.

14 Siehe Giulio Douhet, »La difesa nazionale«, in: ders., *La guerra integrale*, Rom 1936, S. 23.

15 Giulio Douhet, *Diario critico di guerra*, Turin 1921 u. 1922.

16 Giulio Douhet, *Documenti a complemento della relazione d'inchiesta per Caporetto*, Rom 1919, S. 5 f.

17 Giulio Douhet, »Le possibilità dell'aereonavigazione«, in: *Rivista*

militare italiana 7 (1910), S. 1303–1319, abgedruckt in: ders., *Scritti 1901–1915*, Rom 1993, S. 95–104, insb. S. 95 f.

18 Ebd., S. 102.

19 Giulio Douhet, »La limitazione degli armamenti navali e la costituzione delle flotte aeree«, in: *Il giornale d'Italia* (20. August 1910), abgedruckt in: ders., *Scritti 1901–1915*, Rom 1993, S. 106.

20 Laut Henri Mordacq, späterem Kabinettschef unter Clemenceau und Kriegsminister, eignen sich Zeppeline zum strategischen und Flugzeuge zum taktischen Einsatz. Siehe Henri Mordacq, *La Stratégie, historique, évolution*, Paris 1912, S. 193.

21 C. M. (Carlo Montù), »Guerra in aria o dell'aria ?«, in: *La Preparazione* vom 4./5. August 1910; siehe Botti/Cermelli, *La teoria della guerra aerea in Italia*, S. 56.

22 Giulio Douhet, »Cause, obbiettivi e modalità del conflitto russo giapponese«, in: *Caffaro* vom 14./15. Februar 1904, abgedruckt in: ders., *Scritti 1901–1915*, Rom 1993, S. 37 f.; Giulio Douhet, »Esteti?«, in: *Caffaro* vom 2./3. Juni 1905, in: ders., *Scritti 1901–1915*, Rom 1993, S. 76, und Douhet, *L'arte della guerra*, S. 1.

23 Giulio Douhet, »La grande guerra«, in: *Gazzetta del popolo* vom 7. August 1914, in: ders., *Scritti 1901–1915*, Rom 1993, S. 325 f.

24 Giulio Douhet, »Chi vincerà?«, in: *La gazzetta del popolo* vom 11. August 1914, in: ders., *Scritti 1901–1915*, Rom 1993, S. 327.

25 Giulio Douhet, »La forza della nazione«, in: *La gazzetta del popolo* vom 24. Februar 1915, in: ders., *Scritti 1901–1915*, Rom 1993, S. 477–478.

26 Siehe Eric Hobsbawm, *Nationen und Nationalismus. Mythos und Realität seit 1780*, Frankfurt am Main und New York 1991. Es lässt sich dennoch nicht leugnen, dass Douhet an einigen Stellen einer stärker »nationalistischen«, ja sogar rassistischen Definition der Nation folgt, vgl. Giulio Douhet, »Lotta di razze«, in: *La gazzetta del popolo* vom 26. August 1914, in: ders., *Scritti 1901–1915*, Rom 1993, S. 337 f.

27 Giulio Douhet, »La vana minaccia«, in: *La gazzetta del popolo* vom 25. Februar 1915, in: ders., *Scritti 1901–1915*, Rom 1993, S. 479.

28 Zahlreiche Formulierungen gehen in diese Richtung. Um nur

eine kleine Auswahl anzuführen: Giulio Douhet, »Il compenso«, in: *Caffaro* vom 15./16. Januar 1905, in: ders., *Scritti 1901–1915*, Rom 1993, S. 67–69; ders., »Disciplina«, in: *La gazzetta del popolo* vom 19. September 1914, in: ders., *Scritti 1901–1915*, Rom 1993, S. 368–371; ders., »Il perché« vom 18. Oktober 1914, in: ders., *Scritti 1901–1915*, Rom 1993, S. 390–393; sowie ders., »Le energie del popolo per la resistenza«, in: ders., *Scritti inediti*, herausgegeben von Antonio Monti, Florenz 1951, S. 72–81, insb. S. 73.

29 Douhet, »La grande guerra«, S. 326.

30 Hobsbawm, *Nationen und Nationalismus*, S. 43.

31 Giulio Douhet, »La cultura«, in: *La gazzetta del popolo* vom 6. Oktober 1914, in: ders., *Scritti 1901–1915*, Rom 1993, S. 383–385, insb. S. 384.

32 Giulio Douhet, »La più barbara guerra?«, in: *La gazzetta del popolo* vom 20. August 1914, in: ders., *Scritti 1901–1915*, Rom 1993, S. 331 f.

33 Douhet, *L'arte della guerra*, S. 4 f.

34 Siehe Chiara Bottici, *Men and States. Rethinking the Domestic Analogy in a Global Era*, Basingstoke 2009.

35 Douhet, *L'arte della guerra*, S. 4 f.

36 Giulio Douhet, »Incursione in Utopia«, in: *La gazzetta del popolo* vom 5. März 1915, abgedruckt in: ders., *Scritti 1901–1915*, Rom 1993, S. 491–493, Zitat auf S. 491.

37 Ebd., S. 492.

38 Die Originalstelle lautet: »Pax omnium rerum tranquillitas ordinis. Ordo est parium dispariumque rerum sua cuique loca tribuens dispositio.« (Augustinus, *De civitate Dei*, Buch XIX, Kapitel 13).

39 William Ernest Hocking, *Morale and Its Enemies*, New Haven 1918, S. 7.

40 Giulio Douhet, »Militarismo«, in: *La gazzetta del popolo* vom 9. September 1914, abgedruckt in: ders., *Scritti 1901–1915*, Rom 1993, S. 557–559.

41 Siehe Giorgio Agamben mit seiner »These von einer innersten Solidarität zwischen Demokratie und Totalitarismus«, *Homo sacer. Die souveräne Macht und das nackte Leben*, Frankfurt am Main 2002, S. 20.

42 Giulio Douhet, »Sottomarini ed aeroplani«, in: ders., *Scritti inediti*, herausgegeben von Antonio Monti, Florenz 1951, S. 154–172, insb. S. 170 f.

43 Eine ausführlichere Diskussion findet sich in Thomas Hippler, *Bombing the People. Giulio Douhet and the Origins of Air Power Strategy*, Cambridge 2013.

44 Selbst in Italien blieben die Texte des kosmopolitischen, ja pazifistischen »jungen Douhet« unbekannt, bis sie in den *Scritti 1901–1915*, Rom 1993, erschienen.

Erschaffung und Zerstörung eines Volkes

1 Ilse Graßmann, »Ausgebombt (1943/1993)«, in: Volker Hage, *Hamburg 1943. Literarische Zeugnisse zum Feuersturm*, Hamburg 2003, S. 217–230 (Auszüge aus einem 1993 veröffentlichten Tagebuch der Jahre 1943 bis 1945).

2 Die ausführlichste Dokumentation der Folgen der Luftangriffe auf Hamburg findet sich in der Arbeit von Hans Brunswig, *Feuersturm über Hamburg. Die Luftangriffe auf Hamburg im Zweiten Weltkrieg und ihre Folgen*, Stuttgart 1978. Weitere Zeugnisse versammelt Klaus Schmidt (Hg.), *Die Brandnacht. Dokumente von der Zerstörung Darmstadts am 11. September 1944*, Darmstadt 1964.

3 Anonym, »The Doctrines of General Douhet. A Controversy«, in: *Military Review*, 12/49 (1933), S. 18–23; Robert A. Pape, *Bombing to Win. Air Power and Coercion in War*, Ithaca 1996, S. 92.

4 Brereton Greenhous, »A Speculation on Giulio Douhet and the English Connection«, in: Aniello Gentile (Hg.), *La figura e l'opera di Giulio Douhet*, Caserta 1988, S. 41–52; Raymond Richard Flugel, *United States Air Power Doctrine. A Study on the Influence of William Mitchell and Giulio Douhet at the Air Corps Tactical School*, Dissertation, University of Oklahoma 1965; James S. Corum, *The Luftwaffe. Creating the Operational War, 1918–1940*, Lawrence 1997, S. 89–90; Bernard Brodie, *Strategy in the Missile Age*, Princeton 1965, S. 73; J. L. Boone Atkinson, »Italian Influence on the Origins of the American Concept of Strategic Bombing«, in: *The Air Power Historian*

4/3 (1957), S. 141–149; Robin D. Higham gehört zu denen, die den Einfluss Douhets bestreiten, siehe *The Military Intellectuals in Britain, 1918–1939*, New Brunswick 1966, S. 257.

5 Henry H. Arnold, *Global Mission*, New York 1949, S. 131, und Stephen Peter Rosen, *Winning the Next War. Innovation and the Modern Military*, Ithaca 1991, S. 150.

6 Olaf Groehler, »Der strategische Luftkrieg und seine Auswirkungen auf die deutsche Zivilbevölkerung«, in: Horst Boog (Hg.), *Luftkriegführung im Zweiten Weltkrieg. Ein internationaler Vergleich*, Herford und Bonn 1993, S. 329–349, insb. S. 343; United States Strategic Bombing Survey (USSBS), *Summary Report (European War)*, Washington D.C., GPO: 1945, S. 36, und Kenneth Hewitt, »Place Annihilation: Area Bombing and the Fate of Urban Places«, in: *Annals of the Association of American Geographers* 73/2 (1983), S. 257–284.

7 USSBS No 65, *Medical Branch. The Effects of Bombing on Health and Medical Care in Germany*, zit. in: Dietmar Süß, *Tod aus der Luft. Kriegsgesellschaft und Luftkrieg in Deutschland und England*, München 2011, S. 15.

8 Helmut Schnatz, »Die Zerstörung der deutschen Städte und die Opfer«, in: Bernd Heidenreich und Sönke Neitzel (Hg.), *Der Bombenkrieg und seine Opfer*, Wiesbaden 2004, S. 30–48, und Süß, *Tod aus der Luft*, S. 14.

9 Dies trotz der Tatsache, dass Bombardement in manchen Fällen erfolgreich das soziale Band zerstörte, siehe den aufschlussreichen Artikel von Neil A. Gregor, »›Schicksalsgemeinschaft‹? Allied Bombing, Civilian Morale, and Social Dissolution in Nuremberg, 1942–1945«, in: *Historical Journal* 43, Nr. 4 (2000), S. 1051–1070.

10 Die folgenden Absätze stützen sich auf Pape, *Bombing to Win*, S. 254–289.

11 Air Staff, »The Value of Incendiary Weapons in Attack on Area Targets«, 29. September 1941, in: Town Panel of the British Bombing Survey Unis, *Effects of Strategic Air Attacks on German Towns*, London, HMSO: 1947, S. 50, zit. in: Pape, *Bombing to Win*, S. 261.

12 Pape, *Bombing to Win*, S. 134 f.

13 Siehe vor allem Walt Whitman Rostow, *Pre-Invasion Bombing*

Strategy. General Eisenhower's Decision of March 25, 1944, Austin 1981, sowie Wesley Frank Craven und James Lea Cate (Hg.), *Army Air Forces in World War II*, Bd. 3, *Europe Argument to V-E-day January 1944 to May 1945*, Chicago 1951, S. 67–79, 138–166 u. 172–181, und Charles Webster und Noble Frankland, *The Strategic Air Offensive against Germany 1939–1945*, Bd. 3, *Victory*, Uckfield 2006, S. 10–41.

14 Stephen A. Garrett, *Ethics and Airpower in World War II. The British Bombing of German Cities*, New York 1993, S. 91.

15 Norman Longmate, *The Bombers. The RAF Offensive Against Germany, 1939–1945*, London 1983, S. 120–126, insb. S. 121.

16 Jörg Friedrich, *Der Brand. Deutschland im Bombenkrieg 1940–1945*, Berlin 2002, insb. S. 21.

17 James K. McElroy, »The Work of the Fire Protection Engineers in Planning Fire Attacks«, in: Horacio Bond (Hg.), *Fire and the Air War. A Compilation of Expert Observations on Fires of the War set by Incendiaries and the Atomic Bombs, Wartime Fire Fighting, and the Work of the Fire Protection Engineers who helped plan the Destruction of Enemy Cities and Industrial Plants*, Boston 1946, S. 122–134.

18 Mike Davis, *Dead Cities. And Other Tales*, New York 2002, S. 65–83; und »Angriff auf German Village«, in: Stephan Burgdorff und Christian Habbe (Hg.), *Als Feuer vom Himmel fiel. Der Bombenkrieg in Deutschland*, Berlin 2003, S. 85–88.

19 W. G. Sebald, *Luftkrieg und Literatur*, München und Wien 1999, S. 18 f.

20 Jörg Friedrich, *Freispruch für die Nazi-Justiz. Die Urteile gegen NS-Richter seit 1948. Eine Dokumentation*, Reinbek 1983.

21 Jörg Friedrich, *Das Gesetz des Krieges. Das deutsche Heer in Rußland 1941 bis 1945. Der Prozeß gegen das Oberkommando der Wehrmacht*, München und Zürich 1993.

22 »Teil XXII. Zur Zusammenarbeit von Luftwaffe und Marine 1933–1939. Dok. 200: Luftwaffendienstvorschrift ›Luftkriegsfuhrung‹ (L. Dv. 16)«, in: Karl-Heinz Völker (Hg.), *Dokumente und Dokumentarfotos zur Geschichte der deutschen Luftwaffe. Aus den Geheimakten des Reichswehrministeriums 1919–1933 und des Reichsluftfahrtministeriums 1933–1939*, Stuttgart 1968, S. 466–486, hier: S. 482.

23 Siehe Michael Mann, *Die dunkle Seite der Demokratie*, Hamburg 2007. Entgegen den hegemonialen Deutungen fanden sich in Nischen auch davor Analysen, die die Krisenhaftigkeit der Moderne innerhalb der Geschichtswissenschaft thematisierten. In Deutschland am bekanntesten ist wohl Detlev Peukert, *Die Weimarer Republik: Krisenjahre der Klassischen Moderne*, Frankfurt am Main 1987.

24 In Frankreich wurde 2008 mit dem »Appel de Blois« unter Mitwirkung vieler wichtiger Historiker ein Kommuniqué verabschiedet, das sich angesichts der Tabuisierungstendenzen im öffentlichen Diskurs gegen die politische, moralische und juristische Reglementierung der Geschichtswissenschaftler wandte.

25 Siehe z. B. Wolfgang Schivelbusch, *Entfernte Verwandtschaft: Faschismus, Nationalsozialismus, New Deal 1933–1939*, München 2005.

26 »14th February 1942. Air Vice-Marshal N. H. Bottomley (Deputy Chief of the Air Staff) to Air Marshal J. E. A. Baldwin (Acting Air Officer Commanding-in-Chief, Bomber Command)«, in: Charles Webster und Noble Frankland, *The Strategic Air Offensive Against Germany*, Bd. 4, London 1954, S. 144.

27 Giulio Douhet, *The Command of the Air*, London 1943, S. 14.

28 Die folgenden Absätze stützen sich auf zwei Vergleichsstudien über beide Länder: Bernd Lemke, *Luftschutz in Großbritannien und Deutschland 1923 bis 1939. Zivile Kriegsvorbereitungen als Ausdruck der staats- und gesellschaftspolitischen Grundlagen von Demokratie und Diktatur*, München 2005, und vor allem die ausgezeichnete Arbeit von Dietmar Süß, *Tod aus der Luft*, insb. S. 56–120 u. 320–372. Ein Großteil der Beispiele ist diesem Band entnommen.

29 Als Quellen stehen uns für Großbritannien die Berichte des Sozialforschungsinstituts Mass-Observation und für das NS-Deutschland die Lageberichte des Sicherheitsdienstes der SS zur Verfügung. Zu Mass-Oberservation siehe Charles Madge und Tom Harrisson, *Britain by Mass Observation*, Harmondsworth 1939. Zu den Lageberichten siehe Heinz Boberach, »Einleitung«, in: ders. (Hg.), *Meldungen aus dem Reich. Auswahl aus den geheimen Lageberichten des Sicherheitsdienstes der SS 1939–1944*, Neuwied und Berlin 1965, S. IX–XXVIII.

30 Siehe Bernd Lemke, »Zivile Kriegsvorbereitungen in unterschiedlichen Staats- und Gesellschaftssystemen. Der Luftschutz im 20. Jahrhundert – ein Überblick«, in: ders. (Hg.), *Luft- und Zivilschutz in Deutschland im 20. Jahrhundert*, Potsdam 2007, S. 67–88.

31 Zit. in: Dietmar Süß, *Tod aus der Luft. Kriegsgesellschaft und Luftkrieg in Deutschland und England*, München 2011, S. 334.

32 Ebd., S. 330.

33 Zit. in: ebd., S. 111.

34 Ebd.; Joseph Goebbels, *Das eherne Herz, Reden auf Aufsätze aus den Jahren 1941/42*, München 1943, S. 350.

35 Siehe vor allem Angus Calder, *The People's War. Britain, 1939–1945*, London 1969. Siehe auch Sonya O. Rose, *Which People's War? National Identity and Citizenship in Wartime Britain, 1939–1945*, Oxford 2004.

36 Süß, *Tod aus der Luft*, S. 335.

37 Tony Kushner, *The Persistence of Prejudice: Antisemitism In British Society During the Second World War*, Manchester 1989, S. 197.

38 Siehe Nicole Kramer, »›Kämpfende Mütter‹ und ›gefallene Heldinnen‹ – Frauen im Luftschutz«, in: Dietmar Süß (Hg.), *Deutschland im Luftkrieg. Geschichte und Erinnerung*, München 2007, S. 85–98.

39 Dagmar Herzog, *Die Politisierung der Lust. Sexualität in der deutschen Geschichte des 20. Jahrhunderts*, München 2005, S. 74–81.

40 Für eine literarische Verarbeitung dieser Frage siehe den Roman von Helmut Krausser, *Eros*, Köln 2006.

41 Süß, *Tod aus der Luft*, S. 353.

42 Zu NS-Deutschland siehe den klassischen Aufsatz von Martin Broszat, »Soziale Motivation und Führer-Bindung des Nationalsozialismus«, in: *Vierteljahreshefte für Zeitgeschichte* 18 (1970), S. 392–409. Für Großbritannien siehe Rodney Lowe, »The Second World War, Consensus, and the Foundation of the Welfare State«, in: *20th Century British History* 1 (1990), S. 152–182, sowie Calder, *The People's War.*

43 Zu NS-Deutschland siehe vor allem Timothy W. Mason, *Sozialpolitik im Dritten Reich. Arbeiterklasse und Volksgemeinschaft*,

Opladen 1977; für Großbritannien siehe Robert Mackays, *Half the Battle. Civilian Morale in Britain During the Second World War*, Manchester 2003, und Rose, *Which People's War?*.

44 Zur *britishness* siehe Linda Colley, *Britons, Forging the Nation 1707–1837*, New Haven und London 1992, sowie Robert Colls und Philip Dodd (Hg.), *Englishness. Politics and Culture 1880–1920*, London 1987.

45 Süß, *Tod aus der Luft*, S. 338.

46 Ebd., S. 324 f.

47 George Orwell, *The Lion and the Unicorn*, in: ders., *The Collected Essays, Journalism and Letters of George Orwell*, Bd. 2, *My Country Right or Left*, Harmondsworth 1970, S. 74.

Unter dem Atomschild, der »revolutionäre Krieg«

1 Zit. in: Jeffrey Kimball, *The Vietnam War Files. Uncovering the Secret History of Nixon-Era Strategy*, Lawrence 2004, S. 146.

2 Ebd., S. 159.

3 Ebd., S. 163.

4 Ebd.

5 Bill Yenne, *A Primer of Modern Strategic Air Power, SAC*, London 1984, S. 86, zit. in: Facon, *Le Bombardement stratégique*, S. 255.

6 Marc J. Selverstone, *Constructing the Monolith. The United States, Great Britain, and International Communism, 1945–1950*, Cambridge 2009.

7 Zit. in: Camille Rougeron, *Les Enseignements de la guerre de Corée*, Paris 1952, S. 188.

8 Robert R. Bowie und Richard H. Immerman, *Waging Peace. How Eisenhower Shaped an Enduring Cold War Strategy*, Oxford 1997.

9 Maxwell D. Taylor, *The Uncertain Trumpet*, London 1960.

10 Zit. in: Bernd Greiner, *Krieg ohne Fronten. Die USA in Vietnam*, Hamburg 2007, S. 89.

11 Mao Zedong, *Strategische Probleme des revolutionären Kriegs in China*, Peking 1968.

12 Greiner, *Krieg ohne Fronten*, S. 47.

13 Ebd., S. 52.

14 Mahatma K. Gandhi, »Interview to journalist, Harijan, 2. August 1942«, in: ders., *Collected Works of Mahatma Gandhi*, Bd. LXXVI, Ahmedabad 1979, S. 329, zit. in: Faisal Devji, *The Impossible Indian. Gandhi and the Temptations of Violence*, London 2012, S. 155.
15 »How North Vietnam Won the War, Interview with Colonel Bui Tin«, in: *Wall Street Journal* vom 3. August 1995, zit. in: Greiner, *Krieg ohne Fronten*, S. 51.
16 Zit. in: Greiner, *Krieg ohne Fronten*, S. 74.
17 Thomas C. Schelling, *The Strategy of Conflict*, Cambridge 1960.
18 Greiner, *Krieg ohne Fronten*, S. 72.
19 Patrick Facon, *Le Bombardement stratégique*, S. 269.
20 Joe Allen, *Vietnam. The (Last) War the U.S. Lost*, Chicago 2008, S. 43.
21 Zur französischen Strategie im »revolutionären Krieg« siehe Mathieu Rigouste, *L'Ennemi intérieur. La généalogie coloniale et militaire de l'ordre sécuritaire dans la France contemporaine*, Paris 2009.
22 Greiner, *Krieg ohne Fronten*, S. 84.
23 Ebd., S. 102.
24 Ebd., S. 109–111.
25 Richard Hammer, *Interviews with My Lai Veterans*, in: *Evergreen*, o.J., S. 56, zit. in: ebd., S. 176.
26 Ebd., S. 112.
27 Ebd., S. 118.
28 Zit. in: David L. Anderson (Hg.), *Facing My Lai. Moving Beyond the Massacre*, Lawrence 1998, S. 132.
29 Zu den preußischen Konzepten des Insurrektionskriegs und Volkskriegs zu Beginn des 19. Jahrhunderts siehe Hippler, *Soldats et citoyens*.

Weltregierung und ewiger Krieg

1 George Bush mit Brent Scowcroft, *A World Transformed*, New York 1999, S. 302.
2 Ebd.
3 George Bush, George Bush, *All the Best, George Bush: My Life*

in Letters and Other Writings, New York 1999, Eintrag vom 5. August 1991, S. 476.

4 Ebd., S. 479.

5 George H. W. Bush, »Address Before a Joint Session of the Congress on the Persian Gulf Crisis and the Federal Budget Deficit September 11, 1990«, online abrufbar unter {www.presidency.ucsb.edu/ws/?pid=18820} (letzter Zugriff am 07.04.2017). Die folgenden Zitate stammen aus dieser Quelle.

6 Unter der immensen Literatur zum Thema siehe Gerald Schumacher, *A Bloody Business. America's War Zone Contractors and the Occupation of Iraq*, St. Paul 2006.

7 Xavier Renou et al., *La Privatisation de la violence. Mercenaires et sociétés militaires privées au service du marché*, Marseille 2005.

8 John A. Warden, *The Air Campaign. Planning for Combat*, Washington D.C. 1988.

9 John Andreas Olsen, *John Warden and the Renaissance of American Air Power*, Washington D.C. 2007.

10 Warden, *Air Campaign*, S. 147.

11 Ebd., S. 169.

12 Ebd., S. 148.

13 Douhet, *The Command of the Air*, S. 50.

14 Siehe dazu John A. Warden, »The Enemy as a System«, in: *Airpower Journal*, Frühling 1995.

15 Unter der umfangreichen Literatur über Boyd siehe vor allem Joseph Henrotin, *L'Airpower au 21ème siècle. Enjeux et perspectives de la stratégie aérienne*, Brüssel 2005.

16 Siehe die Dissertation von Oberst Marshall L. Michel III, *The Revolt of the Majors. How the Air Force Changed after Vietnam*, Auburn University, 2006 {http://etd.auburn.edu/etd/bitstream/handle/10415/595/MICHEL_III_55.pdf?sequence=1} (letzter Zugriff am 07.04.2017). John Boyds *Patterns of conflict* findet sich unter folgender Adresse: {www.ausairpower.net/JRB/poc.pdf} (letzter Zugriff am 07.04.2017). Ein weiterer häufig zitierter Text von Boyd ist der Kurzessay »Destruction and Creation«, der sich aber nicht direkt auf Militärstrategie bezieht {www.goalsys.com/books/documents/DESTRUCTION_AND_CREATION.pdf} (letzter Zugriff am 07.04.2017).

17 David S. Fadok, »John Boyd and John Warden: Air Power's Quest for Strategic Paralysis«, Maxwell Air Force Base/Alabama 1995, online abrufbar unter {www.dtic.mil/cgi-bin/GetTRDoc?AD=ada291621} (letzter Zugriff am 07.04.2017).

18 Michel Foucault, *Sexualität und Wahrheit*, Bd. 1, *Der Wille zum Wissen*, Frankfurt am Main 1999, S. 110.

19 Adam Jones, *Genocide. A Comprehensive Introduction*, London ^{2}2010, S. 45.

20 Pape, *Bombing to Win*, S. 228 f.

21 Thomas Petermann et al., *Gefährdung und Verletzbarkeit moderner Gesellschaften – am Beispiel eines großräumigen Ausfalls der Stromversorgung*, Büro für Technikfolgen-Abschätzung beim Deutschen Bundestag, November 2010, Arbeitsbericht Nr. 141, S. 3.

22 Hinzu kommt die fast ebenso hohe Zahl an Toten (145) durch nicht direkt mit den Kampfhandlungen verbundene Unfälle.

23 Siehe David Kilcullen, *The Accidental Guerrilla. Fighting Small Wars in the Midst of a Big One*, London 2009, S. 1.

24 Wesley Clark, *Das andere Amerika. Jenseits von Krieg und falschen Versprechungen*, München 2004, S. 167.

25 United States Joint Chiefs of Staff, »Joint Vision 2010. America's Military. Preparing for Tomorrow«, online abrufbar unter {http://webapp1.dlib.indiana.edu/virtual_disk_library/index.cgi/4240529/FID378/pdfdocs/2010/Jv2010.pdf} (letzter Zugriff 03.05.2017).

26 David S. Alberts et al., *Understanding Information Age Warfare*, 2001, S. 60, online abrufbar unter {www.dodccrp.org/files/Alberts_UIAW.pdf} (letzter Zugriff am 07.04.2017).

27 Zum Begriff des »Kriegs inmitten des Volkes« (*war amongst the people*) siehe Rupert Smith, *The Utility of Force. The Art of War in the Modern World*, London 2005.

28 Martin van Creveld, *Die Gesichter des Krieges. Der Wandel bewaffneter Konflikte von 1900 bis heute*, München 2009, S. 275–277.

29 Ebd., S. 277–297.

30 Michael Hardt und Antonio Negri, *Multitude. Krieg und Demokratie im Empire*, Frankfurt am Main und New York 2004, S. 30.

31 Harlan K. Ullman und James P. Wade, *Shock and Awe. Achieving Rapid Dominance*, 1996, online abrufbar unter {www.dodccrp.org/files/Ullman_Shock.pdf} (letzter Zugriff am 04.07.2017).

32 United States Joint Chiefs of Staff, »Joint Vision 2010«, S. 27.

33 Thomas X. Hammes, *The Sling and the Stone. On War in the 21st Century*, St. Paul 2006.

34 Qiao Liang und Wang Xiangsui, *Unrestricted Warfare. China's Master Plan to Destroy America*, Panama City 2002, S. 123.

35 Die klassische Formulierung des Begriffs der »inneren Führung« findet sich in Wolf Graf Baudissin, *Soldat für den Frieden. Entwürfe für eine zeitgemäße Bundeswehr*, München 1970, S. 117–133.

36 John Boyd, *Patterns of Conflict*, vor allem S. 72, 74, 143 u. 144.

37 Siehe vor allem die hochinteressante Arbeit von Grégoire Chamayou, *Ferngesteuerte Gewalt. Eine Theorie der Drohne*, Wien 2015.

38 Greg Miller und Bob Woodward, »Secret Memos Reveal Explicit Nature of U.S., Pakistan Agreement on Drones«, in: *The Washington Post* vom 23. Oktober 2013.

39 International Human Rights and Conflict Resolution Clinic at Stanford Law School und Global Justice Clinic at NYU School of Law, *Living Under Drones. Death, Injury, and Trauma to Civilians From US Drone Practices in Pakistan*, 2012, S. 45, online abrufbar unter {http://chrgj.org/wp-content/uploads/2012/10/Living-Under-Drones.pdf} (letzter Zugriff am 07.04.2017).

40 Luttwak, »Toward Post-Heroic Warfare«.

41 »Totalitär« bezieht sich, wie schon erwähnt, auf Agambens Bestimmung, vgl. *Homo sacer*, S. 20, oder auch auf Deleuze/Guattari, *Tausend Plateaus*, S. 640–643. Was insbesondere die amerikanische Politik betrifft, zeigt sich diese Tendenz exemplarisch in der Versuchung einer »imperialen Präsidentschaft«, die man seit der Zeit des Vietnamkriegs feststellen konnte. Siehe das klassische Werk von Arthur Meier Schlesinger, *The Imperial Presidency*, Boston 1973.

42 Agamben, *Homo sacer*, S. 20.

Die Veröffentlichung erfolgt mit freundlicher Unterstützung des Literaturforums im Brecht-Haus, Berlin, und des Institut d'Études Politiques de Lyon.

Erste Auflage Berlin 2017

MSB Matthes & Seitz Berlin Verlagsgesellschaft mbH
Göhrener Str. 7 | 10437 Berlin
info@matthes-seitz-berlin.de

Umschlaggestaltung: Dirk Lebahn, Berlin
Satz: psb, Berlin
Druck und Bindung: Pustet, Regensburg
Printed in Germany
www.matthes-seitz-berlin.de
ISBN 978-3-95757-336-0